华为“以奋斗者为本”的实践型人力资源管理体系

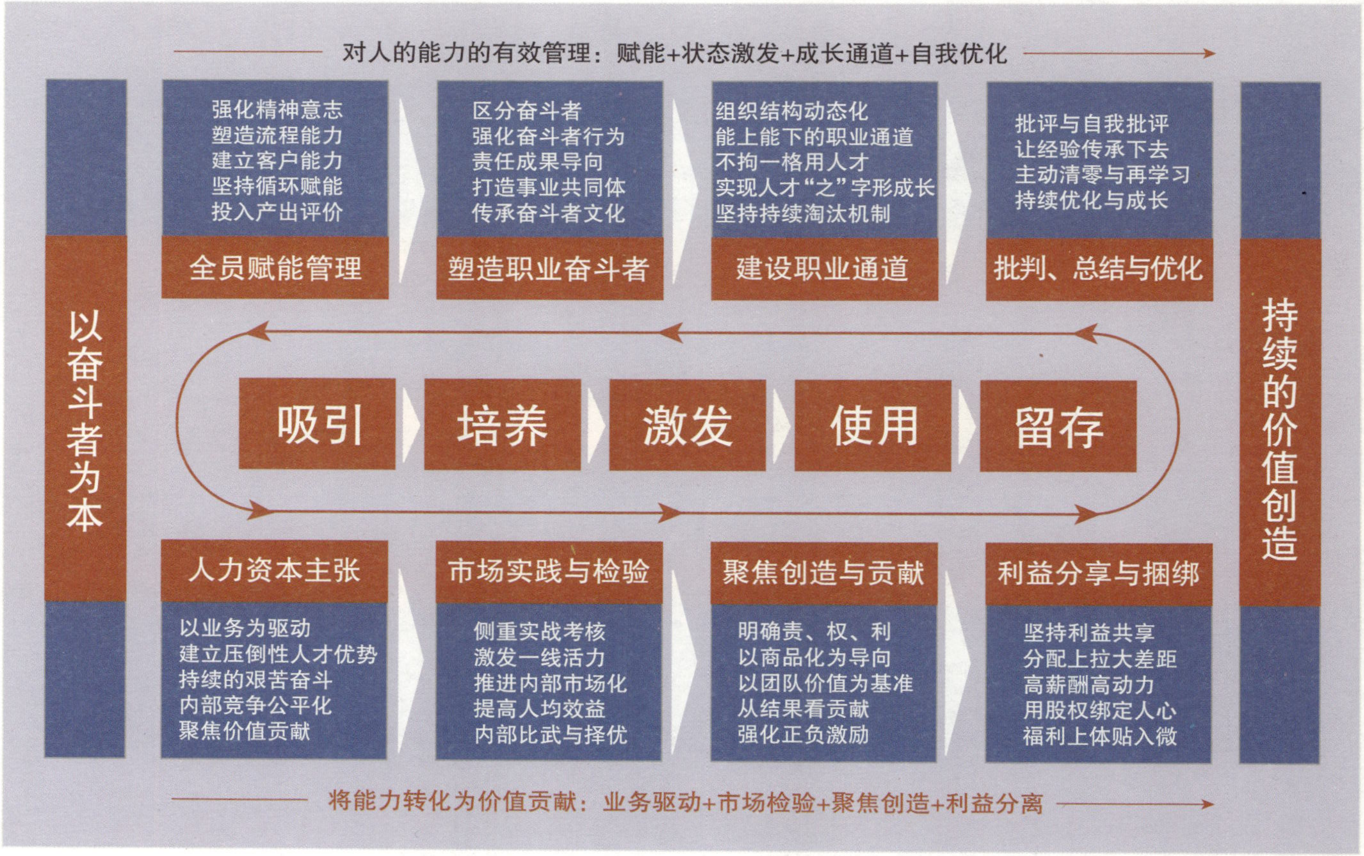

华为管理方法论丛书

华为

人力资源管理方法论

孙科柳 易生俊 曾文明◎著

中国人民大学出版社

·北京·

人力资源管理的基本目的，是建立一支宏大的高素质、高境界和高度团结的队伍，以及创造一种自我激励、自我约束和促进优秀人才脱颖而出的机制，为公司的快速成长和高效运作提供保障。

——《华为公司基本法》第五十五条

经过近30年的发展，华为已经成为一种现象，成为众多中国企业学习的标杆。“华为现象”代表着中国30多年改革开放的经济成就和经营管理成就，对“华为现象”的研究某种意义上也是对中国企业经营管理的研究。正是因为这种意义，包括本书在内的华为系列研究课题，获得了多位管理研究专家、企业管理者以及华为工作人员等多方面的支持和帮助，他们为本书的内容研究贡献了自己的智慧，在此我们致以诚挚敬意和衷心感谢。

（按姓氏笔画排序）

王　霁　中国人民大学管理哲学研究中心主任
亓　萌　曾任职于IBM公司，现任职于湖北永喆控股集团
左　骏　用友网络股份有限公司高级副总裁
吕意凡　国美集团副总裁&CIO
刘智强　华中科技大学管理学院教授
祁　婷　前华为人，苏交科集团股份有限公司总裁助理、人力资源总监
孙　丽　职通线教育科技（北京）股份有限公司管理研究员
孙亚彬　华商永续精益生产咨询公司总经理
李代华　前华为人，北京艾时光餐饮管理有限公司董事长
张　余　北京华通正元管理咨询有限公司管理研究员
陈林空　前华为人，北京华通正元管理咨询有限公司标杆管理研究员
陈雨点　华为原资深HR、变革项目PMO，管理创新联盟创始人
罗建华　原顺丰速运人力资源部经营人才管理负责人
季勇军　华为原客户经理、华三通信行业代表，上海智臻智能网络公司北方大区总监
周文明　华为原2012实验室网络安全研究员，现从事金融投资行业
郑亚明　前华为人，深圳市英威腾电气股份有限公司副总裁
封扬帆　柠聚力科技CEO，财经作家
南　毅　深圳普华宇鹏公司高级经理，深度参与甲骨文、华为等公司项目服务
钟虹添　中国人才战略学院院长，美国和思顾问集团首席专家
侯振锋　职通线教育科技（北京）股份有限公司副总裁
袁海涛　前华为人，中国商业经济学会众筹促进会副会长
夏　凯　销售罗盘创始人，原用友大学营销学院创始院长
柴金山　华为原开发中心项目负责人，深圳创捷科技公司第一事业部总经理
郭楚凡　培训师，曾任华为市场部经理、人力资源部经理等职
符立明　前华为人，小菊咖啡创始人之一
彭剑锋　《华为公司基本法》起草小组组长，中国人民大学教授
蒋云飞　容纳咨询集团董事长
蒋业财　精益生产顾问，原阿迪达斯中国区制造工厂改善部部长
路　雷　顺丰速运华南大区销售管理负责人
解文涛　小菊咖啡股东合伙人，标杆管理研究课题与管理思想输出负责人
潦　寒　作家，学者，企业副总，《销售与管理》主笔

我们着力推进标杆管理研究

你正在翻阅的这本书，是标杆管理研究的成果之一。标杆管理研究是我们与多家机构联合推进的一个研究项目，其目的是深入总结、提炼中国30多年来的优秀经营管理思想，为中国广大企业迎战未来、再出发提供经验借鉴。目前，已经有数十家企业以及部分行业协会与我们合作，并获得了中国人民大学出版社的鼎力支持，这让人深感欣慰。

所谓标杆管理研究，是指对企业中的优秀管理经验和思想的研究，其衡量标准是管理的实效性、先进性。由于一段时间里我们研究华为公司的管理，一些人问我们：标杆管理研究是不是就是指标杆企业研究，是不是只研究知名企业或者大企业？这是一个误解，对此要加以澄清。

1. 着眼于管理，而非企业

应当说，华为是一个特例。华为既是非常知名的、规模非常大的企业，也是经营管理思想领先的、具备深厚管理文化和管理创新探索理念的企业。从企业的角度看，放眼望去，中国似乎只有一个华为如此出类拔萃，甚至可以说如此有违常态，但却是如此让人振奋。

很高兴的是，借着华为，我们看到中国的企业也可以像西方企业那样拥有国际竞争力。所以，一种观念认为华为对中国企业界的贡献不仅仅在于它创造的产业价值，意义更重大的是它对中国企业界经营管理思想和意识的教育和普及，它唤起中国企业的精神觉醒和道路自信。借由华为这种带着鲜明中国文化特色的企业，我们认识到，中国企业也可以做得很好，用我们中国的民族智慧、文化力量赋予企业现代生命力。所以，将华为公司的管理作为重点研究也是情理之中。

但是，客观地说，我们所要做的标杆管理研究并不是必然地指向大企业，事实上我们应该着重研究的是“管理”而非企业，我们并非是要给企业著书立说，我们的本意是“发现管理智慧”。所以，无论企业大小，也无论企业是不是行业第一，我们重点关注的是：它的管理思想、方法和经验是否存在一般意义上的先进性。说到底，我们研究的是“标杆管理”而非“标杆企业”。当然，管理存在于企业的实践当中，不能脱离了企业谈管理。做此提醒，只是希望读者朋友能够用管理的视角看待问题，而非迷失在企业的光环中，或者漠视那些小企业、不知名企业，对它们的优秀管理经验和方法视而不见。

2. 大管理研究

我们所说的管理也需要澄清。管理是什么？学术上的定义不在此讨论，标杆管理研究中所谓管理是大管理概念，是组织运作的全范畴。一些人将战略、运营、市场与管理分开理解，常将管理狭义地理解为内部运营管理。这不是我们的本意，我们讲的标杆管理研究是将企业作为一个系统，用系统视角看待企业各方面，我们称之为“大管理”。当下，在一些企业中几乎不存在系统思考，每遇到一个问题，都只是被动地响应——这里面，既有组织体系带来的问题，也有经营管理者思维局限的问题。企业经营管理者应该具备这样的意识：不仅要解决某个问题，更要了解与之相关联的各种要素，找到问题背后的根因，最终系统性地解决。

理论上，把企业的各个部分拆开来看待是可以的，毕竟每一个部分都有它的特性，人的管理、作业的管理、客户的管理等，都可以单独来看。但是，在实践中，你永远无法将某个部分单独拿出来完全独立地建设，否则就会造成精益管理思想中的“精益孤岛”，产生一种得不偿失的结构失衡。就如德鲁克所言，管理始终是一个系统。它有基础要求的部分，有各管理要素的协同效应。多年管理研究的体会告诉我们：必须把企业视为一个有机体，发现其系统运行的基本规律，然后找准切入点，但并不是止于切入点，而是发现关键驱动因素，利用它改变整体。

3. 从实践出发，供众多企业借鉴

我们的标杆管理研究始终坚持一个角度：借鉴分析、实践导向。中国企业的管理研究工作，并不是不多，事实上各类大学以及科研机构，对中国企业的研究是很多的，但是问题在于，他们的研究更多的是偏向学术性的、理论性的。

我们的研究旨在为众多寻求转型升级的中国企业服务，这既是我们的愿望，也是我们的目标。我们认为，这些致力于持续进步、主动改良和创新的企业是中国经济发展的活力源泉，是持续迸发经济创造力的主要群体，但是这个群体也最需要管理建设上的支持。或者直接点说，我国的众多企业过去是粗放发展的，既缺少管理投入意识，也缺少管理投入能力。真正有意义的管理研究应当为它们打开思维意识，提供智慧支持。

既然是服务于中国企业转型升级，我们就不惧于发表这样一个论点：我们研究标杆管理的根本目的，乃是与中国企业的管理现状相结合，是有目的地选择一般性的、对中国大多数企业具有实用参考价值的管理思想、理念和方法。所以，我们从实践效用的角度进行分析，形成一般的方法论，便于读者朋友们理解自己的问题。我们认为，这才是有意义的管理研究。

发现中国管理道路

我们同样不惮于提出这样的观点：中国企业界到了需要重视管理的时候。可以这样认为，中国企业过去是基础发展的30年，以粗放为特征，未来将是创新发展的30年，以高品质为特征。这必将是一个痛苦的转型期。我们已经感受到了这种转型之痛，这种转型之痛不仅仅是由于企业自身在科技创新能力、资本、市场空间等基础条件上的不足，更是因为很多企业不知道自己该怎么办，不知道自己可以坚持什么，需要放弃什么，不知道自己所坚持的是否正确。

我们必须意识到，近年来科技创新在我国多领域蓬勃发展，资本渠道也越来越多样化，市场方面消费型经济更是异军突起，这些都为企业的第二次崛起奠定了良好的基础。因此，我们真正的问题不是硬条件建设，中国企业真正缺少的是道路自信、理论自信和方法论自信，缺少的是对“我们该怎样才能拥抱住急剧变化的未来”这一问题的解答。我们缺少一种理论武器和思想武器，就如同马克思主义救中国，中国的中小企业拿什么救自己?

在过去很长一段时间里，中国企业只能向西方企业学习。中国企业面临的社会环境、经济环境、国际产业环境与西方企业所面临的境况大不一样，这就决定了中国企业不可能按部就班地把西方企业的成功经验搬过来直接加以利用。而且，对于大多数中国企业而言，学习西方标杆企业要付出的经济代价和时间成本都是难以承受的。

而且，我们也不缺标杆，不缺管理实践探索的先锋。我们有一大批走在世界前列，或者走在产业前列，具备突出特色的管理思想、实践经验。唯一的问题是，不少人还没有意识到这些企业在哪里，它们怎么做的，它们的做法对于我们产业经济发展有何益处?

我们每个人都需要发现的眼睛！我们的标杆管理研究，就是打造这双眼睛。我们需要有意识地总结、分析我们自身的管理建树，需要在更广泛的视野中将全中国最优秀的管理智慧汇集起来并促成广泛的交流，这种汇集和交流也是凝练、激荡和提升。经此认真的努力，我们有理由相信中国经济产业界形成自己的管理智慧、管理道路是可期待的。也只有这样，我们中国产业界人士才可以自信地说，我们是优秀的，不仅仅有优秀的产品，还在于我们具有特色鲜明的经营管理哲学和思想，这将成为我们民族产业不断向前发展的理论自信、道路自信的源头。

研究性质与方法

在研究性质上，我们坚持站在第三方的维度，采用第三方观察、研究的方式，进行公正、客观、中立的分析，展开研究工作。

1. 第三方研究

要强调，标杆管理研究追寻的是普遍意义上的管理思想和方法论，既不能脱离企业，但也不是深陷企业之中。一个好的经营管理方法，对企业的改变是巨大的，我们看到华为的针尖战略、管道哲学、干部轮岗等，我们也看到日本的精益思想、阿米巴经营模式等。问题是这个“好”，不是企业自身说的。现今中国企业仍然存在一股浮躁之风，自我吹捧、浮夸现象比比皆是。在新时期，这种风气是会要了命的，企业经营管理不能自欺，更不能拿自欺的东西欺人。

所以，我们现在要强调第三方研究原则。要客观、中立，是非分明，要从个别企业的局限中跳出，深入地发掘具有普遍借鉴意义的思维方法。

当然，我们要无限贴近企业的真实。所以，我们每一项标杆管理研究，都需要深入企业，或者与企业内部人士共同研究。我们欣慰地看到，这样的共识越来越多，在我们推进标杆管理研究的这几年里，越来越多的人加入我们的团队，想来这也是大家都认识到需要务实推进管理建设，具有管理思想建设的紧迫感。

2. 研究团队

有必要说明的是，你手中的每一本标杆管理图书都是多人协作的成果。这是一个团队要做的事。当然，作者在其中承担了绝大部分工作，也是主导者。但是，在整个研究过程中，我们有高校管理专家、企业一线的高级管理人员、专职的管理研究人员，还有采访、编写人员。正是我们团队中的这些人协调合作，产生了这些成果。

当然，这只是开始。未来很长一段时间里，我们将持续不断地跟踪各行业各类企业的管理创见，也希望更多有研究意愿和能力的人加入这个队伍。

3. 研究方法

关于标杆管理研究，我们大体采用了以下几个方法。对这些研究方法的理解也可以帮助读者朋友们更好地理解本套丛书的内容，并学以致用。

（1）系统归纳方法。本丛书研究的内容最基本的特征，是将国内已经取得巨大成功的标杆企业的管理实践和一些中小企业的某些代表性的标杆管理方法进行理论框架的系统归纳。因而，您所看到的本套丛书不是零散地讲述一些中国企业的成功故事和创业故事，而是遵循一般性的、普遍性的经营管理规律和要求，将它们的历史实践进行了梳理。我们这样做的目的，是让读者朋友能够在阅读过程中理解源于实践的管理逻辑和管理系统，形成管理实践的基本框架思维。采用系统归纳方法当然便于理解，但也会存在问题，即我们所选取的研究对象、收录的关于标杆管理的事例是有取舍的，而不能要求全面，这一点敬请读者理解。确切地说，我们希望促进读者在阅读的过程中有明确的概念和理论的体系化思考，并有目的地学习。

（2）调查访谈方法。我们的课题研究获得了相关标杆企业内部管理者以及标杆企业前核心成员的大力支持，他们提供了个人的直观体验和见解，这是直接调查访谈的部分，已经全面融入本套丛书的内容中。出于个人隐私的原因，他们部分人的姓名未见于本书的任何位置，但他们提供的无碍于各企业商业机密的信息和见解，对这套丛书的完成至关重要。在此之外，我们收集整理了在过去十多年里标杆管理以及各标杆企业的各类资讯、文章，以及相关的著作，这也是资料调查的一部分。我们相当谨慎地判断了资料中的各项内容，尽最大努力保证客观、公正地讲述标杆管理的真实事例。

（3）比较分析方法。从学习要求出发，我们当然不能只看一两个标杆企业的经营管理实践案例，也不可能只探讨一两种标杆管理思维。我们认为，在了解标杆管理实践的同时，还应当了解一般企业可能出现的问题、其他企业的优秀实践、管理理论观点这三点。换言之，标杆的实践、一般管理问题、其他企业的实践、管理理论这四者如果能够比照起来，更有利于我们开阔视野。因此，本套丛书依据每一个主题，采用了比较分析方法，其结果是将上述四个方面的内容在必要处进行对标处理。

我们认为，这样的处理方法对大多数管理者都是有益的。这使得本套丛书更像是一套高阶管理普及读本，从中您既可以看到标杆企业处理各类问题的策略和方法，还可以比较形形色色的经营管理理念、方法和策略的优劣。通过比较，可以增进您自身对管理的洞见。

邀请与致谢

作为一项计划，中国企业标杆管理研究的工作将常态化运作。我们计划对中国企业，特别是那些具有经营管理创新做法的企业始终保持关注，并在足够了解、认真评估后，随时把这些企业纳入研究课题。

我们希望，那些有管理创见的企业，能够有开放的心胸，在协调一致的基础上与我们建立研究关系。我们相信这样的理念：当你足够开放而不是封闭的时候，你拥有的可能更多，这是一个需要总结沉淀、需要碰撞激荡，方能不落后于人的时代。这也是一种存在哲学！

在这里，我们对参与研究的专家、管理咨询顾问、那些在所研究企业工作过的人员，以及执笔团队给予最诚挚的敬意。

我们衷心地希望，这套丛书能够给那些致力于提升企业经营效益、谋求持久发展的企业经营者和管理者带来切实的帮助，哪怕只有些许触动，带来点滴灵感，亦甚欣慰。同时，倘若您发现本套丛书中存在的不足之处，也请向我们提出宝贵的意见和建议，我们必当努力修改和完善。谢谢大家！

标杆管理研究组

2016 年 6 月

人的经营

关于人力资源管理，一直有通行的规范，它是商学院的必修课。但是，人力资源管理是不是等同于“人”的管理呢？可以轻易发现的事实是，学习人力资源管理的未必能够真正领会“人”的管理精髓。反过来，没有学习人力资源管理的管理者也未必做不好人的管理。这种现象比比皆是。

关键在于人的管理不完全是规范管理的概念，而是方法论的概念；人的管理也不是事务性管理，而是对人性的调节。我们可以关注事务规范的部分，这是一般人事专员做的工作，他们需要从事考核、员工登记、做好平时的沟通工作。应当说，在我国企业中，大部分人力资源部门的人员做的都是这些基础工作，我们称之为“事务型人力资源管理工作”。

人力资源管理外包模式曾经流行过一段时间，特别是在中小型代工企业领域，但这种现象并没有全面地扩展开来。这其中的道理无外乎，人的问题是企业核心命题之一，一个力求长足发展的企业必须将人置于核心地位加以统筹，特别是这些企业并非简单的订单加工企业的时候。我们当下正面临产业升级、结构转换、品质提升的企业转型大潮中，人的问题将越来越严肃、越来越需要重视，当然更将是越来越需要创造性地加以经营管理——要学会经营人，充分释放人的能动性和创造力，这并非简单的事务型管理，甚至也不是一般的管理，而是对人作为潜在的、重要的企业资源加以“科学经营”的概念。

以奋斗者为本

华为在人的经营方面有很多创举，例如曾经在高校中几乎“垄断”式地把通讯科学类专业人才收归麾下。这件事发生在上个世纪 90 年代，想想看，那时候深圳、东莞平均工资才几百元，还是低端劳动力理念大行其道的时候，这种“霸道”圈人的现象震惊了产业界。但是，震惊过后，大部分人也就忘了，当成一个与己无关的“现象”。不能说我们大部分人麻木、短视，只能说华为太超前，也许很多人都没有看懂，或者至少没有这样的魄力。

今天回忆起来，华为的前瞻性足够让我们很多人从梦中惊醒。如果不是华为数十年如一日在走一条很多人都不敢走、都不愿走，或者没想到要走的路，不会有今天的华为。华为坚持住了，华为成功了。现在，人们没有理由怀疑华为管理的先进性，它不是无谓的冒险，而是意义深远的人才经营谋略，或者至少是一种大胆的探索。历史总是过去了才看得更清，才让人信服，这多少是人性的遗憾。

深入其理，华为对人的经营除了战略布局之外，核心概念就是任正非提出的理念：以奋斗者为本。这个理念在 20 世纪 90 年代《华为公司基本法》中已经明确下来。但最近，管理界人士对华为“奋斗者文化”的认真思考才刚刚开始。了解华为发展历史的人会知道，“奋斗者文化”曾经引发很大争议，任正非甚至单独就这个问题进行过义愤填膺的回击。

今天，我们广泛地认识到企业确实需要奋斗者文化，确实要将奋斗作为企业人力资源管理的核心要义。我们的团队考察过很多企业，大凡出色的企业，其人员没有不讲奋斗的，其人力资源管理无不是以奋斗精神为导引的——不管他们是不是提出了“以奋斗者为本”的文化概念。

任正非说："每周只工作40小时，只能产生普通劳动者，不可能产生音乐家、舞蹈家、科学家、工程师、商人……"他的观点是，一个企业的腾飞，势必是成百上千、成千上万个奋斗者共同努力的结果。多年来，以奋斗者为本正是华为人力资源建设的核心主线，这是华为的成功之处。

知易行难，知为先

应当说，我们现在不是缺少共识，特别是最近万众创业的热潮下，对人的科学经营意识，对人的奋斗精神的强调已经成为主流意见。问题是，一个企业不是一个人的奋斗，而是一群人的奋斗。要记得"三个和尚没水喝"的故事，这是人性。我们研究华为、学习华为，就必须了解它的实践型管理逻辑，挖掘"奋斗者文化"背后的管理思维。

有很多障碍会影响我们在企业中贯彻奋斗者文化。其一，它不是空洞的口号，需要一套管理体系来支持；其二，我们可能根本没有耐心研究这种管理体系；其三，我们可能根本不知道从何做起；其四，我们可能坚持不下来，毕竟奋斗者文化非一日之功。知易行难是个问题。但是，我们首先要知。所以，还是先从知说起，然后就只能看我们管理者究竟有多大的担当和格局了。

这本书是对华为人力资源管理理念、方法论的系统介绍。其核心就是围绕奋斗者文化展开的，是华为标杆管理研究的一部分。本书分别从人力资本主张，全员赋能管理，塑造职业奋斗者，市场实践与检验，聚焦创造与贡献，建设职业通道，利益分享与捆绑，批判、总结与优化等八个方面，全面地为读者提供一个系统的人力资源开发与管理的思维逻辑。我们试图在"以奋斗者为本"的核心理念下，给读者一个人力资源管理的全貌，或者准确地说，是给读者一个"关于人力资源科学经营"的系统方法论。

我们的标杆管理研究并非为了单纯地介绍企业，并非为了单纯地介绍华为的管理，我们主要还是要服务于广大读者的学习需求。所以，在华为方面，这本书主要呈现了我们可以学得会、学了有用的内容；在其他方面，我们也参考了各行业、各领域优秀企业的人力资源管理实践。我们进行了“大综合”，目的是开启智慧，激荡思维。书中既有对人力资源管理各种基础知识的介绍和操作说明，也有对华为“激发一线活力”“向奋斗者倾斜”“坚持批评与自我批评”等特殊手段的分析和解读，这无疑有利于引导读者对人力资源管理的普遍性和特殊性展开深入思考，并从中发现自己企业的特殊情况，相互印证，化为己用。

在各个方面的阐述中，本书侧重以华为的真实案例和实践经验为基础，以管理学相关原理为指导，以任正非、稻盛和夫等众多标杆企业经营者以及管理名家的先进理念为依托，借华为前沿的人力资源管理探索来讨论我们身边的广大中小企业应该如何解决自身的人才管理问题，从而找到一条适合自身发展的人力资源管理道路。

致谢

好的管理思想、理念、经验是千百次试验、总结、沉淀的结果，这是管理作为一门实践学科的根本特征。我们这本书算是一个起步，一个让广大读者批判、指正的靶子。如果我们不把这本书当成一本书，而是当成一个需要持续完善的管理思想体系，那么这本书也是让我们不断锤炼、不断进步的一个台阶。

我们欢迎批评。同时我们也感谢参与这本书的专家学者和企业界一线人士贡献的智慧，也感谢本书的执笔者，这是他们共同的心血。

感谢一些来信的读者朋友的参与，愿我们共同推动中国企业管理思想研究工作更进一步。

作者

2016 年 6 月于北京

第1章 人力资本主张

3.2 强化奋斗者行为

3.3 责任成果导向

3.4 打造事业共同体

3.5 传承奋斗者文化

第 4 章
市场实践与检验

第5章 聚焦创造与贡献

第 1 章　人力资本主张

以客户为中心，以奋斗者为本，长期坚持艰苦奋斗是我们的胜利之本。

——任正非

导语：重新定义人力资源管理

人力资源管理的目的是什么？人力资源管理的目标在哪里？这两个问题的背后，体现了人力资源管理工作的价值逻辑。很多时候，我们完成了人力资源工作的六大模块建设，但是我们仍然无法确切地回答这两个问题。所以，我们需要回到企业经营的本质来看人力资源工作。

以业务为驱动，以价值贡献为目的，构建人力资源管理机制，通过公平竞争激发人才创造力，并在持续的艰苦奋斗中提升企业的竞争力。这样的管理逻辑对众多企业的人力资源建设工作都是切实可行的，我们也需要学习这样的企业文化。众多中国企业中，华为无疑是做得最好的。以业务为驱动是华为人力资源管理的基本导向，华为的人才队伍建设全部是围绕提升为客户服务的业务能力展开的，其一切成果也都是通过业务驱动实现的。在这一导向下，为了更好地塑造业务能力，华为所做的就是尽可能建立人才竞争优势，招揽高素质才俊，培养针对性人才和专家队伍，打造企业的核心竞争力。优秀的人才被吸引进来以后，华为又会通过艰苦奋斗的文化氛围的熏陶以及公平竞争环境的塑造来引导人才持续奋斗，在鼓励人才实现自我价值的同时，让人力资本为企业价值的最终实现服务。在价值聚焦上，华为专注于贡献导向，专注于长远价值，坚持压强原则，以专业化的后方平台保证组织绩效。最终，将人才优势进一步导向业务驱动，并让奋斗者文化落地生根。

带着问题阅读：

1. 落实业务驱动的主要手段有哪些？
2. 华为是如何层层递进构筑人才优势的？
3. 怎样才能把企业中的每个人都变成奋斗者？
4. 如何给予人才一个公平的竞争环境？
5. 怎样强化人力资源的单元价值贡献？

1.1 以业务为驱动

以业务为驱动是华为人力资本主张中最核心的理念，也是华为一切人力资本策略的出发点。所谓业务驱动，即市场驱动、客户驱动，是一种以业务实现为目标来推动各类决策、组织、管理工作落实的运营模式。

世界上有很多企业对企业组织的驱动方式进行过探索，经过数十年的演变和淘汰，如今比较常见的驱动模式主要有三种，即行政命令驱动、流程驱动、业务驱动。行政命令驱动的典型特征是必须领导下指令后下级才开始执行，员工像算盘珠一样，拨一下动一下，很容易导致管理僵化和效率低下。流程驱动则过分强调过程，在结果上缺乏保障。相比之下，业务驱动强调企业要通过业务成果的实现来兑取价值，是以最终结果为依据的，也是最能够保证最终产出的企业驱动方式。

1.1.1 让人力资源政策作用于战略目标

企业要想实现以业务为驱动，持续地创造价值，首先要做的就是围绕企业整体战略制定人力资源政策，一切活动以保证战略胜利为前提。换句话说，凡是不能支持企业战略目标实现的人力资源管理行为都是“耍流氓”。华为坚持以业务为驱动人才观念的第一思维就是“让人力资源政策作用于企业战略目标”。

所谓企业战略目标，即企业在实现自身使命的过程中所追求的长期结果，它所反映出的，是企业在一定时期内经营活动的方向和所要达到的水平，以及在一些最重要的业务领域对企业使命的进一步具体化。在过去二十余年的时间里，华为全部业务的展开，都是环绕其战略目标进行的。

2014 年 8 月，任正非在华为人力资源工作汇报会上明确提出了公司未来的战略目标，即：“坚持聚焦管道的针尖战略，有效增长，和平崛起，成为 ICT 领导者。”与此同时，任正非也格外强调，“华为未来的业务、人力资源等政策都将作用于这一战略目标的实施。”

长久以来，企业人力资源管理一直站在提供传统人力资源管理服务与展现自身业务价值的十字路口上，而华为的人力资源管理早在公司成立的最初几年便已经在降低事务性工作时间、改善服务交付质量等方面做出了改善。但是，任正非发现，华为的人力资源管理始终没能达到“为业务提供更多价值”的目标，随着企业发展越来越快，华为面临的业务环境越来越复杂，华为对解决人才、组织以及领导力等问题的需求越发强烈，而这些都是华为的人力资源部门无法提供的。

于是，从 1998 年开始，任正非开始与 IBM、Hay Group、FHC 等知名公司展开深入合作，系统性地引入了世界级管理咨询公司的成功经验，在华为人力资源管理、质量控制等诸多方面，全面构建起了一套系统性的以业务为驱动的流程和管理体系。

改革后的华为人力资源管理为人力资源管理者和团队管理者提供了一个全新的视角。一方面，华为的人力资源部门不再纠结于自己做了什么，而是更多地聚焦在交付产出上；另一方面，华为的团队管理者也开始意识到自己作为人力资源工作第一责任人的身份，逐渐融入与人力资源部门协同工作的情境中，人力资源管理者和团队管理者通力合作，一同探讨和评估为业务目标设计的人力资源解决方案，以及对业务更有价值的全面人力资本解决方案，很大程度上做到了各种人力资源管理工具的高效利用。

华为业务驱动型人力资源管理与传统的人力资源管理不同，它要求人力资源部门必须突破片面的职能限制，由对内管理转向内外兼修的全面服务，需要其专注于业务战略目标，聚焦于华为客户。用任正非的话来讲，就是："人力资源管理想的不能只是你把工资算好了，把考勤做好了，把员工招好了就完了，你还要知道未来三到五年里华为的客户在哪里，客户需要什么样的华为人，你们怎么努力能够让华为人，乃至整个华为被客户认可，这是最重要的。"

事实上，任正非的告诫正是所有领导者应该对自己公司的人力资源部门强调的。人力资源部门如果不能围绕企业的战略目标来组织工作，那么，在其运作下组建起来的团队自然也就无法做到以最好的姿态为企业目标而战，企业目标的实现也就变得困难起来。

1.1.2 强化业务干部的人力资源管理职责

以业务为驱动的顺利实现仅仅依靠人力资源部门的努力是不够的，对于企业中的制度与执行分离、岗位职责不明、部门架构及职能不清、决策执行不到位、资源浪费无人管理等问题，人力资源管理者往往想管却又"鞭长莫及"，毕竟，中间隔着部门领导和组织主管这样的"大山"，这些"大山"通常都会极力地维护自己的"山头"，却又不对自己的成员实施有效的管控和治理，这就直接导致了企业效率低下，无法创造出令领导者满意的产出。

20 世纪 90 年代，在华为的业务发展中也存在类似的问题，干部履责能力差，对人力资源管理工作配合度低，甚至不顾公司的整体战略目标，一味强调部门利益，这对处于扩张期的华为而言十分不利，可是，任正非却通过简单的"对业务干部管理职能的强化"完美解决了上述问题。

1998 年，几经易稿的《华为公司基本法》终于出台，《华为公司基本法》第 43 条规定："组织的成长和经营的多元化必然要求向外扩张。组织的扩张要抓住机遇，而我们能否抓住机遇和组织能够扩张到什么程度，取决于公司的干部队伍素质和管理控制能力。”

【辅助阅读】《华为公司基本法》概况

华为经过几年的发展与蜕变，终于从一个小公司一跃成为国内通信设备领域的热门企业。去华为视察过的上级领导都赞扬华为的文化好，华为的干部和员工也常把“企业文化”四个字挂在嘴边，可到底华为的企业文化是什么，从员工到高管，没人说得清楚。于是，任正非再三思索，决定指派一位副总监与中国人民大学的几位教授联系，组织专家团队，为华为系统地梳理出一套标准的企业文化，将华为以往的成功经验总结并传承下来。

《华为公司基本法》从 1995 年萌芽，到 1996 年被正式定位为“管理大纲”，直至 1998 年 3 月经过八次易稿才最终审议通过，历时三年，但效果显著。从 1998 年到 2008 年十年的时间里，《华为公司基本法》不仅指引着华为人艰苦奋斗，持续为客户创造价值，也被外界学习和借鉴。时至今日，《华为公司基本法》中的一些精神，早已经融入华为人的血脉。

《华为公司基本法》规定，华为干部的管控能力与责任包括：约束、指导、激励与合理评价下属人员的工作，帮助下属人员成长等。在此之前的很长一段时间里，华为人都将其视作人力资源部门的责任，而任正非却协同中国人民大学的专家，通过《华为公司基本法》将其明确落实到了华为干部的身上，以制度的形式规范了华为干部在人力资源管理方面的职责。对此，任正非在华为干部工作会议上解释说：“我们要面向客户，取得成绩，那攻坚客户的主力军是谁？我想一定不是在座的各位，而是你们的属下。你们不去担当起管理他们的职责，不去关心他们的问题与成长，他们努力给谁看，他们还有什么奋斗的压力？”

事实上，任正非不止一次强调，人力资源管理并不只是老板和人力资源部门的事，也是所有企业干部的事。2013 年年初，任正非提出了华为干部管理的纲领性文件“干部八条”，要求华为干部消化、学习八个月，其中第 3 条便明确指出“华为干部要为提升组织绩效而贡献心力”。也就是说，想要强化业务干部的人力资源管理职责并非难事，只要在干部考核中加入组织绩效考核便可以轻松实现。干部为了使自己的组织绩效考核达标，就必须承担起对人才的开发和培养职责，使下属更加有效地工作，实现业务价值。

1.1.3 构建敏捷化组织，流程固化，人员云化

在业务驱动下，华为干部与人力资源管理者各司其职，相互协作，通过项目管理、衡量指标、人力资源和绩效管理等配套体系，既明确了自身职责，也明确了员工在流程中的工作范畴，与此同时，也可以更好地实现对员工实际工作行为的在线记录，以便对其进行奖惩，并且最终形成一种近乎固化，却能不断优化进步的流程模式。

【辅助阅读】流程管理

流程管理（process management），也可称为 BPM 业务流程管理，是一种以规范化的构造端到端的卓越业务流程为中心，以持续地提高组织业务绩效为目的的系统化方法。流程管理是一个操作性的定位描述，指的是流程分析、流程定义与重定义、资源分配、时间安排、流程质量与效率测评、流程优化等。由于流程管理是为了满足客户需求而设计的，所以这种流程会随着内外环境的变化而优化。

任正非指出：“现代化的生产组织绝不能停留在师傅带徒弟上，一定要推行一切按文件办事，一切按程序办事。”他规定，华为新上任的干部要自

己编写文件，要在半年时间内，准确描述每一岗位，让每个人都明确职责，合格上岗。在公司运作过程中，任正非还强调："凡不推行公司既定流程的干部一律免职，推行不力的调动岗位，离开重要岗位。"事实上，华为在推行 IPD 时便是如此，当时，一大批华为干部因为不能承担流程责任而被免职或调岗。

在 IPD 改革中，华为对员工的要求是：培训上岗以后，一旦开始操作，就必须按照工作流程和工作标准进行，并对各个关键环节的执行情况进行监控，以确保工作任务按照计划进度开展，并在此基础上提升效率。

2001 年以前，大部分华为人在直线领导的敦促下，都能完成任务，只是此时的华为人尚未想过把成功的经验和失败的教训总结、固化为流程，让作业更有效率。

2001 年后，任正非开始重点进行流程建设，华为的新员工培训中开始出现相关内容。一般来说，华为员工培训的第三节课通常是为期两天的扎线培训。

华为规定了一套流程严谨的作业方式，新员工必须按照流程，将电源线、告警线和半波线等分别插上，再按照一定的先后顺序整齐地绑扎，彩色线必须绑扎在外面，而且不能交叉。没有人会提醒你哪一步出现了错误，但一旦被检查出来，便会受到相应惩罚。很多华为高管，包括余承东、徐文伟等人都参加过华为的扎线培训。

有些企业的新员工一个上午也不能完成的扎线任务，华为员工在一个小时内便可以顺利完成。为什么会出现这样大的时间差呢？原因在于前者没有掌握正确的作业流程，而后者完全按照作业流程操作，把握好了各个关键环节，实现了真正的流程化、标准化作业，这样一来，工作效率肯定会提高。

除此之外，华为还凭借流程思维，建立起了一套世界一流的客户服务标准。比如，客人来华为参观考察，华为的客户接待团队便会根据在岗人员情况进行分工安排。办事处秘书 A 负责填写客户接待的电子流、办事处会计 B 负责申请销售人员出差备用金、生产部人员 C 负责带领客户参观生产部，每个人都有不同的分工，每个员工各司其职，从而实现了服务的迅捷、流畅和精确。这便是业务驱动型组织敏捷、高效的原因所在。

2014 年 6 月，“蓝血十杰”会议结束不久，任正非接受记者访问，在访问中，任正非表示，华为用近十年时间从美国引进的先进管理流程随着时代的快速变化而变得极端僵化，普适性的模式是不存在的，要想跟上时代的变化，华为唯一能做的，就是创造出一套适合自己的流程模式，“华为需要实现流程化，就像一条蛇，蛇头不断随需求摆动，身子的每个关节都用流程连接好了。蛇头转过来后，组织管理就能跟得上变化；如果没有流程化，蛇头转过去，后面就断了，为了修复这个断节，成本会很高。流程化就是简化管理，简化服务与成本。”

1.2　建立压倒性人才优势

华为实现了以业务驱动组织，并且将精简的流程嵌入业务运作的过程，实现了流程责任的落地，而流程责任的最终落脚点还是在“人”的身上，没有一群得力的人去执行，再好的策略也只能流于形式。

电影《天下无贼》中有一个十分经典的桥段，贼头黎叔教育他的手下说：“21 世纪最重要的是什么？人才！”如今，这句台词俨然已被奉为经典，但这个连贼都知道的道理，却也是最让企业经营者头痛的，因为，到底怎样才能建立起人才优势，实在缺乏一个可供参考的标杆。在过去的数年中，华为经过不断创新和完善，形成了一套比较系统的人才优势构建逻辑，即，从人才吸引到人才赋能，再到专业人才的打造以及战略家、思想家的培养，层层递进，逐级拔高，最终形成一个稳定的人才输出梯队，为企业提供源源不绝的新鲜血液和动力。

1.2.1 什么都可以不争，唯独人才不能不争

企业构筑人才优势首先要确保自身能够招揽到人才，虽然人才可以通过自己来培养，但不得不承认的是，直接吸收高质量的人才更加有利于培养工作的展开，也更能节省企业的时间成本。因此，无论任何企业，都必须首先制定一个符合企业发展战略的人才规划，然后根据需求，制订相应的招聘计划，招揽最合适的人才。

华为是一家高科技企业，对人才的渴求无比强烈，而在任正非眼中，适合华为的人才就像和氏璧，华为“宁可失城，不可失玉”，他甚至在华为干部会议上公开强调：“我们什么都可以不争，唯独人才不能不争；什么都可以少，只有人才不能少。”

【辅助阅读】任正非的人才观

几年前，华为总裁任正非在讲话中指出：“华为是一家高科技公司，我们在人才领域不搞田忌赛马，要靠自己的整体优势取胜，而非像田忌赛马那样整体实力不足，仅靠调整部署取得一两次胜利，华为必须持续取胜。因此，华为要加大前瞻性、战略性投入，要容得下世界级人才，建立起全面超越的专家队伍；把握先机，在理论构建能力、科学家数量、产品质量等诸方面超过业界。”

纵观华为多年的发展史，不难发现，构建人才优势的人才战略始终是其坚持不变的主旋律，为了招揽人才，任正非没有少动心思。

1992 年的一天，任正非得知邮电部要在西安举办一个程控交换机学习班，这个培训班的规格很高，全国从事交换机开发的企业几乎都会派技术骨干参加，于是他便打起了学习班的主意。

别家公司派骨干去培训，目的只有一个，就是学习，而任正非派去的华为骨干除了学习之外，还有一个任务，那就是招人。每当结束一天的学习回到宿舍，华为的精英们就活动起来，去各个宿舍与人“谈心”。后来历任华为研发部经理、终端事业部总经理、华为山东分公司总经理、华为国际营销部副总裁、华为高级副总裁等一系列要职，为华为发展立下汗马功劳的毛生江，正是在这次学习班上被游说来的。同样对华为发展历程产生深远影响的华为副总裁徐文伟，也是那次学习班上被说服加入华为的。对于这些肯跳槽的精英，华为还会给予“签字费”，即补偿跳槽损失的奖金，通常为 3 ~ N 万元。

可以说，任正非求贤若渴，为了尽可能地招揽人才，他几乎不惜代价，然而，这样赤裸裸地“挖人”，终究不是长久之计，否则华为很可能会得罪整个行业。而且，在华为从别处“挖人”的同时，竞争对手也在挖华为的墙角。曾在华为担任人力资源管理者的汤圣平就描述过这样一个画面。

2000 年的一天，华为杭州办事处的传输产品部办公室的所有电话都响了一遍，而且响得还特别有规律，从第一排第一桌开始，一个接一个到最后一排最后一桌。电话不是华为其他部门打来的，也不是华为客户打来的，而是来自猎头公司，目的就一个：挖人，为某大公司挖传输人才。在深圳，还有一些企业甚至放言“只要是在华为待过的，我们都要”。被挖墙脚挖到这种境地，华为的压力可见一斑。

所以，自 1996 年华为步入正轨后，为了打造稳定的人才队伍，任正非开始转变策略，与高校合作，从校园招聘新生人才，并且加大社会招聘力度。在高薪酬的巨大吸引力之下，华为对人才的吸引力也变得越来越大。通过这两种方式，华为招到了许多精英人才。创造了华为最快升职纪录的最具争议的华为前高管李一男，以及华为如今的不少中坚力量，都是通过正常途径招聘而来的。

【辅助阅读】“可怕”的华为招聘

华为从事的是高科技行业，这一行业的最大特点就是人才对企业的发展起决定性的作用，也意味着人才是企业的最大资本。华为强调人力资本的增值大于财务资本的增值。因而我们可以看到华为在国内大规模抢夺人才的场景。

华为几乎每年都会进行大规模的招聘，凡是所需的人才，华为务求收于麾下，甚至华为员工在过年的时候，都被要求说服好友加入华为。因此，对于很多同类企业而言，华为的招聘是十分“可怕”的。

2004 年 5 月 22 日，华为到惠州举办现场招聘会，列出了 1 000 个空缺职位，大部分与手机设计、制造等专业相关。惠州是珠三角重要的信息产业基地，TCL 集中了大部分的这类人才。当时 TCL 的研发项目正处于攻关阶段，惠州本部的主要技术、管理骨干及全体研发人员却接到公司前往距惠州大约 150 公里的南昆山旅游的命令。TCL 之所以出此下策，目的就是尽可能地回避华为来势汹汹的招聘。

多年前，改革开放的导师邓小平同志在视察南方时提出“发展才是硬道理，人才是第一生产力”，华为用自身的发展充分证明了这一理论的正确性，可以说，华为能够从一个小资本的交换机贩卖商发展成今天的通讯设备巨头，正是一批批华为精英共同努力的结果。华为不惜一切招揽人才的理念，虽然并不适合所有企业，但也可以为一些中小企业的老板们如何构建核心人才团队提供更有深度的思考。

1.2.2 培养认同感强的针对性人才

企业将人才吸引过来以后，想要长期留住人才，很重要一点就是企业价值观的灌输，通过对共同价值观的塑造，来培养员工对企业理念和企业愿景的认同感。

在持续的企业经营活动中，任正非发现，员工不认同企业，即使其拥有再大的能力也不会心甘情愿地施展出来，而一旦有机会找到更符合自己观念的企业，他们便会毫不犹豫地远走高飞，就像身处曹营的关羽。

曹操求贤若渴，想将关羽收于麾下，但关羽始终不认同曹操的“枭雄”作为，一心想回到更具“德行”的刘备身边，并且最终弃曹操而去。企业经营人才也是同样的道理，如果你辛苦培养的人才不认同你，不忠诚于你，那么，你的人才战略便是失败的，你的企业也时刻会因为这些人的离去而陷入危机。

【辅助阅读】认同心理

“认同心理”是指个体认同组织的目标而产生的一种心理状态。这一心理状态可产生肯定性的情感，成为实现组织目标的驱动力。认同的概念最早是由奥地利心理学家、精神分析学派创始人西格蒙德·弗洛伊德（Sigmund Freud）提出的。弗洛伊德通过父母与孩子的行为实验证明，个体形成对全体的认同感以后，便会遵从群体的号召，为实现群体目标而努力。

在《华为公司基本法》初稿问世后，华为高管一度认为其毫无结构可言，甚至斥责“小学生写作文还列提纲呢，这算什么”。后来，《华为公司基本法》八次易稿，最终还是在企业核心价值观的连线下，获得了华为上下的一致认可，实现了内在一致性和一贯性。

《华为公司基本法》第 55 条写道：“华为的可持续成长，从根本上靠的是组织建设和文化建设。因此，人力资源管理的基本目的，是建立一支宏大的高素质、高境界和高度团结的队伍，以及创造一种自我激励、自我约束和促进优秀人才脱颖而出的机制，为公司的快速成长和高效运作提供保障。”

为了培养符合公司要求的高度团结的人才队伍，华为采取了一系列的举措，力求使每一个员工都觉得华为是大家的华为。其中，最显著的一点就是：华为坚持自己培养人才。

在华为的历史中，公司高层很少有“空降兵”，真正意义上的“空降兵”只有1999年离开华为的副总裁李玉琢一人。

李玉琢1977年毕业于清华大学电子工程系计算机专业，曾先后担任北京四通办公设备有限公司副总经理，四通集团公司副总裁，华为深圳莫贝克电气技术有限公司总裁，华为合资合作部总监、结构事业部总监、副总裁，以及北京利德华福有限公司总经理、新疆金风科技股份有限公司副总裁等职。

1995年5月，李玉琢加入华为后，曾在华为的西乡生产车间实习了3个月，是所有华为高管之中基层工作经验最少的一位，实习期满后任正非直接将他派到莫贝克当总经理，并且由他一手将本不赢利的莫贝克建设成了华为的一座金库。2001年10月，更名为安圣电气有限公司的莫贝克被华为以60亿元人民币的价格出售给了美国艾默生电气公司，华为正是依靠这笔钱度过了“华为的冬天”。

1999年11月，李玉琢离开了华为。除了他以外，所有华为高管，不论加入华为之前在什么公司担任什么职位，其在华为的职业生涯都要由华为一步步培养。

李玉琢的离开让任正非十分惋惜，同时也让他更加意识到培养高忠诚度人才的重要性。近年来，华为在员工入职培训和入职后强化训练等活动中着重加强价值观的塑造和传递工作，逐渐将华为文化的种子种在了员工的心里，并且慢慢地生根发芽，已经很少听到华为重要高管离职的消息了，华为公司也越来越像一块真正的铁板。

像华为一样坚持自己培养人才是很有必要的，对于对人才依赖性强、人才流动率高的企业而言，自己培养出来的人才往往具备更高的忠诚度，文化认同感也强，企业在培养员工时融入企业战略需求，更容易培养出针对性人才，这样的人才企业使用起来也会更加得心应手。所以，即便自己培养人才有时需要付出一定的时间和费用，世界 500 强企业仍然乐此不疲。

以 IBM 为例，IBM 的员工培养特征在于，不论是现职人员，还是临近退休的职工，甚至包括一些已经离开公司的人，IBM 都会将其列为教育对象。这种终身教育制看似吃力不讨好，实际上却蕴藏着丰富的哲理。比如，IBM 对临近退休或已离开公司的职工进行的并不是人事管理方面的教育，而是修养教育，这样一来，离职员工走到哪里都能展示出一种别样的风采和气质，那些没有加入 IBM 的人会感叹“此人不愧曾是 IBM 的员工，真的很优秀”，而那些正在为 IBM 工作的员工则会被公司的举措感动，更加忠诚地效力于企业。

对企业而言，自己培养人才必须注意两大要素，首先是招揽可塑性人才，在这一方面，华为认为应届毕业生身上的社会不良习气少，更易培养，所以格外注重校园招聘。其次，企业也要真正有所投入，舍得牺牲资源来雕琢人才。在这一点上，华为每年拿出销售收入的 10% 作为研发投入便足以说明其与大多数企业的不同。坚持在创新上实行“拿来主义”的华为在人才培养方面如此“唯我主义”，着实有些让人摸不着头脑，不过，这也正是华为人才济济的原因所在。就连任正非的老对手、爱立信总裁兼 CEO 卫翰思在多年前都不得不承认：“如华为这般不遗余力地从企业内部培养人才的企业，即便是在名企辈出的美国和日本也是绝无仅有的。而当华为培养出的人才能够全部为同一个企业目标而努力奋斗的时候，华为或许就会成为中国最可怕的企业。”如今，卫翰思的这种担忧俨然已经变成了现实。

1.2.3　建立全面超越的专家队伍

如果将企业构建人才优势的过程比喻成一个建筑工程，那么，吸引和招揽人才就是为整座企业大厦打地基，培养认同感强的针对性人才就是为大厦打造钢筋骨架，这两者是任何企业在构筑人才竞争优势时都必须有的步骤，而在此基础上，企业能不能形成更高一级的的专家队伍，则直接关系到企业在惨烈的人才竞争中能走多远。

所谓专家，即在学术、技艺等方面有着专门技能或专业知识的人，或者特别精通某一学科或某项技艺的有较高造诣的专业人士。一个企业中，一旦拥有一批这样的人，并且这些人凝聚成一支能够相互配合、协调一致的作战队伍，那么，企业的执行力和创造力必然是不可估量的。换句话说，企业要想主动适应经济发展新常态下面临的新形势、新任务、新要求，完成整体战略目标，就必须依靠一支强有力的专业技术队伍、专家团队和工作体系。

任正非很早便预见到，在通信设备领域，面对惨烈的国内外竞争，华为不能存在任何侥幸心理，只有让华为的每个研发人员都强于对手，华为才能避免衰落，不断地发展壮大，持续地活下去并且还能活得很好。事实上，华为一路前行，先后通过人才技术优势打败了中兴、爱立信等实力强劲的竞争对手，顽强地成长为世界第一，也恰恰从结果上证明了任正非这一人才理念的正确性。

1995年的一个早晨，任正非请华为咨询顾问吃早茶，席间，顾问说道："华为今后的发展需要依靠知识型劳动者。我们知道第一次工业革命之初有圈地运动，为什么圈地？土地是财富之母。第二次世界大战前后，资本高度集中，资本杠杆成为创造财富的源泉，因此有了圈钱运动，然后才有了华尔街。所以，今天已经是知识经济时代了，从逻辑上讲，现在进行的应该是圈人运动。"咨询顾问只是闲聊一样随口一说，但任正非却认真起来，当场便打电话叫来了华为前副总裁张建国，对张建国说："去和深圳市政府申请400个名额，我要把四大邮电学院的学生'一网打尽'，不管是博士生、研究生，还是本科生，都要！"张建国为难地说，"老板，您没弄错吧，我们要那么多人干吗？我们现在年收入才11亿元人民币。"任正非则板着脸说："你尽快去办就好了！"

这就是任正非的人才策略，也是华为的人才战略，即：屯聚人才，取得高端人才的压倒性优势，形成领先于行业的一流的专家团队。事实上，这些年来华为的这一人才战略始终没有变过，一直延续至今。

据华为内部数据统计，1997 年，华为在全国范围内招聘应届毕业生 700 人，1998 年为 2 000 人，1999 年为 4 000 人，到 2000 年时已经达到了 7 000 人之多。在华为 2016 年的招聘计划中，预计将吸纳 10 000 名优秀的高校人才。

有华为高管回忆，1996 年时，华为全公司只有 3 000 人，但硕士生已经扎成堆了，当华为员工数量发展到 20 000 人时，85% 以上都是学士学历，40% 以上是硕士学历。今天，华为员工总数已经达到了 17 万人，大学生比例甚至超过了公司总人数的 94%，并且拥有两院院士 14 名，世界顶尖科学家 700 名，各领域的专家数量超过 2 000 名。有华为客户感慨："华为的团队，任何一支都能称得上同领域的领头羊，他们是真正的问题解决专家。"

相比之下，华为在通信设备领域最大的竞争对手爱立信则远远不及。在员工流动率高的高科技行业，爱立信的员工流失率仅为 5%，截至 2015 年底，爱立信虽然号称在全球拥有 2.3 万名员工从事研究开发工作，其高端人才数量与华为相比却仍然要逊色许多。2014 年，爱立信决定停止芯片开发，将发展重心向无线网络转移，为了把握住小蜂窝、M2M 等领域的机会，爱立信总部紧急招聘了 500 名研发人员，可谓临时抱佛脚，这种需要某类人才再紧急招聘的情况在华为是断然不会出现的。

【辅助阅读】华为在招聘中执行圈人战略

每年 10 月份，华为都会到全国各大高校招聘，而且每次都会针对企业的当下需求以及未来需求，制订一个详细的计划，到哪些学校去招、招什么专业的人，名单上列得清清楚楚。通常而言，除了专业的电子院校外，华为只在国家认定的各类重点大学进行招聘。比如，上海只去复旦大学、同济大学、上海财经大学、上海交通大学，天津只去天津大学、南开大学，非著名院校不会在华为的考虑之中。所以，如果你去参观华为，随便撞见个员工是清华大学、北京大学的高才生并不稀奇，华为的司机和保安，也都必须是退役军人，必须拥有高标准的纪律素养才行。

关于华为的圈人战略，业内甚至流传着一个故事。据传，华为人力资源部门到某知名高校招聘，放出“狂言”：“工科硕士研究生全要，本科的前十名也全要。”纵观国内外，有哪家公司拥有华为这样的底气和魄力？

人才是无价的，高级人才占比高也意味着企业在员工薪金投入上势必要付出很大代价，按照任正非的说法，即使华为用不了这些人才，也要招聘过来不给竞争对手用，这样做真的正确么？甚至有人会想，高薪聘用的人才没处用，任正非疯了么？

任正非当然是清醒的，他认识到，企业的长远发展必须依赖人才，华为想要永远活下去，并且越活越好，就必须拥有一支无人能及的人才队伍，只有每个员工都是专家，每个人都能独当一面，企业的运行、管理才能更加高效和规范。

诚然，高学历并不意味着高能力，华为以高校品质来做招聘的界定标准也肯定不能保证招到的每个人都是人才，但可以肯定地说：国内受教育程度最高，且最有可能成为企业通信领域专家的群体在华为，这一点是毋庸置疑的。对于广大企业领导者和人力资源管理者而言，量力而为地学习和借鉴华为构建专家式队伍的方式，也是十分必要的，倘若不顾企业实际盲目“屯人”，不仅无益于企业发展，还会对企业造成巨大的成本负担。

1.2.4 培养具有战略系统思维的思想家和战略家

事实上，华为的优势人才观不仅体现在专业人才的招聘和任用上，还体现在人才战斗力的培养上。任正非主张用精兵组织打攻坚战，他反复强调：“华为未来十年的变革，要逐步从屯兵组织，转变为精兵组织。我们这样理解，对前端的不确定，使用富有战略眼光、富有组织能力、意志坚强的精兵组织；对确定的事情，由后方组织在战略机动上适当屯兵（逻辑），以加强平台支持服务能力的提升。”

就像“蓝血十杰”之首查尔斯·桑顿所说，人才的招聘和使用都是一种短期行为，而人才培养才是切实关系到企业长远发展利益的重要问题。为了保证华为时刻都能拥有一批能够即时作战，也能够随时“顶上去带兵打仗”的精兵，任正非主张，“企业不只是培养人才的岗位技能与执行能力，同时也要注重从企业战略的高度提升企业成员的视野与境界，要始终保持实用主义与战略眼光的无缝对接。”为此，早在 20 世纪 90 年代中期与中国人民大学的专家团队一起规划《华为公司基本法》时，华为便明确提出：“华为要产出的不仅是技术精英，还要有战略领袖。”

【辅助阅读】华为要培养思想家、战略家

2014 年 7 月，在华为举办的后备干部项目经理与经营短训项目座谈会上，任正非发表了讲话，他又一次强调了华为需要能够仰望星空的思想家和战略家。他说：“如果我们的队伍都只会英勇奋战，思想错了，方向错了，我们越厉害华为未来发展就越有问题。所以我希望你们中间能产生思想家，不光是技术专家，要产生思想家，构筑未来的世界。将来华为的轮值 CEO 要做思想家，手脚都要砍掉，只剩下一个脑袋，首席执行官也要做一名战略家，应该站在全局视野上看系统结构，先将其屁股砍掉，让其不能坐在局部利益上。”

大多数企业都希望培养出一批像华为人那样英勇善战、不屈不挠的勇士，但任正非给华为的定位却是“更加需要一大批思想家和战略家”。任正非希望华为能产生一批设想挖掘“巴拿马运河、苏伊士运河”这样具有大视野的思想家和战略家。

拿破仑有一句名言：一只狮子带着一群绵羊，可以打败一只绵羊带领的一群狮子。可见，一个战略高远、英勇的领导者对一个团队的发展具有重要意义。正是如此，任正非才将华为的未来寄托在具有技术洞察力和市场洞察力的思想家和战略家身上。

作为企业家，任正非无疑是最具冒险精神，并且最为高瞻远瞩的一位，他甚至从没有畏惧过华为培养出的具有领袖气质的高层管理者一旦离开华为会给公司造成多大的影响，而事实上，除了李一男等少数华为一路培养起来的高层骨干离开华为以外，华为确实最大程度上留住了人才。

从人力资源管理的角度讲，华为坚持培养战略家和思想家，一方面是出于满足人才成长和发展的客观需求，另一方面则是企业发展的必然选择。

随着信息时代的到来，未来社会到底会变成什么样子，没有人能说得清楚。2014 年年初，华为高层梳理出战略沙盘中的 68 个战略机会点，每一个都蕴藏着巨大的商机，可是落实执行时，却发现能够指挥员工“攻占”这些机会点的指挥官人手十分紧缺，原因在于“华为是从小的游击战打过来的，提拔的都是务实的人，没有对务虚的人给予肯定”。

事实上，近年来华为已经十分注重中高层战略视野的培养。比如，任正非会时常向华为管理者们推荐一些大有裨益的书籍和电影。他推荐属下看《汉武大帝》，然后思考如何对待个人的荣辱；推荐属下看《亮剑》，提升属下处理战略机会以及善用员工的思维智慧。另外，华为大学的高研班也开发了思想、战略课程，专门用以提升华为中层管理者的领导觉悟。华为的人力资源机制，正在逐渐成为企业培养战略家、思想家的沃土。

在这一点上，华为为广大企业领导者提供的启示十分关键，在运营执行上，真正具备战略思维、具备战略素养的人才，能够用战斗力说话，才是真正意义上的优势人才。

1.3　持续的艰苦奋斗

华为关于人力资本的第三个主张是持续的艰苦奋斗。企业要想实现业务驱动，必须环绕核心业务引导员工付诸执行，而在执行的过程中，仅仅拥有人才是不够的，如果一家企业中的人才都是些“急流勇退”的机会主义者，那么，这家企业同样难以获得成功。

在华为人看来，唯有艰苦奋斗才能获得成功，没有华为元老们的艰苦奋斗，就不会有 C&C08 交换机的诞生，没有十几万华为人的艰苦奋斗，就不会有今天世界第一通信设备公司的好成绩。所以，伟大的事业必须要根源于坚持不懈地工作，以全副精神去从事，不避艰苦。

艰苦奋斗，说白了就是一种不怕艰难困苦、奋发图强、艰苦创业、乐于奉献的英勇顽强的斗争精神。人力资源管理的核心本质应该是激发人而不是管理人，应该是让每个员工都能自觉地参与企业建设，自觉地成为一个奋斗者。所谓以人为本，实质上应该是“以奋斗者为本”。

1.3.1　艰苦奋斗的员工是企业最大的财富

对于企业而言，任何一个能够艰苦奋斗的员工都是十分宝贵的财富。然而，企业在鼓励员工持续艰苦奋斗之前，首先要弄清楚什么样的人才能被称作奋斗者。

在很多企业中，奋斗者的标签往往会被贴在那些加班加点的员工身上。那些披星戴月地工作的人通常会成为被表扬的对象和鼓励大家学习的对象，可是，真正的奋斗者绝不是用加班与否来衡量的。

勇敢、坚强、乐观、进取等，这些都是奋斗者的标签，很多员工总能够高效地完成任务，而不需要加班加点，他们也是奋斗者，而且更加值得尊敬和学习。在华为，对奋斗者最基本的要求是：认真负责，能够高效地完成自身的任务。华为提倡“以奋斗者为本，不让奋斗者吃亏”，号召每一个华为员工都能发扬艰苦奋斗的精神，担负起自己的责任，高效地产出。

【辅助阅读】华为对人才团队的界定

1998 年 3 月，经过 3 年讨论修改的《华为公司基本法》终于定稿，华为公司的核心价值观也由此形成。华为核心价值观是 1978 年经济体制改革以来国内企业首个系统的核心价值观体系。《华为公司基本法》第一章便对华为的人才队伍做出了这样的界定：认真负责和管理有效的员工是华为最大的财富。因此，华为坚持关注长久，关注自己的未来，始终遵循只有把员工带向成功，员工才能把企业带向成功的原则，积极将员工培养为吃苦耐劳的奋斗者。

从人本角度讲，工作认真负责，接受企业管理，这是一个合格员工应该具备的基本素质，也是对自己负责的基本要求，而从企业发展的角度讲，企业更多地拥有这类员工，才能有效地避免执行中的失误，减少资源浪费，甚至以最小的资源消耗创造最大的利益回报。

数据统计，随着国际化脚步的加快，2015 年，华为 16 000 多名员工被派遣到世界各地，2014 年华为员工全员飞行 1 158 410 832 公里，可绕地球 28 905 圈，如果是一群不负责任，或者不够负责任的员工来做事，原本只需要跑一次的事却要跑两三次，那么，华为仅出行成本一项便会高出多少？

为了尽可能将不负责任的人排除在华为团队之外，华为人力资源部门在进行招聘时，除了考量应聘者的学历和能力以外，踏实、诚实、朴素等素质也是重要的评测标准。经过严格的选拔和层层筛选，被选入华为的新员工大多具备一定的自律意识，再辅以华为青训营的培训以及一对一导师的循循善诱，华为员工与工作“死磕”的态度也就循序渐进地形成了。在华为 20 多年的发展历程中，每一个华为人都扮演着奋斗者的角色，并甘愿为公司的远大目标不懈努力。无论是离开华为的老员工还是继续在华为奋斗的人都对此深有感触。一名经历了华为最早创业生活的老华为人就这样回忆道：

“由于当时华为一共只有50来人，人手很是紧张，大家都要一个人做多个职位。当时没有包装工段，也没有搬运及包装临时工，当设备测好后，就会临时叫上在场的几个人，不分工人、工段长或是经理，也不分大专生、本科生还是硕士、博士，一起包纸箱，装入木箱再钉上边角铁，然后四五个人一起抬起机柜箱，装车发货。一名新到的硕士毕业生第一天上班就打包，手指被铁皮划破，鲜血喷出来，用止血胶布简单包扎后再接着干。”

正是凭借这种奋斗精神，华为研发出国际一流水准的交换机 C&C08，拿下了一个又一个订单。而今天，为了持续开拓海外市场，无数优秀的华为人离别故土，告别亲人，奔赴海外。在疾病肆虐的非洲、硝烟未散的中东、海啸灾后的印尼，以及冰天雪地的北极，到处都有华为人的身影，无论是在战火纷飞的伊拉克，还是在余震不断的秘鲁，只要用户有需要，认真负责的华为人甚至无须上级领导调派，便会主动冲到第一线，永远将解决客户的问题摆在第一位，也正是因为如此，华为成长到今天，成为世界第一大通信设备供应商，却仍然没有停下脚步，仍然在不断向前。在我们的公司里，是否有这样一群类似的“华为人”呢？如果没有，又如何能期盼着公司可以劈波斩浪，战胜一个个强大的竞争对手呢？

1.3.2　看中长远性，选拔有奋斗精神的人

奋斗者精神不仅是华为员工必须具备的素质，也是华为选拔干部的一个重要标准。华为的干部非常辛苦，20多年来，华为的所有高管，除非在飞机上，否则手机必须24小时开机，无论是在国内还是国外，有来电必须接听。目的就是尽可能第一时间处理突发事件，尤其是涉及员工安全和客户利益的大事。

据内部资料显示，华为高管孙亚芳、徐直军、徐文伟等人，每年要乘坐飞机至少150次以上，频繁奔走于全球200多个国家和地区，就连古稀之年的任

正非每年也要乘机 100 次左右。更有数据显示，华为超过三分之二的董事们患有与精神压力相关的疾病，不少人都有程度不一的抑郁症倾向。在这样高压力的环境下，如果没有一颗艰苦奋斗之心，是很难坚持下来的。所以，华为选拔干部，一项重要标准就是：必须具备艰苦奋斗精神，能够长期艰苦奋斗。

【辅助阅读】任正非强调“选拔奋斗型的干部”

2009 年 6 月 24 日，任正非在华为后备干部总队例会讲话中说：“我们在选拔干部时，第一选的是干劲，后备干部总队要锻炼干部的奋斗精神，第二要有方法论，我们不要过分强调知识。”

2011 年 1 月 20 日，任正非在 EMT 办公例会上发表了《加大投入，抢占战略机会点》的讲话，讲话中他再次强调了选拔奋斗者的重要性，他说：“我们要敢于换一批有干劲、有能力、品德好的干部上来。现在各级部门都反复跟公司谈条件，都给自己定了保守目标，就是没有人能跟公司讲：要作战、要抢滩登陆。你们敢不敢换一批干部？我希望你们今年换掉一批干部，敢于提拔一些人。被换掉的干部也不用怕，我又没把你杀了。但我一定要换优秀的、有干劲的、有能力的人上来。我就不相信这个天下打不下来，不行就我自己扛炸药包上，我像董存瑞一样举着炸药包，让你们点火。”

优先从愿意艰苦奋斗的优秀员工中选拔有卓越贡献的人进行培养，这是华为选拔干部的一大重要原则，而华为的 BG、EMT 团队也正是秉持这样的原则去提拔有成功实践经验、有干劲且高绩效的中基层干部到中高层团队之中。华为高层领导去一线，首先考察的是能够艰苦奋斗的干部苗子，而不仅仅是项目进程。与此同时，任正非还要求华为片联组织在考察干部时，也要从大节上选拔有奋斗精神的干部，不能求全责备，抓住缺点不放，要看重干部的长远性。

被美国《时代周刊》评为“25 位最有影响力的美国人之一”的人类潜能导师斯蒂芬·科维曾经将华为与几家著名的美国企业相对比，得出结论说：“美国之所以畏惧华为，是因为美国企业在谋取短期利益，而华为虽然是学习美国企业，但却超越了美国企业，它能够遏制住管理层与全体员工的贪婪，能够着眼于长远发展，这正是它能够与爱立信和思科一较长短的根源所在。”

其实，华为选拔有奋斗精神的人才为干部的准则放在国内外任何企业中都是适用的。以奋斗者为干部，员工受到“榜样”的影响，在“榜样”的带动下，就会爆发出无穷的力量，将那些懒惰的人感染并同化为奋斗者，而当一个企业满是奋斗者的时候，人力资源管理工作就变得十分简单了。

1.3.3　要培养一群敢于抢滩的勇士

今天的华为俨然已经成为中国民营企业奋斗者的加工厂，是中国企业狼性文化的策源地，是公认的将吃苦耐劳、团队作战、勇于进攻、嗅觉敏锐等奋斗者文化和狼性文化的精髓发挥得淋漓尽致的企业之一。在这种企业文化成型以前，华为是带着一股“匪劲儿”的。

华为创立早期曾经有八大“土匪主任”与员工同吃同住，共同作战，用兵“狠辣”同时也爱兵如子，初期的华为正是凭借这些人的勇往直前，才开辟出了一块又一块国内市场，在与中兴、大唐、巨龙等对手的竞争中脱颖而出。

“土匪主任”也好，“华为狼”也罢，其实这些人在加入华为之前大多是国内名牌大学的高才生，是手无缚鸡之力的文秀才，但是，经过华为的洗礼，他们却很快完成转身，蜕变成了一个个坚忍不拔的“战士”，甚至是“将军”，华为愿意使用吃苦耐劳和艰苦奋斗的人，同时也愿意将所有员工都变成这种人。

【辅助阅读】培养敢于抢滩的勇士

在任正非看来，培养敢于抢滩登陆的勇士也是培养战略家和思想家的一种有效手段。2008 年 5 月，在华为无线产品奋斗大会上，任正非发表了名为《让青春的火花，点燃无愧无悔的人生》的讲话，他在讲话中说道：“我们要培养起一大群敢于抢滩登陆的勇士，这些人会不断激活我们的组织与干部体制。尽管抢滩的队伍不担负纵深发展的任务，但干部成长后，也会成为纵深发展的战役家。”

在华为 EMT 纪要 2008 年第 28 号文件中，华为行政管理团队对“培养敢于抢滩登陆的勇士”的概念又作出了补充。文件中说：“抢滩登陆就是勇士，但是勇士能不能纵深发展成为将军，这就要对选拔出来的勇士进行培训，培训后进行筛选，筛选出来的 1/3 的精英人员会被推荐到干部后备队，给他们实践的机会。那些经过素质训练还达不到标准的人，也是我们的英雄，我们要给予他们‘黄继光’的称号，但英雄不一定是将军。”

英雄不一定是将军，也可能是最普通的士兵，在华为，这一点表现得尤为鲜明。《华为人》第 207 期刊登了一篇名为《我们的岗位在科特迪瓦》的文章，文章中记录了在科特迪瓦奋斗的华为勇士的故事。

科特迪瓦是西非疟疾高发地区，疟疾通过蚊虫传播，几乎难以防范，一旦传染，便会高烧不退，对身体伤害非常大。华为驻科特迪瓦代表处超过三分之二的人都得过疟疾，有个叫陈钊的员工，一年得了四次，但他始终保持着乐观的工作态度，甚至还戏称自己是“疟疾之王”。包括他在内，所有驻科特迪瓦办事处的华为人从来没有被吓倒，疟疾来袭便勇敢面对，一旦病情好转，他们便会再次生龙活虎地回到自己的岗位上，执着的坚持只是为了让非洲百姓享受到优质的网络信号，并且让华为的红旗更多更久地飘扬在非洲大陆上。

现华为南太平洋地区总裁魏承敏也曾是华为驻科特迪瓦代表处的一员，在1996年，他还是华为一名很普通的售后工程师。一次，有人问他是怎样一步步走到今天这么高的职位的，魏承敏笑着说，“如果你能连续三天三夜在冰天雪地的乡下坚持坐没有任何挡风设施的手扶拖拉机，甚至是踩着大雪步行到用户家里，并且连续在客户机房的地板上住一个月，不修好设备誓不离开，那么，你也能做到我今天的位置，甚至更高。”

事实上，华为之所以拥有如此多的奋斗者和不惧艰险的开疆勇士，很重要的一个原因就是华为将对勇士的培养放在了一个无比重要的高度。

首先，华为从成立之初就有着艰苦奋斗的传统，有良好的文化沉淀。以床垫文化为例。创业初期，华为的研发部从五六个开发人员开始，在没有资源、没有条件的情况下，秉承20世纪60年代“两弹一星”科技人员艰苦奋斗的精神，以忘我工作、拼搏奉献的老一辈科技工作者为榜样，大家以勤补拙，刻苦攻关，夜以继日地钻研技术方案，开发、验证、测试产品设备……没有假日和周末，更没有白天和夜晚，累了就在垫子上睡一觉，醒来接着干，这就是华为“垫子文化”的起源。虽然今天垫子只是用来午休，但创业初期形成的“垫子文化”记载的老一代华为人的奋斗和拼搏，是我们需要传承的宝贵的精神财富。

其次，华为在员工培训过程中也十分注重奋斗者精神的灌输。华为会以奋斗者案例教育华为新老员工，这些奋斗者就来源于华为的各个部门，很可能是参与培训的员工的同事或者未来同事，这些人的光荣事迹足以让身边的人受到感染，并且以其为学习榜样。

再次，任正非提倡华为干部要“下基层，上前线”，一方面通过这些活动提升干部的实践能力，另一方面也是要让华为干部拥有一颗奋斗者的心，在华为，不能下基层吃苦，不敢去前线打拼，那么，就永远没有晋升的可能，唯有能上能下，能打胜仗，才会成为华为着重培养的核心对象。

1.4 内部竞争公平化

在众多人力资本主张中，内部竞争的公平化是个不容忽视的问题。从企业执行活动来看，无论是人力资源工作的顺利展开还是每个员工的高效工作，都需要一个良好的环境，没有一个相对公平的内部竞争环境，人才优势和员工的奋斗激情便很难被发挥出来。倘若企业制度不够健全、管理过于混乱、员工的职业发展无法得到保障，那么，企业辛辛苦苦招聘来的人才便会被埋没，或转身离开。

因此，在深入挖掘人才能力的同时，华为在优化人才内部竞争环境方面付出了很大努力，在为人才提供成长土壤的基础上，提供有竞争力的薪酬，以多劳多得的科学分配方式鼓励员工持续进步，更重要的是，华为还会通过不断清零来保证新老员工在竞争上不存在资历上的不平等。正是在不断优化、不断提升的公平公正的竞争环境下，华为人才能激情饱满，奋发向上。

1.4.1 中国企业缺的是优秀人才的成长土壤

很多老板嫌弃自己的员工效率低，嫌弃人力资源部门做工作不到位，认为“人”才是症结所在，于是不停地换员工，甚至将人事负责人也一起换掉，可是，折腾来折腾去，还是没有进展。为什么会这样？为什么华为人能够创造出无数奇迹，你的员工却不行？真的是你的员工没有创造奇迹的能力吗？其实不然。

在现代人力资源管理理念中，没有无用之人，每个人都是资源，是人才。企业中，任何一个员工都具备一定的知识与技能，之所以有些人表现优异，有些人办事不力，关键在于企业是否能够通过卓有成效的管理措施，以协调和整合的方式将每个人的能动性都发挥出来。

通常而言，人力资源管理主要受到两大生态环境因素的影响，一个是硬环境，即企业所创造的物质环境，如企业基础设施、设备、培训学校等；另一个是软环境，包括公司制度、企业文化、管理体制、人力资源的保障体系等。当下的中国企业，大多在软硬环境两方面都有欠缺，也就是说，中国其实并不缺少人才，9.15亿劳动力中总有你所需要的人，真正匮乏的是优秀人才的成长土壤，没有平台供他们提升，没有舞台供他们展示，这种人力资源生态环境的缺失，对企业和人才双方都是一种伤害。

【辅助阅读】华为重视人才，但不依赖人才

任正非对于人才的态度是“高度重视人才，但绝不依赖人才”，关于这一点，他在1998年发表的《华为的红旗到底能打多久》的讲话中这样说道：“我们要逐步摆脱对技术的依赖，对人才的依赖，对资金的依赖，使企业从必然王国走向自由王国，建立起比较合理的管理机制。”

任正非所强调的构建合理的管理机制，其实就是构建企业人力资源公平竞争的生态环境，科学的管理机制一旦建立起来，便会源源不断地为企业输送人才，即便出现部分人才流失的现象，企业内部的造血机制也能够快速弥补这些空缺。

凤凰只会落在梧桐树上，所以远古时期的先民吸引凤凰的方法很简单，就是“先栽梧桐筑凰巢，等待凤鸟自来投”，其实对于人才也是一样的道理，高薪酬只能招揽人才，若想留住，并且有效地使用人才，一套公平公正的、能够让人才脱颖而出的机制更加重要。在任正非看来，能够吸引人才的企业并不可怕，一个能够依赖自身的机制将普通员工培养成人才的企业才真正值得敬佩。

华为的人力资源管理变革最早是从1997年开始的。1997年，华为与美国Hay Group（合益咨询公司）合作，共同探索人力资源管理的变革。在Hay Group的帮助下，华为完善了自身的职位体系和绩效薪酬体系，并且建立起了领先全国的任职资格体系以及岗位、角色的素质模型。

几大体系和模型建立后，华为在此基础上形成了一套完整的员工和干部的选拔、培养及使用、考核原则，使得每个员工加入华为之后都能明确看到自己的晋升机会，自1998年开始，Hay Group的专家每年还会对华为人力资源管理现状与改进进行审计，发现管理中存在的问题，并且做成报告，交由华为解决。随着公司国际化进程的加快，从2005年开始，华为公司又与Hay Group开展深度合作，进行管理层人员领导力培养、开发以及建模，为华为面向全球发展培养领导者。

深度研究华为的人力资源管理变革，你就会发现，无论是绩效体系、薪酬体系的完善，还是其任职资格体系的确立，都是围绕“人的价值标准”进行的。华为绩效管理明晰了员工工作的评价标准，薪酬管理明晰的是员工的价值分配标准，而任职资格管理明晰的则是员工职位胜任标准。以上几个方面，自成体系，同时又相辅相成，全部都是围绕怎样为优秀人才提供一个公平公正的成长环境而制定的。在这种生态环境下，人才到了华为不会被埋没，尚未开发出来的潜能也能够充分开发，又有哪个秉持着奋斗之心和进取之心的精英会拒绝华为呢?

事实上，华为在这方面的成功也恰恰从一个反向的角度证明了中国企业在人力资源生态构建方面的先天不足。纵观改革开放以来辉煌一时的中国企业，它们往往并不缺乏人才，可是当企业面临危机时，公司的所有人才聚集到一起却无法提供一个力挽狂澜的解决方案。问题的实质在于，这些企业缺少对人才的有效管理体系，人才优势无法充分发挥。所以，对于企业领导者而言，招揽人才很重要，科学地培养和管理人才更重要。

1.4.2 提供有竞争力的薪酬待遇，鼓励多劳多得

抛开成本来讲，任何企业都期盼自己能够建立一支强有力的人才队伍，高科技企业希望自己有一个顶尖的研发团队，销售公司希望自己有一支一流的营

销战队，而劳动密集型企业则希望自己有一批技术精英，这是必然需求，然而，企业经营活动并不是靠想象和期望就能实现的，企业要想充分地激发人才，把每个人力资源个体都变成奋斗者，还需要提供有竞争力的薪酬，让员工多劳多得、少劳少得、不劳不得。如果员工无论干得多还是少都与身边的人拿着差不多的工资，那么谁又愿意去多承担责任呢?

【辅助阅读】公平理论

公平理论又称社会比较理论，最早是由美国心理学家斯塔西·亚当斯（Stacey Adams）于 1965 年提出的，是研究人的动机与知觉关系的一种激励理论。公平理论认为，员工的激励程度来源于对自己和参照对象的报酬与投入的比例的主观比较感觉，只有当员工感觉到公平的时候，他们的努力动机才能够被充分地激发出来。收入较低的员工会努力追赶高收入员工，而高收入员工则会努力保持薪金优势，从而形成一种良性的同侪竞争。

任正非在倡导艰苦奋斗精神的同时，也主张为奋斗者提供有竞争力的薪酬，为此，华为人力资源部门与 Hay Group 和 Mercer 等顾问公司达成长期合作，定期对员工工资数据进行调查，根据调查结果以及公司业绩对员工薪酬进行相应调整。无论如何调整，利益分配的核心原则都是不变的，即薪酬与业绩密切结合。以华为员工的奖金计划为例。假如你是华为员工，你的奖金数额要根据你在季度工作中所背负的个人责任、工作绩效以及完成项目情况而定，你所承担的责任、创造的绩效、完成的项目越多，你的奖金便越多，当然，大项目对应大奖金，小项目对应小奖金，在这些细节性的价值评定上，华为也坚持公平公正的原则，在保证不会挫伤员工积极性的同时，提升员工的竞争意识和竞争动机。

华为核心员工的薪水级别从 13 级起到 22 级，共 10 级。各级之间有几千元甚至上万元的差距，一般在市场销售和研发部门工作 5 年后的华为员工，12 个月的月薪加上年终奖和股票分红，年收入为 20 万元左右。而在执行员工绩效考评的过程中，同一级别的员工根据表现不同，也会被细分为 A、B、C、D 四等，想拿到全部的 20 万元薪水、年终奖及股票分红，就必须在考评中获得 A 级分数，B 级金额就要锐减 1/4，C 级奖金和股票分红便全都没有了，而 D 级更是要面临下岗离职的命运。无论是谁，都要遵循这种评价机制，就是任正非本人，也曾因为自己给自己考评时打了个 C 而一年没有拿到股票分红，这样公平公正的薪酬牵引机制使得华为员工能够心无旁骛地专注于价值创造。

值得称道的是，为了保证员工能够在相对公平的环境中通过内部竞争获取较高的利益回报，早在 2000 年，华为便规定，对需要在海外工作 3 年以上的员工，华为将发放 15 万元的安家费，并在员工出国前一次发放。也就是说，同为 16A 级普通工程师，或者同为 18B 级较高级工程师，他们选择在国内工作与选择去国外艰苦地区工作，薪酬奖励是完全不一样的，这样一来，也更好地起到了对奋斗者的支持和引导作用，使得华为人越发致力于追求卓越。

1.4.3　不断清零，保障员工竞争的公平性

毋庸置疑，每个员工都渴望被尊重、被认同，都期望在获得利益回报的同时实现自己的价值。为了给员工提供均等的发展机会，华为一直都在提倡“不断清零，公平竞争”的方针。

【辅助阅读】清零哲学

“清零”原是电子学术语，是一种指令。在电子计算机硬件中，有计算器、累加器、中央存储器、外部存储器、地址存储器等。使用清零指令，可以将存储器的状态（数据）变成原始的零状态。简单理解，就是能够将电脑中存储的信息全部删除，一键还原。

管理学中引入“清零”概念的时间并不长，最早是由 SWOT 矩阵创始人、美国旧金山大学国际管理和行为科学教授海因茨·韦里克提出的，韦里克指出，“企业运行中人才会逐渐沉淀，形成活力低下的沉淀层，只有不断清零才能充分调动他们的积极性，并且让新员工看到晋升的希望，从而持续努力。”

华为的第一次清零是从新员工入职开始的，1995 年，为了消除部分高学历人才恃才傲物的不良习气，任正非提出了“学位及地位均消失”的口号。新员工进入华为以后，学历、资历全部归零，一切从头开始，凭借自己的真才实干，定报酬、职位等，这是华为对“不断清零，公平竞争”方针的第一次贯彻。为什么所有华为研发人员都能夜以继日地专研、废寝忘食地工作？就是因为他们清楚地知道，只要足够努力，机会唾手可得。

2007 年年初，华为 16A 级员工薛雪（化名）所在的项目组和 BT（英国电信）沟通的时候发现一个 EMC 和供电的交叉标准。标准写得很模糊，项目组的人也感到很陌生，但客户要求项目组尽快修订。于是，项目组将这个艰巨的任务交给了刚入职半年的本科毕业生薛雪。

薛雪将部门同事的研究结果接过来，进行系统、全面的研究。经过对外合作、费用申请、测试系统搭建、报告模板等一系列烦琐的工作，最终将一个模糊的标准做成了 BT、KPN，甚至后来 FT、DT 客户都一直认可的测试报告，也开创了国内第一个可以全面测试该标准的实验室。

2007 年 9 月该标准改版时，薛雪因为熟悉该标准而被推荐到欧洲参加会议。作为一个新人，薛雪在 BT、FT 等电源专家面前，发表了提案，并得到了广泛认可。

作为新人的薛雪，抓住机会实现了自身的价值；华为则因不拘一格用人才获得了一项核心技术。给予员工充分发挥的舞台，是一个双赢的过程，类似的双赢从华为创立之初到今天，实在是不胜枚举。对于华为而言，均等的机会最大的阻碍来自干部、老员工对行政权的垄断，为此，任正非进一步提出了“不断清零的人才观”，打破现有任职资格体系，人员全部下岗，重新竞聘。

1996 年 1 月 28 日，包括分管市场部的华为副总裁孙亚芳在内的 26 位办事处主任同时向公司递交了两份报告——一份是 1995 年的工作述职报告，主要是检讨前一年的工作，提出下一年的工作计划；另一份是辞职报告。在这两份报告中，公司根据个人的实际表现、发展潜力和公司市场发展需要，批准其中的一份。

历时一个月左右的市场部整顿活动在市场部集体递交辞职报告的高潮中正式落下帷幕，华为的管理优化则刚刚开始。接着就是竞聘上岗答辩，公司根据个人实际表现、发展潜力及公司发展需要进行选拔。包括市场部代总裁毛生江在内的 30% 的干部被调整了下来。

通过“不断清零”，华为进一步保障了内部新老员工之间的公平竞争，极大地激发了员工的绩效潜能，最终换来的是企业利润的大幅提升，以及更多优秀人才的不断加盟，而这些一流人才的持续涌入，又为华为企业价值的实现注入了更多的能量。

1.5 聚焦价值贡献

其实，华为的五大人力资本主张中，无论是以业务为驱动，还是建立压倒性人才优势等，最终都是为创造价值服务的。也就是说，创造价值才是人力资源管理追求的永恒目标。凡是不能聚焦于价值贡献的人力资源管理行为都是无效的。

华为人力资源管理的核心就是对价值链的管理，其对企业中的每个个体进行管理的最终目的即实现人的价值，让每个人都充分发挥出个人能力，为企业的整体发展创造出最大价值。为了做到这一点，华为主要坚持三项原则：第一，专注长远价值，以轮岗制历练人才；第二，遵循压强原则，形成人才战略优势；第三，以专业化的行政团队保证组织绩效。

1.5.1　专注长远价值，以轮岗制历练人才

台塑集团创始人王永庆曾说：“不盈利的企业是不道德的。”的确如此，无论多么强大的企业，也不论坚持何种人力资本主张，其最终目的都是盈利，企业只有能够盈利才有能力去创造更大的社会价值。对于这一点，任正非十分赞同。在他看来，一家公司的改革是否成功，人力资源管理是否科学，最终要看作战队伍的作战能力是否提高了。如果作战队伍最终没有为企业“多打粮食”，那么企业的人才观念就是不科学的。

那么，怎样才能让企业“多打粮食”？其实也不难，华为的主张就是实行轮岗制，以轮岗制历练人才，让每个人都能成为一个“高产因子”。

【辅助阅读】轮岗制

轮岗制度如今已经成为企业培养人才的一种十分有效的方式，IBM、西门子等世界级跨国公司都已经在公司内部建立起了一定的岗位轮换机制。它既可以实现对员工的职业激励，有效地拓展员工的职业宽度，又能为企业发展注入活力，是一种高效的双赢制度。

任正非对轮岗制寄予厚望，他希望通过轮岗制让每一个华为人都能保持昂扬斗志，永远充满干劲，同时，也能保证不让离开的员工成为阻碍华为前进的障碍。他曾在讲话中说：“经过轮岗的历练，只要某一岗位需要有人顶上去，顶上去的人就能立刻创造价值，这一点尤为重要，即便因此而牺牲一些眼前利益，为了专注长远价值，也是在所不惜的。”

1995 年，在华为成功研发了自己的交换机之后，任正非正式提出实行轮岗制。事实上，华为的轮岗制与任正非“不断清零的人才观”几乎是同时诞

生的。在1996年的市场部大辞职事件中，华为以巧妙的方式将轮岗制确立下来。在这次轮岗（华为第一次大规模轮岗）中，除了孙亚芳等少数几人，华为90%以上的干部都进行了岗位轮换，至于是升是降，则依据考核结果判断。

这是华为管理层的一次革新，历史上几乎没有企业进行过规模如此之大的人员调度，没有企业舍得让自己的技术主管去管行政、后勤，让研发天才去下属子公司去当经理，但是华为敢，而且华为通过轮岗制大获成功。

众所周知，任正非在管理上十分欣赏“蓝血十杰”的科学管理，经常鼓励华为高管向“蓝血十杰”学习，并且设立了“蓝血十杰奖”，用以表彰为华为做出突出贡献的人才。事实上，“蓝血十杰”之一的艾荷华·兰迪就是个坚定的轮岗制度执行者，他曾一度为福特招聘了数千名员工，并让这些新员工在公司各个部门间轮调，让这些人具备更多、更完善的能力，从而更好地为企业服务。华为大学甚至流传着这样一句话：“为什么汉元帝不知道王昭君？就是因为汉元帝后宫里的人没有循环起来！”

2000年，任正非发布了《关于内部创业的管理规定》，指出：凡是在华为工作满两年以上的员工，都可以申请离职创业，成为华为的代理商。公司方面，会给予帮助和扶持。这次重大的人事调整中，就连李一男、聂国良这样的董事和常务副总裁都参与其中，带领着数以千计的离职员工走上了创业之路，虽然历史证明这个决策存在一定的失误，但也有一些积极作用。

这次调整将与华为价值观并不完全一致的人筛出了华为团队，那些能够经受住各种挫折和考验的华为员工在后来的轮岗中不但没有任何怨言，而且更加积极主动地参与其中，大大加强了企业组织层面的稳定性、适应力，强化了部门间的协作。从员工职业生涯的角度来看，华为员工也在持续的轮岗制度中建立了强大的技能矩阵，拓展了员工的职业宽度。

可以看出，任正非是一个将实用主义发挥到极致的企业领袖，博大的胸怀更使他将“双赢”这把制胜宝剑运用到了绝妙的境地，在挖掘员工价值、专注企业长远发展的同时，也能考虑到员工切身利益，让员工得以发展，这是当下大多数中国企业经营者做不到的。在实行轮岗制度之前，他们会优先考虑成本，会担心让销售人员做客服可能会惹恼客户、让研发人员做销售可能卖不出产品，等等，为了求稳，对轮岗敬而远之。事实上，让销售员做客服更能培养销售员的耐性、让研发人员体验销售则更能增强企业对客户需求的把握，这对企业的长远发展而言，绝对是利大于弊的。倘若连小小的人事变动都不敢尝试，又如何谈企业人才观，如何能够做好企业的人力资源建设，并且保证企业健康、快速地持续发展呢?

1.5.2　遵循压强原则，形成人才战略优势

出于成本的考虑，很多企业经营者会认为自己的企业规模小，整个公司上下才20多个人，与其推行轮岗等制度“折腾人”，还不如全心全意打造产品来得实在，事实上，这种观念并不正确。马云曾经说过：“小企业也要讲企业文化，不能到大了以后才开始讲文化，到了中型企业才开始讲制度。”其实团队建设也是同样的道理，不从初期开始打造团队的战斗力，就算企业迅速发展，最终也难免会因为人才不济而陷入危机。不过，团队建设并非一朝一夕可以完成的，在企业经营中逐渐提升也不失为一种有效方法。在华为没有形成人力资本优势之前，任正非通过一种十分有效的战术来发挥企业人力资源的价值。

《华为公司基本法》第23条规定，“我们坚持‘压强原则’，在成功关键因素和选定的战略生长点上，以超过主要竞争对手的强度配置资源，要么不做，要做，就极大地集中人力、物力和财力，实现重点突破。”压强原则正是华为在企业发展前期所坚持的员工价值贡献的有效方式。

【辅助阅读】压强原则

在华为，所谓“压强原则”最简单的理解就是毛泽东提倡的“集中优势兵力歼灭敌人”，任正非曾用坦克和钉子的比喻说明“压强原则”。任正非解

释说："坦克重达几十吨，却可以在沙漠中行驶，原因是较宽的履带分散了加在单位面积上的重量；钉子质量虽小，却可以穿透硬物，是因为它将冲击力集中在小小的尖上，二者的差别就在于后者的压强更大。集中优势，重点突破，这就是华为压强原则的核心。"

华为自创立时起，就没有背景，没有稀缺资源，在人才储备、资金链和外部环境方面也毫无优势。若想有所作为，就要集中企业内部的所有资源，瞄准一个领域或一个方向，集中攻克、开发，争取在某一个阶段、某一个方面领先对手，然后由点及面，逐渐占领市场，形成竞争力。

华为进军河南市场时，任正非采取了"群狼战术"，让华为分布在世界各地的近千名销售、技术人员停止手上的一切工作，在短短的几天时间里聚集在一起。华为这支浩浩荡荡的营销大军，直奔河南。当时，同在争取河南市场的中兴的销售人员感叹不已："1∶100 的实力对比，胜负是明摆着的。"

在华为前期的发展中，正是凭借着对"钉子精神"的坚持，凭借压强战术拿下了一个又一个的市场，国内、国外屡试不爽。这对于单兵力量不强的企业而言，无疑是一个极佳的借鉴。单个员工无法创造价值，一群员工团结起来便能够产生价值贡献，那么，为什么不去做呢？

关于压强原则，在具体执行过程中，华为会根据对手的不同制定不同的策略。对于中兴、阿尔法特、思科、爱立信之类的主要竞争对手，在决定成败的关键因素和既定的战略生长点上，华为会集中所有资源，以压倒性的优势布局，不惜一切代价满足客户需求。

同时，华为的压强战术绝不是漫无目的的冲锋，而是有着周密的准备和策划。首先，团队高层会分析销售机会的价值，如果可行，则分析自身优劣势；然后确定足以击败对手所需的人力、物力和财力，尤其是在人力方面，如果总裁任正非可以在项目中发挥作用，那么任正非便也要列入资源适用范围之中。

继而制订项目计划以保证各项资源到位和工作顺利展开。最后，所有人员，包括一线人员和后勤人员都要围绕目标快速展开进攻，甩开对手，一个项目保底要拿下 50%，做得好要拿下 80%，迎接挑战拿下 100% 。事实上，华为在绝大多数的项目中，都能拿下 100% 。

近年来，随着华为在国际舞台中地位的显著提升，同时也伴随着华为员工单兵作战素质的不断增强，压强原则在华为的市场扩张战略中有所收敛，但仍然是其破敌制胜的重要武器。所以，如果你的公司里还有那么一部分永远“闲着”的人，不妨将他们充分调动起来，让他们成为钉尖的一部分，充分地为企业贡献出自己的价值。

1.5.3　以专业化的后台服务保证组织绩效

其实，所谓“强化人力资源的价值贡献”，说白了，就是怎样才能让员工更具价值，这也是每一个企业领导者都迫切想要知道的秘诀。华为在坚持轮岗制度、压强原则的同时提倡建设“有能力、有激情、有绩效”的组织，以这样的组织队伍来推动个体贡献的实现。为了让成员能力得以发挥，激情得以点燃，绩效得以实现，华为打造了专业化的后方平台，用以服务前方的作战部队。

华为专业化的后方平台包括行政服务平台、技术研发平台、空间试验平台、产品制造平台、全球采购平台、市场营销平台、人力资源平台、财务融资平台、知识管理平台、公共数据平台，等等。处于前线各个地区的代表处为实现价值目标而形成客户经理、交付专家和解决方案专家三位一体的“铁三角”模式，“铁三角”之间之所以能够实现顺利的沟通和畅快的合作，主要便是依托设置在华为总部的各大后方平台的技术、数据以及人员支持。

以华为的行政服务平台为例，华为的行政团队负责内部日常事务的处理以及为一线业务提供支持。华为的行政后勤主要负责华为内部日常行政事务，例如接待、会议、会展、文档、车辆调配、协调、资产等方面的管理。在为一线业务提供支持方面，华为后勤主要负责为外派人员的生活、办公提供可靠、安全、必要的资源。华为业务遍布全球，每次华为投标或项目实施之前，都会有专门的行政团队预先将一线人员的行程、日常起居等安排妥当，并在他们工作时提供后勤保障，以确保一线人员可以全心全意投入业务，发挥出最大的能量。

华为一线人员实现目标需要满足“技术”和“日常活动”两大需求，这其实也是所有公司需要面对的。华为行政后勤对一线员工的第二项需求全力支持，以保证他们把精力放在第一方面。这种行为，极大地保障了一线员工安心地工作，不受到额外的干扰。

不论是经理还是员工，精力是有限的，如果忙于处理琐碎的事务，无疑会使本职工作受影响，降低了他本应创造的最大价值。华为为了保障一线人员能够集中精力处理事务，特别设置了秘书这一岗位。

【辅助阅读】任正非解读华为秘书

华为秘书由来已久，1997 年 2 月，任正非在华为秘书座谈会上发表了关于《华为秘书如何定位》的讲话，任正非指出：“秘书是经理的助手，是管理者的助手。每一个部门、每一个科、甚至每一个课题，在往前推动的过程中哪些事情要发生，有哪些问题要注意，或者哪些方面能够减少管理者的工作量，保证他们把全部精力用在主攻方向上，那么我们就应该把这些工作接下来，由我们来承担。总的来说，作为秘书就是要下定决心，不顾一切地去分担管理者的压力。这个分担管理者的压力，不是说替他决策，出主意，而是要减少他的大量事务性的重复劳动，保证他在主攻方向上投入很大力量。”

1997 年，华为与国际巨头存在很大的差距，如果不想被淘汰，必须夜以继日地研发技术、追赶进度。这就要求华为的一线人员高度集中、高度投入。聘用秘书就是让经理、开发人员、市场营销人员专心从事本职工作，做那些别人做不了的事，别人能做的，例如拖地板、装订文件，则尽可能让秘书来完

成。为此，华为迎合内部需求，建立了庞大的秘书体系。

【辅助阅读】华为秘书的两项基本能力

在华为，秘书不是简单地端茶倒水、打字复印，不同岗位的秘书其服务的意义也是不同的。要成为华为秘书队伍的一员，必须具备两大基本能力。

（1）拥有熟练的基本功

一个好秘书必须要对打字、复印、操作计算机等基础工作非常熟练。华为特意从英国引入了 NVQ 来规范和强化秘书工作，并在内部依据不同的岗位、不同的级别和不同层次，规定了秘书的任职资格，并作为考核的目标和依据。

（2）能够担当经理的助手

秘书必须"善解人意"，明确上级的工作方式、方法和想法，以及时帮助他处理职责以外的工作，减少他的工作量。统计显示，华为秘书约 10% 的时间是用来协助上级的，剩余 90% 的时间则是用来处理各种管理上的琐碎事务，尽可能地减少管理者和一线人员浪费在琐事上的时间。

秘书队伍在华为行政队伍中的地位是举足轻重的，任正非给予华为秘书重大使命的同时，也十分人性地赋予了秘书一些权限，比如，某岗位的秘书工作量太大，可以申请增加一位秘书分担工作压力，业务量再次涨上去，就再加一名。如此往复，渐渐便形成了华为今天的秘书科、秘书处等秘书机构。任正非曾经说："像我们公司这么庞大的秘书队伍，发达国家是养不起的，因为成本太高，华为公司处于中国特色的情况下，所以养得起。"

这虽是任正非的一句戏言，但是对于广大企业经营者而言却是一个警示，我们在学习华为、效仿华为人力资本主张以保证组织绩效得以更好实现的同时，必须考虑到成本、产出等多重因素，务必要找到一个平衡点，切不可捡了芝麻丢了西瓜。

第 2 章　全员赋能管理

整个公司第一是要奋斗，第二要学会掌握奋斗的方法，光有干劲没有能力是不行的。我们要北伐了，不培养出一些将军来怎么行？

——任正非

导语：员工的系统赋能和成效保障

在人才培养方面，华为主要是从三个维度进行的，即强化精神意志、塑造流程能力，以及建立客户能力。其中，强化精神意志即统一价值观和提升意志品质，华为会在新员工入职之前便将企业“以客户为中心，以奋斗者为本，持续的艰苦奋斗”的价值理念灌输给员工，形成一支意志高度凝聚的作战队伍。

在统一价值观的基础上，华为将持续的人力资源开发作为实现人力资本值目标的重要条件，通过培训与实战结合的方式，分期赋予员工相应的基于业务需求的流程能力，以及以市场为导向的客户能力，为员工自我价值和企业整体价值的实现提供能力保证。

此外，华为还采取了自我开发与教育开发相结合的开发形式，实行在职培训与脱产培训相结合的跟进赋能方式，持续提升新老员工的能力水平，消除沉淀层，推动全员赋能。

在坚持为员工持续赋能的同时，华为通过健全培训机制、不做无偿培训等方法，有效地形成了一个能够循环赋能的低投入、高产出的人才赋能管理模式，既保证了人才的持续输出，又保证了企业不会因此而投入大量的培训成本，造成资源浪费。

可以说，华为的赋能管理真正做到了多、快、好、省，也真正意义上为广大人力资源管理者提供了一个员工赋能管理的标杆。

带着问题阅读：

1. 统一企业价值理念的手段有哪些？
2. 流程能力的赋予与流程责任强化之间有何关系？
3. 建设员工的客户能力暗含了哪些市场逻辑？
4. 怎样保证员工入职后赋能活动的持续性？
5. 如何建立一个低成本、高产出的培训机制？

2.1 强化精神意志

企业想要最大程度地挖掘人力资本的价值，首先要在精神层面尽可能地统一员工的价值认知。华为也曾一度以不菲的价格将员工送到各个培训机构去做能力培养，培训确实从一定程度上提升了员工的能力，可是，日子一久，员工的工作状态又会恢复到原样。这让任正非意识到，在对员工进行赋能之前，更重要的应该是精神层面的洗礼，必须要在意志上帮助员工形成一个正确的价值理念，只有这样才能引导员工积极地接受培训，并且持续地努力工作。

2.1.1 价值观是组织的核心与灵魂

价值观是企业文化的核心，是企业及员工的价值取向，也是企业在追求经营成功过程中所推崇的基本信念和奉行的原则。麦吉尔大学管理学教授、战略管理学会主席亨利·明茨伯格说过："人力资源管理的所有工作都是环绕企业的核心价值观展开的，企业的核心价值观是实现人力资源管理内在一致性，并且实现人才持续发展的主线。"美国著名社会学家菲利浦·塞尔日利克说："一个组织的建立，是靠决策者对价值观念的执着，组织的生存，其实就是价值观的维系，以及大家对价值观的认同。"

作为一家面向全球的公司，华为有着多达 17 万人的庞大员工队伍。这 17 万名来自世界各地的员工有不同的文化背景、不同的价值取向、不同的思维方式和不同的行为习惯，如果每个人都按照自己的理念去做事，华为势必要乱成一团。那么，如何才能让十几万华为人齐心协力地推动华为这艘巨型航船在主航道上平稳前行呢？任正非首先想到的是制度约束和利益诱导，然而，随着华为内部腐败现象的逐渐滋生，任正非开始意识到，仅仅依靠制度和利益的影响是不够的，还需要一种崇高的精神来加持，那就是企业的价值观。

【辅助阅读】华为价值观的解读

华为坚持“以客户为中心、以奋斗者为本、长期坚持艰苦奋斗和持续自我批判”的核心价值观，这是任正非对企业实现长治久安的根本性思考。“以客户为中心”强调的是华为的价值从哪里来；“以奋斗者为本”回答的是谁创造了价值，并指明要按贡献给予回报；“长期坚持艰苦奋斗”强调的是要为客户创造价值；“持续自我批判”强调的是不断创新、不断自我更新的过程。

为了强化华为价值观，任正非殚精竭虑地制定了《华为公司基本法》，用以引导和约束华为人的价值理念。华为的价值观是任正非对华为理念高度总结概括的结果，而事实上，对于任何一个企业而言，这样的价值信条都是值得称道的，就像华为前副总裁胡彦平曾经说的：“军队要有灵魂，企业也要有灵魂，这个灵魂就是文化和核心价值观。企业家必须像军队的统帅一样，为自己的组织注入灵魂，以文化和核心价值观为纽带，凝聚干部和员工的共识，借此形成强大的精神力量，把企业发展不断推向高峰！”

胡彦平的这种认知正是来源于任正非的管理理念，任正非坚持认为“价值观是一个组织的核心与灵魂，一个顶尖企业一定是建立在企业创始人和核心团队以及骨干员工的共识基础之上的”。我们也必须承认，好的企业价值观确实可以促进企业员工的凝聚力和创造力，它既能成为企业的精神支柱，是企业和企业员工的基本特性，同时，也是员工行为的关键导向和规范。这也是为什么IBM坚持“帮助客户带来价值”、阿里巴巴坚持“让天下没有难做的生意”、百度坚持“给人们提供最便捷的信息查询方式”的根源所在。

经营之神松下幸之助曾经断言，“真正激励员工全身心投入工作，使员工不断前行的，不是金钱一类的外部条件，而是内在的企业文化信仰。得到员工高度认同的企业文化，会成为影响员工行为的最大因素。在这种文化的驱动之下，员工会将企业的信仰当成自己的信仰来加以落实。”

由此观之，华为将为客户服务视为自己存在的唯一理由，坚持自我批判、开放进取、以奋斗者为本，在这些价值框架的引导之下，将华为团队由利益共同体上升为命运共同体，无疑是有积极意义的。

2.1.2 华为员工的第一堂课就是奋斗

在“价值观就是生产力”观念的指导下，世界快餐业巨头麦当劳、世界PC机软件开发先导微软，以及全球最大的信息技术和业务解决方案公司IBM在招募员工后，第一件事都是对员工进行全方位的培训，而在培训中，最注重的并不是技能传授，而是文化的渗透。这些企业往往都是通过文化的熏陶，使新招员工很快成为企业和谐的、坚定的一分子，并且能够心甘情愿地、积极地提升自我技能。

作为IBM的长期服务对象，华为在这一点上深受IBM的影响，华为为入职员工上的第一堂课就是围绕“以客户为中心，以奋斗者为本”的核心价值观展开的。在《华为人》第231期文章《2010年华为员工热门词汇》中，“奋斗”第7次当选年度热词，华为员工王洪星这样写道：“2010年8月，我进入了华为，在华为大学上的第一堂课就是‘艰苦奋斗’。‘奋斗’是华为的主旋律，也将是我在华为工作永远的‘伴奏’。”

新员工接受华为入职培训，第一堂课就了解华为的企业价值观，也就是如何通过艰苦奋斗为客户创造价值，用华为企业 BG 吴涛的话来说："无论运作方式、员工的工作理念和生活理念，华为和其他公司都相去甚远。但在第一堂课上看几部关于华为的影片、听几段任总的讲话后，你就会发现，华为的故事都是平实朴素的大实话，你只要按照公司的要求，拼尽全力地去做，很多事就做成了，没有什么是不可能的。我就是通过第一堂课，认识到了奋斗对于华为和自己的重要性。"

【辅助阅读】定位效应与员工定位

一个人自己选定的角色位置不因其他因素而发生太大变化，这种现象在心理学中被称为"定位效应"。定位效应在生活中很常见，例如，在第一次召集会议时，我们让参会人员自由选择座位，之后再召集会议时，大多数参会人员仍会选择他们第一次坐过的座位。

从心理学的角度讲：定位者存在一种与自我认知协调一致的心理。在这种心理的驱动下，定位者会对自己的态度与行为做出控制，所以，通常不会改变位置。这给企业管理者的一个启示就是：管理者应事先为员工做好角色定位，清楚自己需要员工做什么，同时也使员工更明确自身职责，使其在自身岗位上发挥出最大的作用。华为在员工入职之初便明确强调"艰苦奋斗"的理念，正是定位效应的一种巧妙运用。

除了传递奋斗者观念以外，华为还会在新员工的大队训练营中进行其他类型的公司文化宣讲，并且组织互动交流，以及组织各种形式的团队演练活动，以此检验新员工对华为文化的吸收程度。2003 年时，华为新员工入职的前两周都要接受企业文化教育，如今，这个培训周期缩减到了 5 天，内容更加聚焦，华为大学的教授们会围绕华为的企业价值观讲清楚为什么公司会出台相应

的政策和制度，它反映出的文化、价值观是什么。

华为还有一篇《致新员工书》，是任正非在华为创业之初写的文章，这篇文章把华为的文化和对新员工的要求全部融入其中，是华为新人必读的文章之一。而事实上，华为不仅会在员工入职培训中积极传递“以客户为中心”的奋斗者价值观，在新员工座谈会上，华为高层也会积极地向新员工灌输艰苦奋斗的价值理念。

2012 年秋天，华为消费者 BG CEO 余承东在与新员工座谈时便说：“人生虽有机遇的成分，但我总结了一句话：态度决定一切。大家今天走上工作岗位，我们对待工作的态度和追求，将决定我们未来在工作事业上能走多远，今天先把这句话送给大家。华为从一个很小的公司发展到今天这样一个大公司，任总坚持的最基本文化精神并没有改变过。我认为最重要的是在工作中坚持最基本的精神。在华为大学学什么不重要，重要的是以后坚持什么样的精神和态度去做工作。当我们还是一个小公司的时候，整个研发团队 20 多个人，任总跟我们沟通，说我们可以成为中国最大的通信公司。我们当场就笑了，觉得这个想法很不现实。我担任无线产品总裁时，与无线团队说了一句话：定位决定地位，眼界决定境界。我们需要有更高的定位与追求，需要有水平、有开阔的眼界。我们要比竞争对手站得更高、看得更远、看得更深，需要我们对整个行业和竞争对手有深刻的理解和洞察，还需要付出比别人更艰辛的劳动。我们要有自己应有的境界与高度。”

余承东的讲话通篇未提“奋斗”二字，但字里行间却无不浸透着奋斗者的理念，企业间的商场竞争犹如战场厮杀般残酷，要想在商场中活下去就必须强迫自己不断地艰苦奋斗、不断向前走。华为集团正是数年如一日地秉持这种信念，才在残酷的竞争中开拓出一片天地。而新员工在接受培训之初便接触并逐渐接受了这样的理念，无论是对于后期持续展开的赋能活动，还是正式入职后真正投入实战当中，都能够产生良好的激励效果。

2.1.3 要用军事化培训培养员工的纪律性

入职培训在很大程度上决定着新员工入职后以一个什么样的技能水平以及态度去投入工作，因此，能力和价值观两大要素对工作效率的巨大影响作用是不言而喻的。除了这两大要素以外，员工的纪律性也是企业管理者和人力资源工作者需要关心的问题。

每个人都是一个独立的个体，都有自己的行事准则和风格，一个企业将不同类型的人才聚集到一起，不可能赋予每个人特立独行的特权，必须以一个统一的能够被多数人认可的规章制度来进行约束。企业的制度一旦成型，如何让后加入的员工认同并遵守便成了企业经营者面临的难题。在华为，这样的难题并不存在，华为会在员工入职之前便解决好纪律性的问题，任正非甚至认为，遵守企业纪律也是员工能力的一部分。

华为培养新员工纪律性的方式很简单，那就是进行军事化的培训。众所周知，军队是纪律性最强的人类组织之一，“军人以服从为天职，严格遵守制度要求”是世界各国军人共同具备的优秀素质。从 1997 年开始，任正非便要求华为新招聘的大学生在进行封闭式入职培训期间，必须接受为期半个月的军事化训练。教官都是军队退役军官，训练标准更是严格按照军队要求进行，员工每天都要 6 点半起床一起跑操，迟到的会被扣分。军训考核不达标者，甚至无法入职。

【辅助阅读】任正非的纪律观

任正非十分注重团队的纪律性，这要归因于他的个人经历。十余年的军旅生涯不仅让任正非养成了吃苦耐劳、坚忍不拔的性格，也让他形成了严格的纪律意识，他常用毛泽东的治军经历向华为人强调“纪律性越强的队伍，战斗力才越强劲”。

毛泽东在《论新阶段》中这样写道：纪律是执行路线的保证，没有纪律，党就无法率领群众与军队进行胜利的斗争。在过去，由于及时克服了那些破坏纪律的倾向，保证了抗日民族统一战线与抗日战争的顺利执行。在今后，又必须坚持这种纪律，才能团结全党，克服新的困难，争取新的胜利。这段文字被任正非多次引用，而对纪律之于团队的重要性心知肚明的他，更是希望借助军事化训练来培养与强化华为员工的纪律意识。

华为新员工培训纪律中有一条："皮鞋、西裤、衬衫、领带，一个都不能少！"从进入华为第一天起，每位员工都要接受严格的检查，不合格的必须立即改正，拒绝改正者，很可能被开除。只要是规定，员工必须遵守执行。军训使纪律性渗透到华为员工的内心深处。不仅如此，纪律性还被贯彻到华为的每一个细节，从基层员工到高层领导，从研发部到销售部，每一个经营流程中，都浸透着纪律。

例如，华为所有编写软件的员工都会统一接受"编程规范"的培训，通过"一二一软件训练营""一二一硬件训练营"等正规培训，将公司软件编写所用的语言、模式加以统一，包括文档的格式全部是统一的。这种基础训练使员工能够使用统一的编程语言，减少了沟通障碍而造成的时间浪费。

随着员工在华为的日子越来越久，又有《华为公司基本法》等公司规章对员工的行为加以规范和限定，从小事上着手规范管理，培养起员工遵守纪律的习惯。每次召开员工大会之前，华为都会号召大家唱《团结就是力量》《解放军进行曲》等革命歌曲。通过这些极富感染性的革命歌曲，把战斗激情和重视集体的纪律性注入每个华为人的思想中，让华为更具竞争力。

在华为的成长中，纪律性始终是任正非坚持贯彻的运营原则，也是从新员工赋能时便开始严抓的一项重要品质。正是在这种严格的落实之下，华为人才能始终像军人一样去按时、有效地完成每一次任务和挑战。

对于那些迫切希望将员工变成战士的老板而言，如果你所培养出的“战士”不具备纪律性，不具备团队意识，那么，他们就仍然难以成为企业开疆辟土的武器。反过来，如果每个员工都拥有极强的纪律性，形成像华为一样团结的“狼性团队”，每个人坚持按照企业的规范办事，指哪儿打哪儿，那么，企业必然攻无不克，战无不胜。

2.1.4 形成一个意志高度凝聚的作战团体

员工精神意志和价值理念被强化到一定程度之后，最理想的状态就是形成一支意志高度凝聚的作战团体。华为诞生至今只有29年的时间，用29年成长为世界第一，这样的扩张速度在西方企业的眼中无异于野蛮生长。所以，一提到华为，国外竞争者联想到的词汇往往是“野性”“疯狂”“难以战胜”等，而这些词汇，都可以用来形容一种集体性动物，那就是狼。

在动物世界中，狼是一个很特别的存在，它的体型与牧羊犬相当，却能猎杀比自己大数倍的驯鹿，就算是以勇猛著称的野牛遭遇狼群，也只能奋力逃跑。论健壮，狼不如虎，论敏捷，又不如豹，然而，即便是猛虎、猎豹与狼群狭路相逢，也不得不忍痛将辛苦捕来的猎物拱手让出。这与狼的团队精神是分不开的。狼从来都不是单兵作战，它们更像是一个有着严格等级和职位区别的组织，有头狼，有侦察兵，有主力军，并有着严格的纪律和严密组织，一旦发起进攻，狼群所指，即便是老虎也要负伤，即便是猎豹也未必能够逃脱。

事实上，任正非想要建设的华为团队，就是像狼群一样的高度团结的作战团体。他非常厌恶个人英雄主义，主张团队作战，尤其是提倡“胜则举杯相庆，败则拼死相救”的团队精神。他曾在《致新员工书》中说道：“华为的企业文化是建立在国家优良传统文化基础上的企业文化，这个企业文化黏合全体员工团结合作，走群体奋斗的道路。有了这个平台，你的聪明才智方能很好发挥，并有所成就。没有责任心，不善于合作，不能群体奋斗的人，等于丧失了在华为进步的机会。”

【辅助阅读】价值认同

价值认同是指社会成员或组织在社会活动中对某类价值的内在认可或共识，通过这些认可或共识，形成自身在实践中的价值定位和定向，由此决定自己的理想、信念和追求，最终形成共同的价值观。企业员工一旦实现了价值认同，即一旦形成了高度凝聚的统一意志，那么，他们的创造力便将会被最大程度地发挥出来，从而对企业的发展起到积极的推动作用。

为了达到团队作战、协作进步的效果，任正非在华为企业文化的建设上没少下功夫。华为的企业文化可以用这样的几个词语简单概括一下：团结、奉献、学习、创新、获益，其中，团结和奉献是华为人尤其强调的。

华为在新员工培训时会组织各种拓展训练，其中有一个“攀越高墙”的比赛项目：参加的人员必须逾越一道高5米左右的墙，而且不能借助梯子等其他设施。墙面是平整的，连任何可借力的凹凸都没有，显然想要一个人翻过去是挺困难的。可是，当比赛开始后，却不会有任何一个华为人无法完成。

原因很简单，当比赛正式开始以后，华为人将团队精神显露无遗：身体强壮的人主动当人梯，让别人踩在自己的肩膀上；还没开始攀爬的人负责保护正在攀爬的队员，防止他摔下来；爬上墙的人会伸出援助之手，像接力赛一样保证下一个队员能够轻松爬上去。有幸目睹过这一场面的华为客户曾经发出这样的感慨：“比赛的场面相当火爆，却在有条不紊地进行着，近100人的队伍在不到20分钟的时间内，全部跨越了这道数米高的屏障。所有人顾不上满头大汗，也顾不上身上的污泥，一个个击掌、拥抱，完全沉浸在成功的喜悦中。显然，他们是一个幸福的整体，而这样的团体，又有什么理由失败呢?”

德国哲学家叔本华说过，单个的人是软弱无力的，就像漂流的鲁滨孙一样，只有同别人在一起，他才能完成许多事业。华为人用行动证明了这一点。

华为通过“以客户为中心，以奋斗者为本”的价值引导，通过“胜则举杯相庆，败则拼死相救”的精神感召，真正意义上把一个个单独的员工个体凝聚成了一个具有超强战斗力的团队，而这样的团体对华为的崛起无疑起到了强大的支撑作用。

2016年2月，马云在浙商大会上演讲，他说，杀死野猪的一定是企业家而不是职业经理人，因为“职业经理人看到野猪没打死，扔下枪就跑了；但企业家看到野猪没打死，拿出菜刀就冲上去了”。为什么会这样？原因就在于，企业家把企业当成自己的命根子，不打死野猪，企业就会被野猪吃掉；职业经理人只是抱着一种打工的旁观心态，即便企业被吃掉也可以另谋出路。观念不同，就会产生两种截然不同的后果。

其实，华为强化员工的精神意志，统一员工的价值理念，就是要以一种超越基本职业素养的意志，把所有人都团结成能够为企业杀死野猪的“企业家”。华为通过长久的努力，也确实做到了这一点。

举个简单的例子，华为的研发人员把产品研制出来并不代表完成任务了，如果产品卖不出去，他们也会跟公司其他人员一起承担责任。如果设备出现了问题，客户经理不能解决，办事处产品经理上；办事处的产品经理解决不了，公司产品行销人员上；产品行销人员解决不了，研发人员亲自上。如果项目丢了，客户经理、产品经理、维护人员、部门领导甚至研发人员都有责任。

试想，如果你的企业当中也能形成这种价值认知，企业成员都能形成高度一致的精神意志，那么，又哪里会有攻不了的城和拔不了的寨呢？

2.2 塑造流程能力

有了统一的价值理念作为基础，企业的凝聚力就会凸显出来。倘若一家企业仅仅赋予员工统一的价值认知，却不赋予员工相应的执行技能，那么，这家企业就会很容易陷入无法运行的瘫痪状态。因此，华为在完成对员工价值观的洗礼和强化以后，接下来所进行的便是真刀真枪的技能培训，而在技能培训上，华为首先做的就是帮助员工建立基于业务需求的流程能力。

所谓流程能力，就是在给定的单位时间内，一个员工能生产多少产品，或者提供多少服务，这个度量就是流程能力，流程能力也是企业业务得以顺利实现的重要保证。一家企业的整个流程能力是由所有员工中具有最小能力的个体决定的，也就是说，流程中任意一个员工能力不足，都可能影响到整个企业的执行效率。所以，提高企业成员的流程能力也是所有企业都必须要重视的问题。

2.2.1 员工基本素质的差异决定了企业差异

任正非是个十分开放进取的人，他访问过很多国家，目的就是考察当地企业先进的管理技术，并且引为己用。随着见识越来越多，任正非发现，国外企业都十分重视对员工流程能力的培训。摩托罗拉每人每年至少要接受40小时的业务技能培训；肯德基被称作企业里的大学，员工既是受训者也是执教人；宝洁公司则对员工实行“全员、全程、全方位”的针对性岗位培训，培训甚至会持续到员工职业生涯晚期……相比之下，中国企业则严重忽视了员工流程能力培训的重要性，这也是中国企业很难竞争过外国企业的重要原因之一。

【辅助阅读】韦尔奇的员工培训理念

韦尔奇认为，作为一个企业领导，在任用员工之前，首先要了解员工是否能够胜任他的岗位。韦尔奇说，“企业需要通过各种培训，让员工不断进行技术更新，和公司一起成长。要做到这些，是一个巨大挑战。但付出的同时也意味着你有机会获得更高的回报。”

韦尔奇非常看重员工培训。在担任通用电气CEO期间，他甚至经常亲自到员工培训现场去，每月频率高达12到15次，每次更是要待上五六个小时。

他会利用这几个小时的机会去接触集团的中层领导，并把集团高层的最新决策及时传达给他们，观察他们如何将信息反馈给员工，并且会适时查看员工在接受培训后的技能掌握情况。一个“日理万机”的500强企业的CEO，能够抽出这么多的时间关注培训，其对员工培训工作的重视可见一斑。

事实上，任正非真正认识到员工素质差异并重视起员工培训是1994年的事。他从中、韩两国的两起空难事故中悟出了员工培训的重要性。

1994年，中国和韩国都很不幸地发生了空难事件。在韩国，飞机在准备降落时发生了故障，机长告诉空姐和乘客飞机在几分钟后就会爆炸。但空姐显然训练有素，在她们有序地疏导下，不到两分钟的时间就将乘客全部撤离飞机，最后一名空姐检查确认机上人员都已经安全撤离后才跳出机舱，接着是一连串的爆炸。而在中国，一架图－154飞机在西安机场检修时，由于检修人员将自动驾驶仪的偏航回路导线与倾斜回路的导线混淆，导致飞机起飞后发生爆炸。飞机上的160名乘客当场丧命。然而，如果飞行前机长能做一次严格的检查，如果飞行员训练有素，在塔台工作人员的指挥下，处理事故时更果断一些，160条生命就能得以挽救。

基本素质的差异造成了两个迥然不同的结局。对于中国航空公司的工作人员来说，如果飞机起飞前严格检查，发现存在的问题，或者飞机上的工作人员也接受过专业的培训，处乱不惊，也可以避免这场惨剧。韩国人之所以能够避免惨剧的发生，很大程度上是因为韩国工作人员都经过了严格的培训。

任正非注意到这两起空难，并马上联想到华为。他认为，华为公司一直都在迅猛发展，很容易有突发事件出现，如果华为员工不能像韩国空姐那样，受过严格的培训，拥有扎实的基本功，公司就很容易出乱子。因此，他认真总结，很快便在华为内部会议上发表了《从二则空难事故看员工培训的重要性》的讲话，并在讲话中这样说道：

我走过许多国家，考察过众多的工厂，无不被资本主义国家的员工的敬业精神所感动。我多次在员工教育会上讲过，我们要赶超发达的资本主义国家，就应向他们的长处学习。公司近些年发展迅猛，除了万门机达到世界一流水平，大量投产开局外，还在进行处理能力极强、中继容量数万门的智能网的SSCP点的研究。一旦成功，将担负起中心城市各种新业务的汇接。如果我们的员工素质不高，培训不严，因经验不足、处理不当，造成全网瘫痪，这是多么可怕的局面。因此，从难从严，从实际出发，各级组织加强员工培训，是一项长期而艰巨的任务。

自此，任正非开始酝酿华为的培训体系，并将员工流程能力培训当成华为员工走向工作岗位的重要阶段，用华为大学执行校长陈海燕的话来讲："它（员工流程能力培训）决定着员工未来的工作质量，而华为生存下去的唯一出路就是提高质量、改善服务。"在这样的思想的引导下，华为进行了各方面的努力，直到2005年在深圳建立了致力于将华为打造成学习型组织的华为大学，华为的培训体系才最终完善下来，而华为大学的培训则不断地挖掘着华为人的潜质和能力，为华为的腾飞提供源源不断的动力。

2.2.2　方丈是悟出来的，精英是学出来的

流程能力培训是人力资源工作中最重要的一个环节，对于企业和员工都有重要意义。著名企业管理学教授沃伦·贝尼斯曾说，"员工培训是企业风险最小、受益最大的战略性投资。"学习华为，不学华为对人才流程能力的培养，那你的学习就注定是失败的。

华为公司人力资源部门的员工编制是按照公司全员的1%配备的，华为员工总数高达17万，人力部门员工却只有1 000余人，负责17万人合同管理、劳动保险以及办理各种证卡等工作的人只有50多人，其他人则担负着基本人事工作之外的职责，甚至还会协助一线员工去开发市场，华为人的精明强干可见一斑。而当有人询问华为人"干练"的秘诀时，华为员工总会习以为常地

说：“你多做培训，多锻炼锻炼，也能这样。”

事实上，华为人这种强悍的流程能力，确实是通过严格的培训锻炼出来的。从 1997 年开始，华为开始正式要求新招聘的大学生必须接受为期半年的封闭式入职培训，合格之后才能上岗，这种培训虽然耗资很大，但对华为的发展却产生了十分重要的影响。

【辅助阅读】任正非的培训理念

与韦尔奇一样，任正非也高度重视培训，1996 年 5 月 2 日，《华为人》第 28 期刊登了他的文章《反骄破满，在思想上艰苦奋斗》，在这篇文章中，任正非说道：“华为要培养优秀的科学家、营销专家、管理家，但我们整个培养工作要实行‘低重心’战略。要重视普通员工、普通岗位的培训。让每一个人、每一项工作都有基本功。”这正是他对自己的培训观念的高度概括。

任正非坚信，方丈是悟出来的，而悟性显然是难以培养的，但精英却可以通过学习来丰富技能，什么时间节点该做什么工作，什么工作优先处理，什么工作必须在规定时间内完成，这些能力都是可以通过学习获得的。而且，在入职之前越是打下好的基础，员工的成才率才会越高。

1998 年，任正非在《华为的红旗到底能打多久》的讲话中谈到：“华为公司十分重视对员工的培训工作，每年为此的付出是巨大的。原因是中国还未建立起发育良好的外部劳动力市场，不能完全依赖在市场上解决。二是中国的教育还未实现素质教育，毕业的学生上手的能力还很弱，需要培训。三是信息技术更替周期太快，老员工要不断地充电。公司有多少种员工培训中心，我也不清楚。总之员工之间的相互培训，已逐渐形成制度。”

事实上，任正非虽然在 1994 年就已经意识到了员工培训的重要性，但华为培训体系的初步确立，却是 1996 年的事情。1996 年，华为的培训体系才初步确立起来，培训的对象也从最初的一小部分专业人才扩展到了全部员工。随着华为规模的逐渐扩大，任正非发现，企业越来越需要那些上岗即有战斗力的人才，而大多数新员工在学校接受的只是知识教育，缺乏真正的匹配工作要求的技能培训，所以，他才提出，“任何人，没有参加过岗位的相关培训，都不允许竞聘该岗位。”

1998 年前后，华为每年招聘人数大概在 3 000 人左右，今天这个数字已经上升到一万人，华为为这些新员工专门设置了一个新人培训大队，大队之下还分置了若干中队，并且由华为的一些高级干部甚至副总裁来担任这些队伍的队长，言传身教、身体力行地向新员工传授知识与技能。

华为 16A 级员工封家鹏回忆：“新员工接受培训的前半个月都是关起门来研究企业文化的，公司会帮我们先建立起思想上的统一认识。然后我们将每个人的感受都写成文章，公司会把它编成一本叫做《第一次握手》的书籍，供我们以后更深刻地认识和体会。另外，公司对所有的新人都以同样的标准来要求，这一点十分公平，而且不管是什么类型的员工，一些工作上的通用技能都是要一起学习的，这也是几乎每个从华为离开的员工都能独当一面重要原因——每个华为人早在正式入职之前就通过公司的培训为日后成为真正的精英打下了坚实的基础。”

诚如封家鹏所言，华为人的良好工作基础确实是在其别具特色的入职培训中培养出来的。同华为类似，英特尔公司一样十分注重员工的培训。英特尔公司每年都会根据员工的实际情况制订专门的新员工培训计划，以提升员工的流程能力，从新员工上班的第一天起就会接受有关公司常识的培训。如介绍基本的规章制度以及告知在什么地方可以找到需要的东西等。这样，新员工对公司的基本情况有所了解，就不至于感到拘束。同时，经理还会分给新员工一个“伙伴”，以方便新员工随时问他想问的问题并获得“伙伴”的帮助。接下来，英特尔会给每位新员工一份详细的培训计划书，让新员工明确地知道每周、每月、每季度分别需要做到什么程度，可能需要什么样的支持，以及怎样才能达到工作要求等。每位新员工都可以照着这份详细的计划书去做，公司也会随时追踪。

道家常说，大道三千，条条可证混元。用西方谚语来说，就是条条大路通罗马。英特尔与华为的流程培训方式在具体执行上各有不同，但无一不是结合企业实际情况进行的。对于广大企业经营者来说，如何学习华为，从华为和英特尔的“道”中悟出自己的“道”才是企业为人才赋能的关键所在，悟与学，缺一不可。

2.2.3 落实技能培训，让员工快速融入流程

在落实员工培训的过程中，很多企业容易犯一个错误，即将流程能力与个人技能混淆，由于任正非格外注重团体性和纪律性建设，所以华为在培训中很好地将二者区别开来。

华为大学的一位资深讲师曾在微博中坦言，“一般培训只是培养员工的个人技能，大多数老板也都认为只要员工个人能力强了，工作效率自然也就上去了，这其实是一种认知上的扭曲，个人技能并不代表流程能力。举例来说，你的设计师和销售员能力都很强，但两者之间没有沟通，设计师总是设计脱离市场的产品，销售精英总是弄不清产品的各种参数，那么，你的企业同样是难以盈利的，而沟通，就算是过程能力，或者说是流程能力中的一种。”

【辅助阅读】过程能力

过程能力是指过程（或工序）处于稳定状态下的实际加工能力，它是衡量工序质量的一种标志。对加工过程的过程能力进行分析，可使我们随时掌握制造过程中各工序质量的保证能力，从而为保证和提高产品质量提供必要的信息和依据。通常而言，过程能力包括长期流程能力（PPK）和短期流程能力（CPK），是综合衡量企业流程能力的标准。

正是有着流程创造价值的基本认知，华为在落实员工技能培训的过程中，格外注重员工的流程思维培养，并且通过实战演练的方式，让员工将学习得来的技能有效地融入流程中。

例如，华为员工在经历强化精神意志的大队训练营以后便会开始进入一营培训阶段，该阶段，员工必须牢记华为运作的基本流程规范，员工对内部、外部服务的流程规范，以及一些重要的产品知识培训。在这一阶段，新员工开始对华为有了系统的认知，并且能够初步掌握一些工作技能。培训结束后，公司会安排为期 2 个月的实习，以实战的方式提升员工对技能的理解和应用，提升他们的实战能力。

在这个过程中，华为还会指定一对一的导师对新员工的工作进行安排、指导和考核，最终对新员工打分，力求在巩固新员工业务技能的同时，帮助新员工养成好的流程能力。对于大多数华为员工而言，最难忘的往往就是培养个人技能并兼顾流程能力的一营培训，一营培训提升的不仅仅是他们的单兵作战能力，更是他们彼此间的凝聚力与团队作战能力。

《华为人》第 237 期刊登了一篇名为《假如流水跟我走》的文章，作者何韦煜在文章中这样描述自己参加华为一营培训的感受："在整个一营培训过程中，共考试 9 次。最难的一次考试，全班 22 个人，挂科了 11 个，我也不幸成为其中一员。本想不挂科就走完一营培训，没想到这么低的目标，竟然都没有实现。最密集一次，4 天中有 3 天要考试。内容全是新的，没有整理复习的时间。白天学习的知识，晚上就要考。繁重的学习任务，紧密的课程安排，我们每个人都经历着前所未有的挑战，而同事们也在这种困难面前变得更加团结。彼此间相互帮助的场景，在我们培训的过程中随时可见，当我们身处逆境的时候，会有同事不离不弃地帮助，不仅学习效率提高了，更多的是在心理上给了我们更多的依靠和信心。就在这样的状态下，我们在一个半月的时间里完成了所有接入数通领域的学习，以太网基础、VLAN 原理、IP 协议、接入、路由协议、网管技术、PTN 产品等相关知识全都涵盖了。毫不夸张地说，这一个半月学习到的知识比几年硕士学到的还要多。”

如果你的企业没有入职培训这一赋能环节，不妨认真观察一下你的企业，很容易便能发现，你的新员工，尤其是刚毕业的大学生，很难快速融入工作之中，他们很难确定自己的工作职责是什么，以及怎样才能干好自己的工作，而且他们彼此之间，与老员工之间，也会严重缺乏认同感和协作精神。越是不能搞定的工作，他们越是独自一人“死磕”，最后导致流程受阻，对公司效率造成严重的损害。而倘若你能够像华为一样，在员工入职之前适当地增加一个帮助员工快速融入流程的技能培训环节，那么，一切就会变得与众不同起来。

2.3 建立客户能力

管理学先驱之一亨利·法约尔曾经说过，“员工培训是一个阶段性的过程，这一过程不仅是入职前与入职后的区别，在每一环节的落实上，也都要循序渐进，一步步地执行。”华为将新人培训过程划分为三大阶段，每一个阶段都包含明确的目标和具体工作。首先是价值观的灌输，然后是流程能力的培养，最后则是客户能力的建立。

关于客户能力，目前并没有一个明确的定义，在这一方面做出比较突出贡献的埃森哲公司也仅仅是对客户关系管理能力作出了一定的界定。正因如此，长期以来，客户能力建设很容易被企业内部培训忽略，人力资源管理者在进行员工培训时往往会习惯性地脱离市场谈价值，比如对一些不与客户发生直接接触的员工，如行政人员，培训时就会专注于技能赋予，忽视对他们的客户能力的培养。事实上，在企业中，任何一个人或岗位都应该是指向客户的，唯有建立明确的客户导向，围绕客户需求提升业务能力，企业才能立于不败之地。所以，企业在人才培训上，尤其要重视员工客户能力的建设。

2.3.1　客户是一切工作的核心

管理大师德鲁克曾提出了三个非常经典的问题：第一，我们的业务是什么？第二，我们的客户是谁？第三，客户心目中的价值是什么？最后，德鲁克自己给出了这样的答案："从规定企业的宗旨和企业的使命来讲，这样的中心论题只有一个，即客户。"德鲁克认为，在企业界，赢得客户才能取得最后的胜利。在这一点上，任正非与德鲁克有同样的观点。

在华为的发展中，任正非始终坚持"以客户为中心"的普遍客户原则，任正非说，"一个不起眼的细节和一个不起眼的角色很容易决定在一个项目中华为的去留"，所以，他指出，客户是华为的衣食父母，不分大小、职位高低都要公关到位。华为人必须建立起强大的客户能力，把握好每一个细节，为企业争取更多的客户。

作为华为总裁的任正非，身体力行地贯彻这一原则。2004 年，华为与文莱电讯公司在文莱一家酒店举行华为承建文莱 NGN（下一代网络）的开通仪式，这是当时全球规模最大的商用 NGN 之一（12 用户），华为特意邀请了全球 40 多家运营商共同出席会议。4 月 22 日清晨，任正非亲自站在会议大厅门口，手持名片，挨个向入场客户发放，并说道："您好，我是华为的，我姓任。"

在普遍客户原则的指导下，华为一步一步地拓展市场，并奠定了今日的地位。事实上，不仅仅是任正非，几乎所有的华为人，都在坚持践行着"以客户为中心"的价值理念。

2013 年 11 月，APEC 峰会在巴厘岛召开，印尼移动运营商 A 客户将在峰会期间发布 LTE 业务，要求各厂商提供 LTE 体验 DEMO（示范）。最终，华为提供的 DEMO 毫无悬念地赢得了运营商的认可。为了赢得这个认可，华为产品经理姚本俊可以说是拼了老命。

在姚本俊的带领下，华为团队创造了全球第一个 LTE 全息演示。因为是首创，而且国内的全息技术还不够先进，团队在技术实现过程中遇到各种难题，朋友说，“这事你搞不定，别妄想去发明一个谁也没见过的东西。”供应商则说，“你这个东西我们没做过，做不了！”一个又一个的人劝他选择传统的LTE演示方式，却被他一口回绝了。姚本俊说，“平常的东西如何能够打动客户呢？对于品牌，我心中始终有个标准：如果不能做到极致和非凡，还不如不做。”

为了坚守心中为客服提供最好产品的标准，姚本俊把近50公斤重的全息玻璃从中国带到印尼，在过海关检查的时候被印尼警方误扣，在小黑屋关到了凌晨，他则思索客户解决方案思索到了凌晨；供应商不愿接单，他就买来材料自己动手制作。最终，姚本俊成功了，在产品上真正体现了LTE的三维全息与3G的二维视频在体验上的巨大区别，为华为赢下了订单，而且，自此以后，该客户每次LTE营销活动都指定由华为提供演示方案。

竭尽所能，全心全意地为客户服务，这是华为人的优秀品质，同时，也是华为人从入职培训开始便不断强化的傍身技能。在华为大队训练营和一营培训彻底结束后，华为新人就会迎来长达50个工作日的二营培训。

【辅助阅读】二营培训

华为“二营培训”的主要内容包括展厅宣讲、客工部实习，以及一些商务类的培训。这当中，展厅宣讲不再是员工听讲，而是让员工化身演讲者，在展厅中为来自世界各地的政企高管、一般企业客户讲解华为的产品，一方面加深员工对公司产品的了解，另一方面也培养其接待客户、与客户沟通的能力。客工部实习也有异曲同工之妙，也是为了培养新员工服务客户的能力，同时，对员工的商务能力也有很大的提升作用。

曾经有一家法国媒体采访华为，见识了华为对新员工客户能力的塑造后，写下一篇文章，在文章中严肃地告诫欧洲电信制造企业：你们将会受到这家中国企业的严峻挑战。因为与外国跨国公司相比，中国企业绝不仅仅只有劣势，

同样有非常明显的优势。比如，欧洲企业普遍反应较慢，用户提出一个修改建议，他们往往要一年甚至一年半才能改进。而在华为，只要用户有需求，总是加班加点，快速反应。一个要一年才改进，一个只要一个月就能改进，优势自然体现出来了。

3.3.2　以专业化的师资保证赋能效果

"以客户为中心"不是随便说说就能做到的，同样也不是员工想要去做就能做好的，在引导员工"把客户作为一切工作的核心"之前，企业领导者和人力资源建设者必须确保在你的企业中，你的员工已经掌握了足够的客户能力。为了及时有效地培养新老员工良好的客户能力，华为在师资力量等方面给予了坚实的保障。

华为大学主要以赋能为中心，其教学就是要和"客户需求"相结合，这个客户有两重含义，一个是需要培养作战队伍的内部客户，一个则是需要所有华为人去服务的外部客户。无论是满足哪一部分客户的需要，华为大学都不会担忧自己没有权威性的问题。华为大学会定期邀请国内外知名大学和企业的管理专家进行讲座，更多的则是通过"师资资源池"吸纳有成功客户服务实践的华为人进行言传身教。

【辅助阅读】"师资资源池"制度

随着参与华为培训的人越来越多，任正非渐渐发现，一些有着很强客户能力的人不愿意与新员工分享成功经验，而一些能力一般的人频繁去华为大学滥竽充数，这就使得华为员工培训的效果大打折扣。于是，为了解决师资质量问题，任正非组织华为高管讨论后决定建立"师资资源池"。通过人力资源池，华为对各级管理者、专业与技术骨干和对培训感兴趣的员工进行分类考评，凡是被确认为"有成功实践经验者"，就会被选拔进入"师资资源池"成为预备的师资力量，只要通过进一步的锻炼和考核，就有机会成为华为大学的讲师，倘若有人不想加入“师资资源池”，那么，很遗憾，这个人在华为的晋升之路也就终止了。

纵览华为人的晋升履历，你会很轻易地发现，凡是被提拔为干部的人，都曾经是华为“师资资源池”中的一员，而没有在华为大学讲过课、传授过成功客户经验的人，是很难得到升迁机会的。反过来，华为大学可以推荐三分之一优秀学员给片联，让他们成为干部储备资源，而片联则将这些优秀学员组合起来上前线，经过检验，合格者便能够获得晋升。当然，华为构建专业化的师资团队保证员工客户能力的措施绝不仅于此。华为大学还为培训教师建立了完善的任职资格体系，从助理讲师、讲师、中级讲师、高级讲师到资深讲师共五个级别，不同的级别会根据授课情况予以不同的课酬待遇，最高级别的讲师课酬是 8 000 元/天，以经济激励和成长激励的双重刺激，进一步推动师资水平的不断提升。

据统计，不算各名牌大学以及国内外流动授课的顶级名师，华为拥有一支超过 1 600 人的兼职讲师队伍，这些讲师 66% 以上是基层部门的经理人，这些经理人有着丰富的客户实践经验，而且在沟通、传授能力上也往往更胜一筹，让他们来为刚刚走上工作岗位的新员工上课，新员工往往能够更好地完成对教学知识的消化和吸收。

华为南京办事处 16A 级员工杜立薇曾在《华为人》上这样评价华为大学的教学：“我也算是一个名校毕业的研究生，来华为之前，感觉自己各方面能力都挺强的，可是，真正走入了华为的培训课堂，我才知道古人说的‘人外有人’是多么实在。我记得我在二营培训中接触的第一个老师是华大高级讲师蔡颖，蔡老师是个营销管理专家，也是个心理分析专家，她用简明扼要的七个字概括了客户所有心理，同时也仅仅用一节课的时间就让我们这些完全没有任何客户经验的人知道了自己如何能够一下子便拉近与陌生客户的距离，我想，如果没有她的指导，我不可能在正式上岗短短两个星期的时间便拿下南京一个举足轻重的企业客户。”

古人云，师者，所以传道授业解惑也。如果老师本身就没有传道的资本与解惑的能力，那么教出来的学生自然只能是纸上谈兵的“赵括”，甚至比赵括还不如，这其实也是众多中小企业在进行员工培训时很容易犯的一个错误，你所邀请的培训师本身就没有成功的经验，让他们向你的员工传授应该如何工作，如何为客户服务，怎么可能真正奏效呢？在这一点上，华为朴素实在的人力资源培训，对其他企业来说具有良好的示范效用。

2.3.3　训战结合，升华员工的客户实战能力

任正非曾多次强调“培训是通向华为明天的重要阶梯”。为了保证这个“梯子”始终能够支撑起华为的人才培养工作，也为了保证培训出来的人能够真正意义上地面向客户，华为对其培训体系进行了多次改良和提升。

1996 年，任正非提出“员工培训”主张，华为在 1997—1998 年间，成立了新员工培训中心，专门用来培养新员工；1999—2000 年，任正非深感华为干部阶层在管理能力上的不足，从而在业务部门设立了干部培训中心；2002 年，华为合并了新员工培训中心和干部培训中心，将二者整合为“华为培训中心”，统筹调配华为的培训师资与课程；2005 年，华为大学诞生，正式从华为培训中心接过火炬，成为华为员工培训的核心机构。

通过一系列的优化和改进，华为建立了十分完备的新老员工培训体系，员工的流程能力和客户能力也被更大程度上发掘出来。

【辅助阅读】华为员工的客户能力

作为一家面向客户的高科技企业，华为要求全体员工“脑袋对准客户，

屁股对准领导”，全心全意为客户服务，而在员工客户能力塑造上，曾经接受过IBM长期咨询服务的华为，最大程度上将IBM对员工客户能力方面的要求借鉴过来。华为要求员工必须具备最基本的三大客户能力。

（1）客户洞察力。

华为要求员工必须具有通过各种行为特征识别客户、分析客户偏好和行为习惯并从中得到有价值的决策信息的能力。唯有洞察客户，才能更好地服务客户。

（2）创造和传递客户价值的能力。

华为在培训中强调，客户之所以购买华为的产品和服务，就是为了获取价值，华为员工要做的就是努力使客户价值和企业价值最大化。无论是吸引客户的营销能力，生产或提供客户需要的产品的能力，还是跨部门协作创造服务优势的能力，都属于创造和传递客户价值的能力的一部分。

（3）管理客户关系的能力。

华为强调注重长远价值，而客户关系的长久维护则是创造长远价值的一项重要工作，所以，为客户提供感情化服务的能力、培养目标客户忠诚度的能力，都是培养员工客户关系能力中不可或缺的一部分。

任正非赞同“实践出真知”的理念，他强调“实践不仅是培养和选拔干部的重要手段，更是帮助员工将理论转化为价值的最直接手段”，因此，华为十分注重培训与实战的结合，其培训理念是“领导者发展领导者”，强调“实时、实战、实用”，而华为在建立员工客户能力的过程中，更是将训战结合的作用发挥到了极致。

很多老板都有这样的疑问，为什么我的公司也建立了像华为那样的良好的培训方案、培训机制和制度，每个员工也都能积极地参与定期培训，可偏偏就是起不到任何效果，员工还是不能对客户重视起来，也仍然没有能力留住客户。

事实上，重复持续的技能培训很可能会做出一锅“夹生饭”，员工们机械地记忆培训内容的最终结果只能是“培训只是培训”，员工并未通过培训实现客户能力的增值……这样的培训显然是无效的。那么，华为的训战结合又是如何使客户能力培训取得最佳效果呢？

任正非曾强调：“华为大学一定要办得不像大学，因为我们的学员都接受过正规教育。华为大学的特色就是训战结合，给学员赋予专业作战能力。”为了实现这一目标，华为大学与华为企业之间建立了紧密的协调关系。首先，训战结合中“训”的部分主要由华为大学来承担，华为大学通过青训班、FLMP（一线管理者培训项目）等方式，为华为在职员工赋能，从而输出“能担当并愿意担当的人才”。华为大学完成这一阶段任务之后，华为企业方面便会将这部分人才接收回来，并且安排到相应的岗位上，与客户对接，进行实际“作战”，以检验培训成果。经历了这样一个从理论到实践的过程，员工在课堂上学来的东西才能真正融会贯通。

在《华为人》第 293 期《客户经理 4.0 时代来了》一文中，华为客户主管张文涛便感叹说：“传统的一线客户经理，工作思维是二维的，即客户关系和项目运作。经过‘将军池’训战，我理解了商业模式、交易模式、概算以及商业画布里‘九宫格’等方法论，系统学习了如何‘经营’一个项目，如何和客户做生意。我们用新的思维和方法论分析了来自全球的几十个真实案例，更加清晰地理解了商业的本质，明晰了我们自己的价值。训战让我学到的不仅仅是‘做生意的本质和方法就是价值交换’，更是一种独特的视野，能够看透本质的视野。”

从本质上讲，训战结合其实是一种将静态培训转为“行动学习”的员工能力提升方式，企业组织员工培训的最重要目的就是让参训员工真正地将培训中学到的专业技能、流程能力、客户技能与日常工作相结合，将静态培训转化为“行动中”的学习计划，将培训变成一个实践与持续学习的过程，并通过共同的愿景、舒适的环境和灵感的碰撞，来帮助参训员工从自我学习中获益。如果我们只是为了单纯地完成培训任务而开展培训，那么，培训往往会沦为“休息时间”，无论采用任何形式，这项培训均无法产生预期效果。

我们可以借鉴华为的员工培训方式，让客户能力培训与一线实战结合起来，用实践来证明培训后的员工是不是好种子，是不是能够成长起来并且承担更大的责任，如果是，就委以重任，如果不是，就回炉重造，直至其足以应对不断发展的企业需求，能够在自己的岗位上发光发热，从而取得最佳的培训效果。

2.4 坚持循环赋能

通常而言，新员工进入企业的前六个月是一个通过培训适应岗位与掌握工作技能的阶段，而这六个月的培养周期也体现了企业对员工培训的重视程度。但是，当前很多企业往往只对新员工进行一周甚至半个月的培训，这也导致了新员工在就职半年到一年之间出现离职高峰，使得企业损失大量成本。

华为的新员工培训长达半年之久，涉及价值观培养、流程能力赋予，以及客户能力建设等方方面面，员工经过培训之后，往往能够快速适应岗位，并且不会轻易离职。但华为的培训绝非仅此而已。在华为，任正非格外强调“循环赋能”的概念，不论是刚入职几天、几个月的新员工，还是入职几年甚至十几年的老员工，都有相应的赋能课程，只要员工有提升需求，就可以申请学习。用任正非的话来说，“华为必须坚持为员工持续赋能，以适应日新月异的市场变化，满足华为自身对后备干部和实干人才的需要。”

2.4.1 赋能是一场持久战

如果说入职培训是固根、培土，那么入职后持续的深度培训就是浇水、施肥，只有将二者充分地结合起来，保证每一环节都没有缺失，员工才能茁壮成长，成为企业的栋梁之才。早在 2001 年，任正非便指出“赋能是一场持久战，华为要将员工的持续赋能坚持到底”。

员工入职后一旦度过磨合期，工作效率便会迅速提升，量的积累达到一定程度时，这种提升很难一直持续下去，这就导致很多老板抱怨：“员工在公司干久了，倚老卖老，毫无工作效率可言，甚至比新来公司的那些经验不足的年轻人都不如。”

客观地讲，不排除老员工有应付工作的现象，但是不是所有效率低下的老员工都在“倚老卖老”呢？其实，并不是他们不想提速，实在是他们自身已有的技能跟不上时代的发展，无法满足公司不断提升的客观需求。这个时候，像华为一样对员工进行入职后深化培养就显得尤为重要。

在对老员工的深度培养方面，华为的措施有很多，包括送到国外先进机构学习、组织经验交流大会、推行轮岗制度，甚至鼓励干部下基层上前线，都是提升老员工能力的重要措施。在任正非看来，老员工甚至比新员工更需要参加赋能培训，这样他们才能做到与时俱进，而给那些有丰富实践经验的“革命英雄”再赋能，他们所创造的价值便会更加可观。

【辅助阅读】任正非为英雄赋能理论

任正非认为，英雄是能够继续提升的，给英雄赋能，英雄就会变得更加伟大，也会为企业做出更大贡献。2014 年 12 月 25 日，在华为第四季度区域总裁会议上，任正非说道：“自古以来，英雄都是班长以下的战士。那么英雄将来的出路是什么呢？我们把他们送去需要的地方奋斗，让他们当‘准将’，准备当将军。应该加快对这部分人的循环赋能。如果不让他们变得更优秀，如果所有华为英雄都只能在好地方做代表，流不动，将来我们就是死水一潭。”

俗话说，活到老，学到老。在激烈的市场竞争中，唯有通过不断的培训让落后的员工变成进步的员工，让普通的员工变成精英员工，让精英员工变成更加优秀的人才，在企业内部形成一个学习型的组织，企业才能在日新月异的大环境下生存，并且确立企业的人才优势。华为集团的高层领导们明白这一点，所以他们总是为华为的优秀员工创造进修等持续赋能机会。

1996 年，华为派出一批公司骨干参观美国拉斯维加斯举办的 IT 界最大的展览会——Comdex 展览会。在这一批骨干中，有队长陈会荣，成员郑树生、周代琪等。其中，陈会荣和姜明武都是华为 C&C08 的硬件开发骨干，郑树生则是浙江大学的博士，来华为时和杨汉超一起开发 7 号信令。

拉斯维加斯的这次展览会规模相当大，这群人花掉整整两天的时间才逛完所有的展位。这次展览会拓宽了华为人的视野，他们第一次看到以太网交换机的产品，更是有机会参加微软的 Window95 发布会，而演示操作系统的人正是比尔·盖茨。

海外进修给了华为人很好的学习机会，让他们回到华为以后可以大显身手。参加这次展览会的骨干都成为华为的核心。如今，陈会荣成了华为的高级副总裁，周代琪现任华为首席道德遵从官、道德遵从委员会主任，郑树生虽然已经离开华为，但也曾担任华为常务副总裁、H3C 总裁兼首席运营官等要职。为了能够让更多的华为骨干有进修的机会，华为早在 1993 年就在美国硅谷成立了兰博公司。长期以来，华为每年都会定期派一些骨干人员到这里进修。当时，任正非半开玩笑地说："我们以后要定期派中研部的总监到美国去。在那里也没有什么具体的任务，就是交一些朋友，开阔一下眼界。"今天，这一设想已经变成现实。

事实上，坚持对新老员工进行持续赋能，不仅仅是在帮助员工与时俱进，也是在帮助企业自己不与时代脱轨。就像海尔总裁张瑞敏所说："没有培训的员工是负债，培训过的员工是资产；没有进修的员工是火柴，进修过的员工是钢材。只有通过不断的人才深化进修，才能打造出企业最坚实的核心战斗力。"

2.4.2 靠传帮带，带出优秀团队

在人才的持续赋能过程中有些培训业务是可以外包的，比如一些技术培训，一些专业的培训公司就可以做。但是企业文化是不能靠别人来培训的，一些特殊的工作流程也不是别人能够培训得了的。所以，华为人才赋能培养方面的一个突出特点就是靠自己。

在一次谈话中，任正非曾对 IBM 的专家直言："我们需要进行一些制度上的改良，你们比我们做得好，所以我们找到你们，但在人才上，我们还是要寻求自己培养，外来的和尚即便会念经，念的也是别人家的经，未必适合我们。"为了让人才得到更好的成长，达到一脉相承、生生不息的效果，华为实行的是"传帮带一体化"的全员导师制。所谓"全员导师制"即每个人都可以成为导师，每个人都可以教授其他员工。

全员导师制是一项非常优秀的员工培养制度，不仅可以缩短员工进入新环境的磨合期，早日胜任工作，极大地降低企业的管理难度，节约人力资源管理成本，也可以密切员工之间、上下级之间的关系，强化团队的合作精神，提升凝聚力和向心力，营造一个和谐融洽的内部氛围。

【辅助阅读】"全员导师制"的基本做法和特点

华为"全员导师制"类似于过去国有企业中的"师徒制"，但又不尽相同。其前身是华为中研部党支部设立的以党员为主的"思想导师"制度，后来逐渐由思想引导变成全方面的"传、帮、带"，被推广到了整个公司。

华为认为，所有的员工都需要导师的具体指导，并且通过导师的指导实现进步。所以华为的所有员工，无论新老，也不论属于哪一部门，都有自己的导师。资历老、级别高的"老员工"到了新岗位，有需要学习的地方，华为也会为其安排导师，这个导师甚至有可能是其当初的学生，但只要在这一岗位

上他更强，那么他就是你的导师。

华为的导师职责比较宽泛，在业务、技术方面，导师要承担起传授、帮助、带领的责任，让徒弟更快更好地适应岗位；在生活中，导师还要做到在思想上引导徒弟形成正向力，并且帮助徒弟解决生活上的困难，使其能够全身心地投入工作。

现在很多老板都会说，我们公司没有人才，谁有好的人力资源专员快给我推荐一个，其实就算给你推荐再好的人力资源专员，也未必能够起到立竿见影的效果。在任正非看来，想让队伍变成一个能征善战的团体，必须要靠成员内部的“传、帮、带”，前辈肯于帮助后辈成长，干部不吝惜将能力教给员工，团队才能得到集体进步。

丰田生产方式创始人大野耐一曾经说过：“一个企业能否成长，就在于你的干部和老员工所认定的精神境界范围。只有他们肯于通过成就他人的方式成就自己，你的队伍才能充分成长，你的企业才能基业长青。”也正因如此，中国人民大学专家团队在为华为提供咨询建议时，包政教授便告诉任正非：“华为的员工、干部，都要承担起对下属的评价责任，以有效地布置任务为起点，去对员工进行监督和检查，而在这一过程中，还要坚持对他们进行必要的指导、帮助、激励以及约束，让员工彼此间建立一种和谐的师徒关系，让师父帮助弟子成长，让弟子获得成绩，并以此提升师父的成就感。”正是这一建议，让任正非放弃了华为以指标化、量化的数据作为考核评价员工唯一标准的思维。

华为全球日清日结中心 TL（团队负责人）姜味在 2015 年发表的文章《一场与自己的较量》中记载了自己在导师制度下的成长。姜味在 2012 年 8 月入职华为，资历并不是很高，刚进部门时，很多东西都没有接触过，工作始终无法进入状态，尤其对部门账单发送、催收的差异分析的方法和逻辑很不理解，于是他将自己的一些思考和想法写在了月度工作总结中，交给了自己的导师。导师看后，第一时间找到他与他沟通，在对姜味存在的问题加以指导后，肯定他的部分建议，并邀请他一起参与方法论的研究。姜味感叹说："通过与导师和同事反复讨论与论证，我明白了要学什么、短板在哪里、怎么去弥补。导师也总会在一旁耐心引导，教我打开视角看问题，培养分析问题解决问题的能力，让我看到了另一个自信的自己，也收获了试用期的优异评价以及账务'优秀新员工'的肯定。现在回想，如果没有我的导师，我可能在今天都仍然是个做不好基本工作的小职员。"

事实上，在华为，师徒关系已经在企业内部交织出了一张错综复杂的网，这个网不但实现了员工技能的快速拓展和员工关系的亲密稳定，还有一个优势在于，它不会对高层造成企业内部"山头主义"的困扰。

通过不断地轮岗，在不同的岗位和部门拜师、收徒，你甚至永远都想象不到与你同桌吃饭的同事是你的师祖还是徒孙，员工之间有着复杂的师承关系，难以分出派别，自然也就降低了"山头主义"出现的可能，这对于企业保持内部的稳定性和团结是有百利而无一害的。同时，师徒之间这种经验与价值观的传承，也是企业持续健康发展的不竭动力。

2.4.3　依托组织，开发自助式赋能活动

苏格拉底说，任何队伍的建设方式都不是唯一的，包括军队在内。其实，在现代经营管理情境下，老板们有必要认识到，企业人才赋能的方式也没有唯一性。就像多年前总设计师邓小平决定根据中国国情走出一条有中国特色的社会主义道路一样，任何企业在借鉴华为训战结合、导师制等赋能方略时，都应该充分考虑自己企业的实际情况，做到以实为实，切合自身。

事实上，即便是华为，在持续赋能的过程中，方式也不是唯一的，更不是一成不变的。华为培养储备人才、提升员工素质的手段有很多，其中一些，甚至是各个部门以及部门员工自行组织的。

以华为的滇峰大讲堂为例。滇峰讲堂成立的时间并不久，2014 年才在昆明代表处正式开设起来，起初，华为的年轻人白天与客户做项目，晚上回来有什么难题就会说出来大家一起研究，而有经验的同事便会分享心得，彼此帮助。渐渐地，这些华为人发现，“在工作上大家都是各领域的专家，但一到了多专业领域拉通，就显得力不从心，而且和客户一起聊生活的时候，经常发现不知道该怎么接。”为了解决这一问题，让一线将士们拥有更多学习和丰富自我的机会，昆明代表处的负责人联合所有办事处人员，正式组织了“滇峰大讲堂”。

滇峰大讲堂授课内容不限，形式不限，授课人员不限，只要能够对员工提升自我修养和放松心态有帮助即可。滇峰大讲堂开课以来，曾上过代表处健身达人开办的“塑形健身知识共享”课，代表处电软核产品经理主讲的“移动与 VOLTE”课，更有作为客户代表的云南省移动客户中心总经理带来的“传播正能量——感悟人生”主题演讲，内容之丰富，堪比一些企业的大规模培训。

在华为，类似滇峰大讲堂这类活动不胜枚举，“一对一”PBC 沟通活动、硬件部的员工指导邮件活动等，都是促进人才素质提升的有效措施。这些依托组织、自发式的赋能活动的存在，也为华为人才的持续赋能起到了很好的推进作用。

曾经多次参加滇峰讲堂的华为昆明代表处员工张岩在《华为人》上发表文章写道：“对于压力巨大的一线员工而言，能够在轻松的学习环境中学习，在提升技能的同时得到放松，更加有利于我们效率的提升，从大讲堂上学来的知识被有效利用，也帮助我们赢得了一场又一场的胜利。在 4G 三大战役中，昆明代表处一年突破三大运营商，无线格局翻天覆地；企业网、终端也在本地市场一骑绝尘。这些成就，犹如万里长征一步步走来，更加坚定了我们坚持学习、坚持团结、坚持分享快乐，用华为人特有的坚持与乐观在云南这块土地上收获成功的喜悦。”

【辅助阅读】企业内部讲堂

早在 17 世纪 90 年代，极具商业头脑的犹太商人便开始在企业内部开展讲堂的尝试，所谓的"讲堂"，其实并不具备什么规模，课堂也并不局限于教室，犹太商人会把工厂和店铺中最优秀的员工区分出来，然后让他们把自己的技能和技巧传授给其他人，能够有效提升被传授者效率的"讲师"便有机会获得更高的职位或者物质奖励。

经历了三个多世纪的发展，企业内部讲堂这一形式已经日臻成熟，在现代企业中也越来越多见。在华为普遍存在这一形式，而且，相较于传统的有偿授课，华为的内部讲堂更加开放和进步，完全是一种自愿式的免费的部门活动，任何员工都可以根据个人意愿参加。

在华为各部门乃至各办事处组织的不同形式的讲堂中，每个人都可以成为老师和学生，只要有值得分享的经验就可以登台演讲，只要感觉需要学一些知识，就可以坐下来静静地听。

关于员工培养，任正非认为企业需要肩负起培养员工的职能，但也不能完全依赖公司，员工也要自己去积极创造学习机会。

早在 1997 年 2 月召开的华为秘书座谈会上，任正非便在讲话中说："关于秘书的培训，我认为不一定要依赖公司，每个人时时处处做每一件事，与任何人打交道，都是一个自我培训的过程，这讲究一个悟性。每个人都要加强自我培训，在此基础上上升到公司的体系，那就是写出你的论文来。培训也可以共享，各部门组织后，发个 NOTES，大家一起来听。深大也有秘书专业，可以邀请教授来讲课或者自己去听。你想提高待遇，你就得多学习，提高自我是必不可少的。如果不提高，就可能被淘汰。"

2.4.4 形成一支能够即时作战的战略预备队

在进行人力资源培训的过程中，无论怎样培养和训练人才，企业的最终目的其实都是尽可能地在团队内部建立一个全员赋能的作战梯队和替补战队，一旦企业需要某一方面的人才为企业效益做出贡献，就能有人顶上来，这是最关键的。当下大部分企业面临的一大难题便是，没有人能够挺身而出。

正所谓“养兵千日，用兵一时”，企业精心地培养人才，目的就是有需要的时候他们能发挥作用，而对于那些组织过大量培训，但真正用人时却无人可用的企业而言，问题的根源其实是企业中并没有建立起人才预备队伍。

华为有着良好的人才预备队伍，从研发到销售，再到客户服务部门，每一环节都有着无数可以独当一面的精英随时准备站到一线去。即便是这样，2014年7月，任正非在华为IT存储产品线业务汇报会上仍然强调：“在我们产品线的研发过程中，一定要大量地把维护专家培养起来，建立一些预备队，因为将来维护的作用甚至可能比研发还大，责任更重。”

【辅助阅读】人才战略预备队

“预备队”一词最早出现于军队中，是作战部署中一种作为机动使用的兵力编组。在战斗中，掌握并适时使用预备队对于夺取作战主动权和取得作战胜利具有重要意义。在华为等国际化的大企业中，组建人才战略预备队已经成为一种培育和锻炼人才的基本方式。企业人力资源部门将一部分后备的精英人才加以识别和培养，并且在关键时刻将他们投入到重要岗位上去，一方面起到补充岗位缺口保证企业稳定运营的目的，另一方面则是以“训战结合”的方式促进人才成长，让企业人力资源生生不息。

华为重视人才预备队建设，尤其注重培养后备干部资源，早在1998年华

为品管圈活动成果汇报颁奖会上任正非便说：“中高级干部要加强自己的管理技能训练，提高自己的业务素质，赶上时代的需要。经历了十年创业，中高级干部总的来说是好的，具有高度的责任心与事业心，也勇于自我批判，自我约束。由于历史的原因，把你们推到了领导岗位，并不意味着具备了必需的才干。”

不难发现，早在上世纪末任正非便已经清晰地认识到了华为干部团队的不足，并且对华为干部提出了“学习深造”的要求，通过这一方式为华为干部再赋能。

2005 年，任正非在《认清形势，加快组织建设和后备干部培养，迎接公司新发展》一文中再次强调：“我们正面临历史赋予的巨大的使命，但是我们缺乏大量经过正规训练、经过考验的干部。华为现在的塔山，就是用来培养后备干部的。”在华为《EMT 纪要》009 号文件中，华为高层也明确肯定了任正非的认知，肯定地表示：“公司目前的瓶颈有两个，一是后备干部，二是管理落地。要加强干部梯队建设。干部梯队多，就说明一把手和干部处工作做得好。”

在华为，建设战略预备队是一项涉及各个部门的要务，任何因组织机构调整或编制压缩而富裕出来的华为正式合同制员工都有机会成为战略预备队中的一员，但被末位淘汰的人员除外。从某种意义上讲，这一要求有效地保证了预备队成员的素质。

【辅助阅读】战略预备队的管理原则

（1）竞聘上岗原则

竞聘上岗是 IBM 等西方名企流行已久的一种岗位聘用方式，在华为，岗位不仅向原岗位人员以及部门内部开放，战略预备队人员也有竞聘资格，任何预备队成员只要达到考核要求，在考核中胜出，就可以优先安排上岗。

（2）动态管理原则

动态管理已经成为当下企业管理的常态，对于战略预备队的管理和使用也应该奉行动态化管理原则，发现适合预备队成员的岗位积极推荐上岗，发现岗位考核不过关但又符合战略预备队管理条件的人员，也要适时引入队伍当中。

（3）人岗匹配原则

关于战略预备队任职者的选拔，华为提倡以应聘者的任职能力与岗位任职要求匹配效果最佳为原则，绝不盲目选人。

（4）淘汰原则

彼得·德鲁克说，企业中没有淘汰就没有压力，更没有动力。华为为了保证战略预备队人员动力十足，坚持淘汰三种人：培训期间累计两次考试不合格者淘汰；培训期间未能竞聘上岗者淘汰；重新上岗后试用转正考核不合格者淘汰。

华为通过对竞聘上岗、动态管理、人岗匹配、末位淘汰等原则的遵守，保证解决方案重装旅、重大项目部、项目管理资源池等战略预备队在建立和执行的过程中能够做到真正的切实有效，而事实上，像华为这样对员工坚持持续赋能，时刻关注内部人才成长，也确实会对企业的长期平稳发展起到至关重要的影响。

2.5 投入产出评价

企业组织员工赋能活动，还要考虑投入和产出的比例。毫无疑问，企业是以营利为目的的单位组织，人力资源部门对员工进行赋能培训的目的便是引导员工为企业创造更多的价值。这就涉及一个收益的问题。企业花费不菲的代价去搞员工培训，培训后的员工到底能不能创造更多的产出，以保证培训的价值？如果没有明确投入与产出的比例关系，就贸然去组织培训，那么企业可能蒙受损失。

也就是说，企业在组织员工赋能活动的过程中，有必要建立起一个完善的培训评估体系，并且在培训开始前就弄明白，哪些培训活动是低成本、高回报的，哪些培训活动是不能创造价值，或者创造很少价值的。如果没有这样一个科学的衡量标准，企业中的培训活动不仅难以达到效益最大化，甚至还会将企业拖入“烧钱”的深坑。

2.5.1　培训的终极目标是人才增值

华为培训体制中有一条不成文的规定，即“人力资本增值必须大于财务资本增值”，说白了，就是把人看成最宝贵的财富，企业即使少赚点钱，也要让人才的价值提升上去，这也是过去二十几年中华为人才持续涌现的重要因素，而人才的持续涌现，又为华为的财富增值提供了无穷的动力。

任正非高度重视华为培训的人才增值效果，这与华为巨大的人力资本投入有很大的关系。据统计，华为是中国企业研发投入最多的企业，在刚刚过去的 2015 年，华为的研发投入高达 90 亿美元，而 2015 年全球上市公司中研发经费排名第十的也就是 85 亿美元，其他没有上市的公司在这一方面更无法与华为相提并论。在过去近 20 年的时间里，华为每年都要拿出总收入的 10% 作为下一年的研发经费，这样持久的巨额投入，更是竞争对手们望尘莫及的。

面对如此之大的研发投入，如果华为的研发人员素质不够高、技术不过硬，很容易就会造成企业成本的浪费，而华为的研发人员更是占据公司员工的 46%，如果每个人都浪费一点点，那么，这个数字无疑将会是十分恐怖的，所以，对于这样庞大的人才队伍，华为在培训方面自然要下足功夫。

华为大学每年培训的新员工超过 2 万人，最多一年甚至高达 3 万人。在每期培训开始之前，华为大学都会根据受培训人员的岗位性质和能力水平，提供有针对性的提升教育，即先界定培训工作的目标，然后再明确培训工作的内容，做到导向一致，对目标负责。

【辅助阅读】目标导向理论

目标导向理论是激励理论的一种，该理论认为，要达到任何一个目标必须经过目标行为。在达成目标行为之前又必须先经过目标导向行为。两种行为对动机强度的影响是截然相反的。

企业要解决培训投入与产出比例问题，首先就要有一个培训的“目标导向行为”，让人力资源部门明白培训该往哪个方向去做，然后进行“培训行为”，目标与行为交替进行，当一个培训目标实现后，应适时地提出新的更高的培训目标，以便进入一个新的目标导向过程，从而使员工的培训动机强度维持在较高的水平上，使培训组织者与参与者都能保持一种积极的状态。比如，华为在初期只要求培养“适合市场与客户需要的人”，在人才井喷的时候，又要求培养“有战略思维的思想家和战略家”，这就是华为培训中明确的人才增值目标导向之一。

其实，人力资源管理与开发就是要在最大程度上挖掘组织中人的潜力，使人在工作中充分发挥优势。员工培训与开发是企业发展的重要支点，也是企业人力资源开发的核心途径。与华为一样，松下电器公司之所以长久屹立于世界企业之巅，其重要原因之一便在于将员工的开发工作看做是头等重要的事情。

松下电器公司认为：公司既是“制造电器用品”的公司，又是“造就人才”的公司。事业是人为的，而人才则可遇不可求，培养人才就是当务之急，如果不培养人才，事业成功也就没有希望。松下公司的课长、主任以上的干部，多数是公司自己培养起来的。为了加强经常性的教育培训，松下总公司设有“教育训练中心”，下辖八个研修所和一个高等职业学校，同时，为了适应事业的发展，松下公司人事部门还制定了社内留学制度和海外留学制度。这些机构和制度所指向的终极目标只有一个，那就是人才增值。

正是因为华为、松下等公司能够把人才培训放在首位，能够为实现人才增值设计出一套培训人、团结人、使用人的办法，形成了一种健全的体制，所以它们才能培养出一支又一支企业家与专家队伍。

2.5.2　不做无偿培训，用投资保证产出

明确的目标导向可以有效保证企业培训不走错路，但却无法从根本上解决企业的培训成本问题，有些人才培训课程很贵，但为了实现人才增值，却又不得不让员工去参加，华为是如何解决这一问题的呢?

事实上，华为在压缩员工培训成本方面绝对堪称业界典范，任正非首创了国内企业大学自负盈亏的运营管理模式。

2005年，华为经过各方面的努力之后，在深圳建立了致力于将华为打造成学习型组织的华为大学，通过华为大学的培训来不断地发掘员工的潜质和能力。

【辅助阅读】华为大学

华为大学正式注册于2005年，坐落于美丽而发达的深圳市，占地面积达27.5万平方米，教学区占地面积15.5万平方米，校内配置有9 000多平方米的机房、100余间教室，以及500多个办公座位，能同时容纳2 000名客户和员工进行培训。

其责任定位为：为华为培育和输送人才，培养作战队伍。

其根本使命为：成为公司的使能器，帮助企业输出更符合公司价值观、有奋斗精神的人，以及更好地被总结和提炼的知识和经验。

其主要工作为：传承企业文化；提升员工能力；萃取知识资产。其教学理念为：坚持选拔制；训战结合；最优秀的人培养更优秀的人；循环赋能。

从诞生之日起，华为大学就不是一个正规院校，它培养的不是本科生、硕士和博士，而是针对已经受过正规教育的华为人进行与职能有关的再教育，是一种更深层次的赋能。

在许多不了解华为的人看来，维持如此庞大的师资队伍，对企业来说一定是一个不小的负担，恐怕也只有华为这种庞然大物才能运作。然而，事实却是，除了初期投入，华为近年来已经几乎不需要向华为大学支付任何费用了，华为大学实际上是一个ServiceBizGroup（SBG），是自负盈亏的。它不是成本中心，外部企业寻求培训要支付费用不说，就连华为内部的业务部门培训员工，也是需要为培训埋单的。

通常，华为新员工在华为大学接受培训都是免费的，但老员工想要进入华为大学学习就没那么简单了。华为大学会把不同的学习资源推送在公司的IT系统，放到网上，有需求的员工就可以去申请学习。但诸如华为高研班等课程都不是无偿的。

以高研班为例，华为高研班每期历时9天，学员自掏2万元学费，参与培训前要向上司请事假、停薪，即便这样，华为员工仍然会抢着参加，因为这种培训真的具有价值，真的能够帮助参加者实现能力的提升，并赢得更多晋升机会。员工的工资会被扣掉，是因为培训期间不创造价值，而要交学费，一方面是为了保证培训不至于赔钱，同时也能让参与培训的员工更加珍惜培训机会。

曾经有华为人议论，说华为大学不应该收钱，任正非听后，当即否定说："如果华大不收钱，那才是华大的灾难。免费就意味着谁都会想着培训自己，不管多大的问题，都会想着去华大培训一下，华大就会被无穷地调用，直到全都累垮，你想接受培训，那好，付钱，华大收了费，不把你教会了，你来找我。"同时，任正非也指出，"华大也是企业的一部分，即便不盈利，也要做到收支平衡，这是董事会对它的要求，只有自负盈亏，它才会想办法提高业务能力，做出真正让人愿意埋单的服务来。你的服务做得好，大家都愿意参加，即便费用收得高些，只要产出能成正比例，我认为也是可以的。"

从华为大学十余年的价值贡献来看，任正非的思路无疑是正确的，他把华为大学建设成了一个增值业务，以培训为中心在华为内部建立起了一个微型市场，想要参加培训的人是华为大学的客户，华为大学为“客户”创造价值，“客户”支付给华为大学相应的报酬，这些付出财富的华为人知道知识与能力来之不易，才会更好地学习，并深入挖掘华为大学的潜能，实现企业与个人的双双增值。

2.5.3　健全机制，保证赋能活动的有效落实

改无偿培训为有偿服务，让培训部门自负盈亏，这就使得华为大学在最大程度上保证了自身培训与公司业务的高度一致，华为大学培养出来的人，也就能够与公司人才需求实现统一。

然而，无论是华为大学也好，导师制也好，华为其他赋能机构或活动也罢，这些培训之所以能够十几年，甚至二十几年如一日地坚持下来，除了任正非的意志引导之外，与华为制定了十分完备的制度规范也有很大的关系。

任正非自己就是个十分强调规则和制度的人，他曾经说过：“华为要想获得持续成功，有三个要素：必须有一个坚强、有力的领导集团，必须听得进去批评；有一个严格有序的规则、制度，同时这个规则、制度是进取的；要拥有一个庞大、勤劳、勇敢、善于学习的奋斗群体。”他将规则、制度放在领导团体与奋斗群体之间，实际上就是在强调，规则和制度才是平衡和统一两者关系的有效工具。而在保证华为赋能活动顺利进行这方面，任正非的做法同样是以机制和制度为准。

以华为的导师制为例，推行导师制无疑是有益于企业发展的，但要保证实施效果却十分困难。一方面，老员工不愿意带新员工。受传统“教会徒弟，饿死师傅”的狭隘思维的影响，老员工往往认为知识和经验是他们在公司赖以生存的工具，新人会抢走他们的饭碗。所以每当新进的员工向他们请教问题时，他们都持警惕的态度，不愿意教给他们。另一方面，新员工桀骜不驯，不

愿意被老员工驯服，往往愿意自己去揣度。因为新员工会觉得，获得老员工的经验就仿佛走一条与他们相同的道路，毫无创新。而且，整天听命于老员工会觉得自己没有一点主见，整个人就像一部机器一样。

因此，只有想办法化解横亘在新老员工身上有关师徒传带的负面思维，导师制才能真正发挥作用。否则，推行导师制就只是管理者的一厢情愿。这也恰恰是当下众多企业经营者无法在企业内部推行导师制度的关键。

为了确保“全员导师制”落实到位，在任正非的组织下，华为采取了一系列措施。一方面，积极利用自身宣传平台如内刊、网站等广泛宣传，让员工从思想上认识到导师制的重要性。另一方面，积极加强行动上的跟进，在新员工到岗之前，公司就会提前做好导师安排，以确保新员工入岗第一天就接受导师全方位的指导。

华为在新员工培训中，大队训练营设立辅导员，一营培训设立思想导师，二营实习设立技能导师，确保全程有导师指导。在此期间，没有特殊情况，华为不轻易变动师徒关系。即使是“久经沙场”的老员工都要遵守导师制，而且这是华为员工晋升考核条件之一，华为以此来打破“权力壁垒”，保证导师制在全企业推广。不仅如此，华为还制定了很多激励性的制度，切实保证导师制的可执行性与可持续性。

【辅助阅读】华为导师制的保障机制

（1）导师激励制

为了保证导师制落实到位，华为对导师实行物质激励，给导师每月300元的“导师费”，并且定期评选优秀导师，被评为优秀导师的可得到500元的奖励。今天，华为导师得到的补助远高于此。

（2）责任连带制

华为“全员导师制”规定，只要徒弟出现问题，责任全归导师，导师也因此不能得到提拔，甚至会降职。因而导师必须承担起培训、培养徒弟的责任，当徒弟出了问题的时候，导师必须承担相应的责任。

（3）能上能下制

华为选择导师不论资排辈，一切凭真才实学，换岗的老员工就职新岗位后，同样会被安排导师。导师也许比老员工工龄短、资历低，但在这个岗位上他能力很强，那么他就是导师。在华为，刚毕业进入华为一两年的员工同样可以成为导师，这对加入公司不久的员工有很好的激励作用。在这一制度上的公平公正，又能有效降低老员工出现不甘“降格”做学生的错误心态。

（4）晋升激励制

华为把导师制提升到培养接班人的高度来对待，并以制度的形式做出规定：没有担任过导师的员工，不得提拔为行政干部，不能晋升。

（5）师资资源池制度（前文已有介绍，略）

在一系列制度的联合作用下，华为的全员导师制才最终得以落实下来，并且成为华为学习型组织建设道路上的强劲推力。华为的这些举措，包括华为大学的运营机制、激励机制的建设，乃至华为整个人才赋能管理系统，其实都不是无法复制的，关键还是在于人力资源部门能否充分结合企业自身实际，从现实出发，做到取长补短，学以致用。

第 3 章　塑造职业奋斗者

我们的奋斗，主观上是为了自己，客观上是为了国家和人民，塑造一批肯打、肯干的奋斗者，让他们在充分受益的前提下持续奋斗，既是华为的成功，也是华为人的成功。

——任正非

导语：华为奋斗者文化的贯彻和传承

在任何一家世界500强企业中，员工都有自己的特点。沃尔玛的员工像负重的驴子，温顺而又倔强；荷兰皇家壳牌石油公司的员工像犁地的黄牛，任劳任怨，不停耕作；苹果公司的员工像邻家的小花猫，总是对未知充满好奇；宝马集团的员工像狩猎中的雪豹，时刻保持谨慎和机警；而华为的员工则像一匹匹凶猛的狼，永远无所畏惧地勇往直前。

不少人都很好奇，“华为狼”到底是怎么培养出来的？其能力可以通过赋能来培养，但是，其艰苦奋斗、吃苦耐劳的性情又是如何形成的呢？显然，仅仅依靠新员工入职时的精神意志强化肯定是无法做到的。事实上，华为多年来之所以能够倚仗成千上万名敢打敢拼的员工打赢一场场硬仗，其中很大一部分原因在于：华为拥有一整套方法塑造和影响员工艰苦奋斗的意识。

在员工角色塑造上，华为的目标是将员工引导成为职业奋斗者。在具体的人力资源管理中，其落实过程可以被分解成五部分：奋斗者的区分，奋斗行为的强化，责任成果导向建设，事业共同体的打造，奋斗者文化的传承。最终，华为通过完整的机制建设和文化灌输，将奋斗者文化继承和发展了下来，在企业新老员工中不断传承，为企业发展提供源源不绝的精神动力。

带着问题阅读：

1. 华为是如何区分奋斗者与非奋斗者的？
2. 怎样强化艰苦奋斗的价值观和行动力？
3. 如何保证员工责任的落地和成果的输出？
4. 合伙人事业制为什么备受当代企业家推崇？
5. 如何让企业形成并持续传承奋斗者文化？

3.1 区分奋斗者

华为的发展史就是一部以血和汗写成的奋斗史，从任正非以2.1万元资金起家，到今天的全球第一大通信设备供应商，在巨大的成就和荣誉面前，没有人比华为人更加了解自己在奋斗岁月中的艰辛。

任正非曾在华为的财经变革项目规划汇报会上提到“盐碱地”的概念。他将市场比作盐碱地和肥沃的土壤，华为崛起时，那些肥沃的土壤早就被竞争对手占据。所以华为能够开辟的，大都是津巴布韦、委内瑞拉、伊拉克等由于国际环境、政治原因或自然环境原因，辛勤耕耘却可能颗粒无收的落后地区、战乱地区。但是，即便如此，华为人凭借着永不放弃的执着精神和持续的艰苦奋斗，仍然在盐碱地上种出了希望之花，把盐碱地变成了产粮区。所以，华为的成功得益于一批又一批奋斗者的无私付出，与此同时，任正非也敏锐地意识到，华为要想继续成功下去，就必须将奋斗者和不奋斗者区分开来，继续依靠奋斗者。

3.1.1 成功之前必有付出

企业的发展不能以利益来驱动，利益和制度只是引导和规范员工行为的一种方式，真正能够让员工与企业“同呼吸、共命运”的是价值理念，就像革命烈士们之所以能够“抛头颅，洒热血，不怕牺牲”，是因为他们有一种爱国情怀在支撑。华为也有一种让员工积极奋进的价值情怀，这种情怀就是艰苦奋斗。

军旅出身的任正非有着过硬的思想素质和政治素质，从军时便是一个严于律己的优秀军人，所以，在华为创立之初，他便希望自己打造出来的队伍也能像军队一样吃苦耐劳，敢打硬仗。他认为，只有这样的队伍才能配得上志在世界的华为，才能在任何时候都可以推动华为持续向前。所以，他先后提出了“先生产，后生活”“烧不死的鸟就是凤凰”等口号，并且在《华为公司基本法》中明确规定，华为人要持续艰苦奋斗，并且以奋斗者为本。

2000 年，任正非在讲话中说：“烧不死的鸟是凤凰，我希望寻找一批真真实实烧不死的鸟做凤凰。有极少数的人是真正‘在烈火中烧’，如果说他们能站起来，那他们对我们华为人的影响是无穷的。”

2007 年，华为人力资源部门发布了《关于近期公司人力资源变革的情况通告》，任正非在通告中详尽地解释了华为提倡艰苦奋斗价值观的原因所在。通告写道：

华为没有任何可依赖的外部资源，唯有靠全体员工勤奋努力与持续艰苦奋斗，不断清除影响我们内部保持活力和创新机制的东西，才能在激烈的国际竞争中存活下去。历史和现实都告诉我们，全球市场竞争实质上就是和平时期的战争，在激烈竞争中任何企业都不可能常胜，行业变迁也常常是风云变幻，多少世界级公司为了活下去不得不忍痛裁员，有些已消失。前路茫茫充满变数，非常不确定，公司没法保证自己能长期生存下去，因此不可能承诺保证员工一辈子，也不可能容忍懒人，因为这样就是对奋斗者、贡献者的不公平，这样对奋斗者和贡献者就不是激励而是抑制。幸福不会从天降，只能靠劳动来创造，唯有艰苦奋斗才可能让我们的未来有希望，除此之外，别无他途。从来就没有什么救世主，也不靠神仙皇帝，要创造幸福的生活，全靠我们自己。

成功之前必有付出，这就是华为提倡奋斗者价值观的基本逻辑。2015 年，华为推出了一则引起人们广泛关注的广告：一双醒目的大脚，一只包裹在华美的芭蕾舞鞋中，另一只则伤痕累累。一旁配有一句话："我们的人生，痛，并快乐着。"这则广告只有黑白灰三色，色调暗淡却极富冲击力，一双脚对比鲜明。这是美国摄影艺术家亨利·路特威勒的"芭蕾舞"摄影作品，华为借助这幅照片，要宣扬的正是一种"奋斗、坚持、奉献、快乐"的精神。它的内涵更多的是展示给华为人的，意在告诫华为人，光鲜亮丽的成功背后，必然有着汗水和辛劳。

【辅助阅读】罗卡定律

罗卡定律也称"罗卡交换定律"，是法国法医学家、犯罪学家埃德蒙·罗卡（Edmond Locard）创建的，其理论在于"凡两个物体接触，必会产生转移现象"。罗卡最初将其用于犯罪现场调查中，犯罪嫌疑人必然会带走一些东西，亦会留下一些东西。即现场必会留下微迹证。后来，罗卡定律被广泛运用于经济及管理领域，即企业或员工在获得一定成绩之时，必定付出了一定的代价。

2014 年，华为摘取了全球专利申请冠军，位列通信设备制造领域榜首；2015 年，华为年收入接近 3 950 亿人民币，净利润达到 369 亿元，全球排名前 50 的运营商中，华的服务对象多达 40 家，而在全球 500 强企业中，华为服务的对象也多达 106 家。这些成绩无一不是举世瞩目的。因此，在评价华为时，包括大部分华为人在内，率先看到的往往是华为光鲜的那只脚。而任正非则通过一则广告，点醒了沉醉在成绩中的华为人，再次让华为人意识到，华为今天的成绩，其实是用满身伤痛换来的，更应该记住的其实是那只伤痕累累的脚，脱下成绩的"舞鞋"，华为剩下的便是艰苦奋斗和久经风霜。

3.1.2 最有成效的奋斗者是华为的中流砥柱

事实上，早在1995年华为市场销售额达到15亿人民币，公司开始进入稳定发展阶段时，华为便已经提出了“以客户为中心，以奋斗者为本，长期坚持艰苦奋斗”的企业价值观，但在此之前，任正非最先提出的并不是“奋斗者”理念，而是“先生产，后生活”。

【辅助阅读】先生产，后生活

“先生产，后生活”是在国内经济严重困难、形势十分严峻的形势下，由大庆人提出来用于处理生产和生活关系的原则，也是大庆人艰苦奋斗精神的重要组成部分。大庆人始终相信先“苦”才能后“甜”，因此，他们宁可在生活上吃大苦，也要高速度、高水平地拿下油田为国家分担困难。华为创立之初缺乏资金，技术水平很低，处境与当初的大庆油田十分相似，所以任正非借鉴大庆人的经验，将大庆人“先生产，后生活”的艰苦奋斗精神视为华为文化的主旋律，也是创业时期的华为文化的灵魂。

1987年，44岁的退役解放军团级干部任正非与几个志同道合的同龄人一起，以凑来的2万元人民币为启动资金，创建了华为公司。这家诞生在一间破旧厂房里的小公司，原本只是做程控交换机代理生意的，做了两年多代理以后，任正非渐渐发现，国内在程控交换机技术上基本一片空白，大有市场可做，而做代理又往往要受制于供货商，于是，他便下定决心带领华为走一条自主研发的路线。

1991年9月，华为租下了深圳宝安县蚝业村工业大厦三楼，集中全部资金和人力，开发生产华为品牌的新型用户程控交换机。此时，华为仅有几十名员工，资金严重短缺，华为人没有更多的资源可以利用。为了节约成本，任正非要求：几十个人把一层楼分隔为单板、电源、总测、准备四个工作区；宿舍、仓库、厨房也设在同层楼；宿舍里面十几张床挨着墙一溜排开，床不够，就会用泡沫板上加床垫代替。由于环境差，整层楼都没有空调，只有吊扇，其中一部分还不能用，所以，在大部分时间里，华为人在为了“生活”而“生产”的过程中都是汗流浃背的。

许多人都不明白，做代理明明也挺赚钱的，任正非为什么还要带着团队吃这份苦。用任正非自己的话解释说：“每周只工作 40 小时，只能产生普通劳动者，不可能产生音乐家、舞蹈家、科学家、工程师、商人……如果别人喝咖啡，我们也有时间喝咖啡，我们将永远追不上别人。”所以，任正非主张，不要只看到一时的安逸，要先去生产，去创造价值，然后才能有条件去享受生活。

正是这种“先生产，后生活”的艰苦奋斗精神，让华为人奋发进取，在一穷二白三没技术四没经验的情况下，研发出了 C&C08 数字程控交换机，一举奠定了国内交换机领域的巨头地位。而 C&C08 交换机测试成功时，华为的账面上已经没有任何资金，再发不出货，公司就要破产了。

在“先生产，后生活”这一理念下，创业期的华为人拿着很少的工资，经常加班却坚决不要加班费，而且依旧干劲十足。实在太累了就趴在桌上，或在地上找张泡沫板、纸板，席地而卧，醒来接着干。有时睡到半夜，突然到货，不论是很重的蓄电池，还是机柜，大家都立即起来，卸完再睡。在交货时期异常紧张的情况下，很多人甚至足不出户。1995 年以前，很多华为员工在宝安厂区工作几个月了，对周围的交通、环境依然没有什么概念。甚至到了 1999 年，很多华为高层还居住在郊区的民房内。也正是这些卓有成效的奋斗者，成为华为创业时期最坚实的中流砥柱。

3.1.3　把奋斗的人区分出来

鉴于奋斗者为企业带来的巨大能量，华为格外注重对奋斗者的培养和区分，并且致力于将所有华为人团结为一个奋斗的共同体。在奋斗者价值观指导下，任正非明确地将华为员工分为三类，第一类是普通劳动者，第二类是一般奋斗者，第三类是卓有成效的奋斗者。每一类员工对企业的贡献不同，从华为获得的回报也是不同的。

从某种意义上讲，这样的区分，切实体现了华为人力资源管理从“以人为本”到“以奋斗者为本”的根本性变化。“以人为本”是社会经济发展的产物，充分体现了企业对员工的尊重和依赖，然而“以人为本”很容易造成企业对员工过分放松，以至于员工抱着“吃大锅饭”的心理，不能拿出百分百的激情去投入工作，这一点在众多中国企业中都有明确体现。同时，这一点也是令众多老板头疼不已的问题。

华为通过对人力资源的区分，首先将奋斗者识别出来，然后再根据奋斗者所创造的成效，在价值分配上予以侧重对待，把更高的奖励给予给更努力、更能创造价值的人，这样才更有利于维护企业的内部公平，剔除滥竽充数的人，让组织效能最大化。最重要的是，把奖励更多地给那些在一线浴血奋战的人，那些在研发一线和市场一线最能为企业创造价值的人才会更加努力。不让奋斗者吃亏才能吸引更多的奋斗者加入华为的队伍，这正是华为的成功哲学。

【辅助阅读】差异化管理

华为将员工分为三类进行差别化对待，这其实是一种差异化管理。所谓差异化管理，就是在人力资源管理过程中，管理者不能过分强调对员工“一视同仁”，而是应该因人而异实行差异化的管理。对员工实行差异化管理，一方面能够为属性不同的员工提供不同的职业发展阶梯，帮助他们更好成长，另一方面也能更好地实现人力资源优化配置，激励落后的员工向先进者学习，建立起高效组织。

在区分奋斗者的问题上，华为不仅仅是简单地按照条文来区分，而是实事求是地评价员工的贡献，让那些干得好的人与公司一起真正获益。同时，华为陆续出台了一些导向性的文件，以这些文件来辅助奋斗者文化的落实。

具体来说，华为人力资源管理相关条例规定，暂时定义 12 级及以下的华为员工为普通劳动者。对这些劳动者华为必须按照法律相关报酬条款，充分保护他们的利益，并且根据公司的实际经营情况，给他们稍微好一点的报酬。用任正非的话来说，“这是对普通劳动者的关怀。”

一般奋斗者是“那些不需要加班的人”或者是“一些不积极的奋斗者”，即只想待在一个安稳的小岗位上，踏踏实实地做一个小职员的人。对于这部分人华为也并不排斥，华为规定：只要他们输出的贡献大于企业支付给他们的成本，他们就可以在公司存在。而且，这部分人的报酬甚至会比社会上的同等岗位的报酬稍微高一点。当然，华为也有严厉的一面，那就是，当华为有适合的岗位可以安排这些人时，他们可以留下，但如果没有适合的岗位，那么，在优胜劣汰的原则下，他们就要到社会上去寻求机会。

最后是对华为有卓越贡献的有成效的奋斗者，由于有成效的奋斗者才是华为事业的中坚力量，所以，任正非主张将公司的利润与有成效的奋斗者分享，他要求“华为的一切资源都要向奋斗者倾斜”“决不能让雷锋吃亏”“要让拉车的人比坐车的人拿得多”，而有成效的奋斗者分享公司的利润的方式，就是奖金与股票分红。众所周知，华为的奖金与股票分红在国内外众多名企中是力度最大的。

把不奋斗的人与奋斗的人区分开来，然后加以区别对待，这并不是不尊重员工，恰恰相反，应该说，这是对那些真正为企业付出的员工最大的尊重，而这正是当下众多中小企业老板最忽略的问题之一。

3.2 强化奋斗者行为

华为塑造职业奋斗者的第二个环节就是强化奋斗者行为。美国管理过程学派代表专家之一哈罗德·孔茨曾说，想让你的员工怎样做，就为他树立一个怎样做的榜样，并且告诉他这样做有什么样的好处。在华为不仅仅是树立了奋斗者榜样和给予奋斗者利益那么简单，任正非还通过签订“奋斗者协议”“给奋斗者机会”“资源向奋斗者倾斜”等众多措施，达到了强化奋斗者行为的目的，并且让奋斗者行为的持续强化成为华为员工的一种工作常态。

3.2.1 以奋斗者为榜样

任正非一再强调：“我们处在一个竞争很激烈的市场，又没有什么特殊的资源与权力，不奋斗就会衰落，衰落后连一般的劳动者也保护不了。”所以，华为始终致力于打造奋斗者，而“以奋斗者为榜样”，就是华为强化奋斗者行为的第一手段。

【辅助阅读】榜样效应

所谓榜样效应是指，具有代表性的先进人物在影响和激励人们的过程中所能够产生的效果，即好榜样能够产生好的激励效果，而坏榜样则会对人们行为产生消极影响。榜样的力量自古知之，但对榜样有深入研究的是英国管理学家约翰·爱德欧。爱德欧指出，一个团队内部无论哪个层面出现滥竽充数的人，他们都会像蛀虫一样腐蚀企业，影响到其他员工，并最终使得原本能力出众的人也渐渐趋于平庸。反之，如果一个团队中有那么几个值得学习的好榜样，那么，整个团队就会在潜移默化中受到他们的积极引导。

彼得·德鲁克指出，企业管理中要想消除“坏榜样法则”的影响，最简单的方式就是塑造正面榜样。因此，在团队管理中，要做到“学有榜样，比有标杆”。毛泽东也曾说，榜样的力量是无穷的。任正非是毛泽东思想的坚定实践者，同时也是德鲁克管理哲学的学习者。为了引导那些有能力却缺乏经验的华为人成为合格的奋斗者，任正非格外注重奋斗者案例的推广和传播，力图树立起一批奋斗者榜样。在华为内部刊物《华为人》上，报道最多的就是华为人艰苦奋斗的英勇事迹。《华为人》也是华为树立奋斗者榜样、传播奋斗者理念的重要阵地。

《华为人》第216期《重庆电信C网团队群像》一文记录了华为人刘长春克服重重困难，经过4天4夜的奋战，完成2009年重庆电信一期工程490个基站入网的故事，他所创造的每天入网上百个基站的纪录，至今仍然被很多晚辈追赶。

《华为人》第219期《没有硝烟的上甘岭》一文详细记录了2009年中国TD项目中吃苦耐劳、甘于奉献的华为人团队的故事。负责东盟地区博览会配套通讯的徐菲，连续在没有窗户没有空调的地下室奋战了一个月，因为过度疲劳而昏迷住院，第二天刚一醒来，便立刻要求重返一线。徐菲说，“太累的时候也希望自己哪天能病倒了，这样就能歇歇了。但真倒了病了，却被一种使命所牵挂。”

《华为人》第301期《日喀则震后——拉萨办事处抗震救灾纪实》一文，详尽地记述了2015年4月25日我国西藏自治区与尼泊尔接壤的日喀则地区发生5.9级地震、震区通信中断后华为人不顾危险抢修通信设施的事迹。华为驻拉萨办事处在得知消息后，第一时间启动应急响应，工程师张绍辉等人星夜兼程奔赴日喀则灾区，迅速抢通震区通讯，配合运营商进行网络安全保障，自己冒着生命危险，为震区筑起一道坚实的生命之网。在这期间，张绍辉患上了重度感冒，再加上强烈的高原反应，肠胃严重不适，十天抢险过后，他整个人足足瘦了十几斤。

西伯利亚零下50摄氏度的暴风雪中，伊拉克硝烟弥漫的战火中，津巴布韦动荡的都市中，喜马拉雅巍峨的高山上……类似的故事在《华为人》上数不胜数，这也意味着，无惧艰险勇于奋斗的华为人不胜枚举，他们之间相互影响，互为榜样，为华为持续发展贡献着巨大的力量。

除了通过《华为人》等刊物宣传奋斗者价值观以外，华为还通过表彰、奖励奋斗者的方式，鼓励大家向奋斗者学习。美国心理学家班杜拉通过“榜样模仿实验”证明，榜样的力量是强大的，管理者对好榜样进行奖励，能够鼓励员工更多地做出好榜样的行为；而对坏榜样进行惩罚，则能够警示员工不要做出类似的错误行为。因此，在培养奋斗者价值观、充分调动员工奋斗激情方面，企业人力资源管理者需要做的工作其实很简单，就是像华为一样，树立学习标杆，为员工指明努力方向，让所有人都成为奋斗者。

3.2.2 以“奋斗者协议”自我鞭策

直到今天，“以奋斗者为榜样”仍然是华为的一个重要口号，而华为对奋斗者的宣传与鼓励也从未间断过。然而，在人力资源建设和企业文化塑造的过程中，任正非发现，虽然在上级、导师、先进同事等奋斗者榜样的带领下，大多数华为员工都能积极进取，可仍然不免会有一些人抱着侥幸心理，偷奸耍滑，嘴里说一套，做起事来又是一套。

为了避免这一现象，华为在2010年正式推出了“奋斗者协议”政策。

2010年8月下旬，华为的部分中高层干部同时收到了一封神秘邮件，邮件中说：“公司倡导以奋斗者为本的文化，为使每位员工都有机会申请成为奋斗者，请您与部门员工沟通奋斗者申请的背景与意义，以及具体申请方式。在他们自愿的情况下，可填写奋斗者申请，并提交反馈。”

邮件中还向部门领导阐明，签字与否，公司都将对员工平等对待，只是后期的分红与配股会倾向于奋斗者。也就是说，在签署之后，员工在工资待遇上不会有太大的改变，但从长远利益上讲，却能得到更持久的回报。

签了奋斗者协议就一定能成为奋斗者吗？很多不了解真相的人会觉得华为这一举措十分无厘头，实则不然。华为虽然并不强迫员工签订奋斗者协议，但如果员工不肯签署的话，不仅会被怀疑“吃大锅饭”，而且还要付出没有饱和配股、升迁机会变小等代价。不想放弃这些福利，便要在协议上签字。

一旦签署了奋斗者协议，就要遵守其中“自愿放弃带薪年休假、非指令性加班费和陪产假”“自愿执行6×12小时工作制度，即每天工作12小时，每周工作6天，春节、国庆如有需要愿意无条件加班”等要求。倘若签订了协议而不能兑现，考核之后便要接受相应的惩罚。从某种意义上说，这一策略以一种让人无法拒绝的方式，将广大华为人绑在了“奋斗者”的战车上。

【辅助阅读】承诺一致性与华为的奋斗者协议

心理学家发现，一个人一旦做出了承诺，或者公开地表明了自己的立场，那么，他今后的行为也会在承诺的范围中进行，这就是心理学上的承诺一致性原理。著名心理学家多伊奇和杰勒德以大学生为测试对象，通过实验证明，那些事先未曾公布自己看法和决定的被试人员有着更高的从众率，很容易改变自己的立场，而公开承诺过自己看法和决定的人则十分坚定，不容易被动摇和影响。

事实上，人之所以会表现出承诺一致性，是因为一旦作出了某个决定，或选择了某个立场，尤其是当众将其公布之后，人们就会面对来自内心或者外界的压力，在这种压力下，个体便会希望通过实际行动来证明自己的承诺具有一致性。

任正非在华为推行“奋斗者协议”制度，其实质就是让员工在承诺一致性原理的基础上兑现自己的奋斗承诺，将艰苦奋斗真正落实到每一个员工身上。

有管理者认为，让员工“主动”签署奋斗者协议是一种赶鸭子上架的行为，对员工而言只见长远利益不见近期回报，未必能够起到激励的作用，强行

推行甚至可能引起员工的反感和不满。事实恰恰相反，华为在推行“奋斗者协议”的过程中并没有遇到任何阻碍。

这项奋斗者申请制度首先是从华为的老员工开始推行的，老员工大多有了孩子，不需要产假和陪产假，带薪年假和加班费他们也基本上没有享受过，所以老员工很容易接受这一制度。对于新员工而言呢？他们会不会不愿意接受？其实他们甚至比老员工更愿意签署这样的协议。新员工刚刚步入职场，满腔热血亟待挥洒，谁都不希望被公司视作“不进步”分子，而“奋斗者协议”就像是投名状，恰恰给了他们在领导面前一表决心的机会。

通过“奋斗者协议”，华为有效地保证了每一个员工都能朝着成为一个“卓有成效的奋斗者”的方向努力。2011 年，日本福岛核泄漏，在强辐射的恐怖威胁下，华为人展现了让人震撼的奋斗精神，别的通信公司的员工都撤离了，而华为非但没有撤离，反而增派了人手，在一天之内就协助软银、E-mobile 等客户，抢通了三百多个基站。更加值得赞叹的是：自愿申请前往日本协助的华为员工，甚至多到需要经过身体与心理素质双重筛选，最强壮的一批才有机会被派到现场。华为为什么强大？由此可见一斑。

3.2.3 将发展机会多给奋斗者

华为规定，华为会与 13 级以上员工签订奋斗者协议，内容包括服从组织安排、去艰苦的地方等。员工签署则会有 5 万元的奖金，而且会享有加薪、优先配股等待遇。同时，华为强调，认为“待遇”仅仅是钱，那是片面的。

在华为 1997 年发布的《坚定不移地推行 ISO9000》的文件中，任正非指出，“（华为给予奋斗者的）待遇包括机会、地位、处理问题的权利和责任。华为公司在实施体制改革、组织改革的第二次创业时最大的特点是权利再分配。”

也就是说，华为除了要求员工成为奋斗者，并且给予奋斗者物质奖励之外，更重要的是，还会给予奋斗者更多的晋升机会，从奋斗结果上引导员工持续奋斗。

【辅助阅读】行为强化

20 世纪 30 年代，美国的心理学家和行为科学家斯金纳、赫西、布兰查德等人联合提出了行为强化理论。该理论指出，人们作出某种行为，不作出某种行为，只取决于一个影响因素，那就是行为的后果。人们为了达到某种目的，会采取一定的行为作用于环境。当这种行为的后果对他有利时，这种行为就会在以后重复出现；行为的后果对他不利时，这种行为就减弱或消失。人们可以用这种正强化或负强化的办法来影响行为的后果，从而修正其行为。华为通过“将发展机会更多地留给奋斗者”的方式强化员工的奋斗意识和奋斗动力，从行为心理学的角度讲是完全符合人们的心理需求的。

为了强化华为人“奋斗即为自己赢取机会”的理念，1998 年，任正非在《华为的红旗到底能打多久》一文中说道：“每个员工通过努力工作，以及在工作中增长的才干，都可能获得职务或任职资格的晋升。与此相对应，保留职务上的公平竞争机制，坚决推行能上能下的干部制度。公司遵循人才成长规律，依据客观公正的考评结果，建立对流程负责的责任体系，让最有责任心的明白人担负重要的责任。我们不拘泥于资历与级别，按公司组织目标与事业机会的要求，依据制度性甄别程序，对有突出才干和突出贡献者实现破格晋升。”

同时，华为在《华为公司基本法》辅导报告中也指出，“公司视发展机会为公司可分配的首要价值资源，公司一方面通过不断开创新事业，为员工提供成长和发展机会，另一方面通过公平竞争机制，对公司的机会资源进行合理分配并为人才的成长创造良好的环境和条件。”

李刚是华为 IFS 财务集成转型的参与者之一，他在华为已经工作了 8 年。

2008 年，作为一名初级财务分析员，李刚加入了华为的财务部门，开启了他在华为的职业生涯。初入华为，李刚也经历了在生产一线的实习，当时他负责的是包装生产线的制造费用预算分析。刚刚大学毕业的他仅有理论知识，实践远远不够，但他并没有放弃，而是深入工厂，切身体会业务与实际运作。

2011 年，入职 3 年后的李刚通过不断努力，为自己赢得了产品线研发费用经理的职位，这也是他职业生涯中第一个管理者的角色。然而，这次晋升并没有让他沾沾自喜，他比谁都清楚，自己的机会来自哪里。于是，李刚将自己的办公室设在了产品线的车间里。这样一来，他便能随时直接与客户谈判定价并处理费用争议。这个岗位上的 2 年时间，李刚始终坚持如一日，不忘奋斗者的初心，并且再次取得了优异的成绩。鉴于他在产品线研发费用经理岗位上的优异表现，他再次进阶成了定价分析师、定价经理，再后来，更是被邀请加入华为 IFS 团队，参与公司财务体系革新。

从一名初级财务分析员，到负责研发费用管理的经理、定价分析师、定价经理，再到企业财务变革的参与者，李刚的一次次的职位变迁所体现出的，正是华为“给奋斗者机会”的坚定理念。也正是李刚这样的奋斗者们，为华为在世界市场内赢得了更多的机会与荣誉。所以，将发展机会更多地给予奋斗者，也是将机会给予企业，企业经营者如果看不清这个问题，那么，企业的人才管理就会变得无比困难。

3.3 责任成果导向

责任成果导向是责任导向与结果导向的统一，也是华为塑造职业奋斗者最核心的一个手段。在一般的企业管理中，责任导向更加强调执行过程中一个人应该做的事，而结果导向则更加强调一个人所能创造的成果，二者都有一定的片面性，强调过程责任其实是为了保证成果的有效实现，成果的实现也是强化个人责任的最终目标，所以，华为坚持的责任成果导向有效地兼顾了责任与结果，既尊重员工所创造的最终成果，又不会忽略其在执行过程中的辛苦付出，为奋斗者的评价、奖励，以及最终塑造提供了坚实的保证。

3.3.1 以绩效承诺克服社会惰化

在很多企业中，员工每天兢兢业业、勤奋刻苦，忙得天昏地暗，但在企业向其要工作成果时却又总是引来阵阵失望，到头来不仅惹得上司不高兴，还会使自己陷入自卑之中。其实，造成这种现象的原因很简单，员工在工作时没有养成高度的职业化意识，仅仅是为了工作而工作。解决这种状况，华为的管理层可谓经验丰富。

众所周知，华为主张“群体奋斗”，十分擅长用群体参与的压强战略打赢对手，而在华为员工群体作战时候，任正非敏锐地注意到，群体协作虽然力量巨大，但也存在责任落实不明的问题，而在责任不明时，员工的惰性也开始作怪，大家都抱着法不责众的心态，都在等待其他人去主动承担，“群体奋斗”便成了一句空话。

在华为内部文章《华为，你被谁抛弃——华为十大内耗问题浅析》中，任正非就曾明确指出，“华为的很多干部在与其相关的项目出现问题时，就开始互相推卸责任。这种自私的推脱和恶性合作，最终会给华为造成毁灭性的灾难。”

【辅助阅读】社会惰化效应

社会行为学家研究发现，个人与群体其他成员一起完成某件事情时，或个人活动时有他人在场，往往个人所付出的努力比单独行动时偏少，不如单独干活时出力多，个人的活动积极性与效率都会有所下降，这种现象被称为“社会惰化效应”，也叫社会干扰、社会致弱、社会逍遥、社会懈怠。同时，心理学家也发现，防止社会惰化的最好方式就是进行责任分散，把每个人的责任落实下来，并且在工作完成后进行评价和问责，这样一来，群体中的个体便会重新变得积极起来。

稻盛和夫说过，企业人力资本管理并非是简单地衡量员工业绩优劣，它既是一个导向体系，也是一个控制过程，其最终目的在于保证企业战略目标的实现。任正非为了防止个人懈怠，保证华为的战略目标能够实现，在华为实行了明确的绩效承诺制度。

任正非指出，“绩效虽然不是检验员工能力的唯一标准，但员工能力必然要在工作绩效中有所体现。”所以，“为了增加华为人的紧迫感，使其保持持久的艰苦奋斗状态和对自己工作的负责态度，华为必须严格落实绩效承诺制度。”同时，他也指出，尤其是身为员工榜样的华为干部群体，“务必要做实干部绩效承诺制”。

华为每年年初会根据上年实际完成的各项指标，如虚拟利润、人均销售收入、客户满意度、销售订货、销售发货、销售收入、销售净利润等，确定新一年的工作指标，各级干部再根据公司指标的分配情况，对自己负责的部门计划完成的指标立“军令状”，承诺内容根据目标的高低，分为持平、达标、挑战三个等级，一个财年结束后，公司会根据该名干部目标的实际完成情况进行评估。

绩效承诺的责任评估结果将直接影响该干部的任用。如果评估结果和此前承诺相差甚远，那么该干部有可能会被就地免职。这也是任正非的指示，他曾严肃地说道：“我们要辞退那些责任结果不好、业务素质也不高的干部；我们也不能选拔那些业务素质非常好，但责任结果不好的人担任管理干部。他们上台，有可能造成一种部门的虚假繁荣，浪费公司的许多机会和资源，也带不出一个有战斗力的团队。”不得不承认，在绩效承诺制度的引导下，华为团队的战斗力确实少有人能够媲美。

牙买加AMX全TK项目是华为在集中控制系统的战略性项目，也是检查华为交付实力的一个无线全TK项目。2007年11月30日华为同AMX签订该项目中标函，一期交付250站点，二期交付250站点。

牙买加属于典型的山区岛国，项目的网规设计困难，KPI要求苛刻；而且该国属于英属私有制国家，站点获取非常困难，政府审批流程长达3~6个月，85%的站点需要修便道、挡土墙，加上长达8个月的雨季和3个月的飓风季节，公司在本地注册时间短，来支持的同事无法获得工作签证，还有来自社会势力的干扰，使本来困难的交付雪上加霜。在牙买加这个美丽的加勒比海岛国，华为的TK交付能力又一次面临严峻考验。然而，早已经签订了“军令状”的华为项目组不会去讲这些客观因素，他们只是埋头苦干，最终目标也只有一个，那就是在承诺的绩效日期内完成交付工作。

最终，项目组的华为人先后克服了环境、技术、勒索威胁等困难，在距离交付最后的10天里竖起了60座铁塔，连续3个月每月交付70个站点，在牙买加这个小岛上创造了奇迹。这不仅为华为赢得了客户的高度评价，也为中国人赢得了荣誉和嘉奖。

或许，每家企业都不乏敢于主动承担责任的干部和团队，但是像华为这样，几乎每一个团队都能用实际行动挑战困难、完成绩效的企业一定不多。显然，华为的绩效承诺制发挥了作用，它的存在，更好地激励了华为人去勇敢地艰苦奋斗。

3.3.2 不达底线目标，团队负责人零奖金

古人云：法理不外乎人情。企业制度同样如是。华为虽然实行严格的军事化培训和管理，强调“干部不打粮，员工不能完成工作绩效，就要被淘汰”，但也不是真的无情地一下子就淘汰员工。

举例来说，华为的淘汰分为两种，一种是真正的因为绩效不达标或其他问题被企业淘汰；另一种则是对员工的一种历练。员工从某一岗位被淘汰下来，

流入公司的人力资源池，只要争取到合适的机会，还会得以起用。再比如，华为对干部进行绩效考核的时候，也会将标准划定为几个层级，完成好的奖励，完成一般的鼓励，不能达到底线目标的零奖金，距离目标相去甚远的人才会被免职，而这种被免职的华为员工，通常都会面临第二种“淘汰”，即进入人力资源池，从基层岗位重新做起。

说到华为的不能达到底线目标的“零奖金”，很多人都有所了解。2009年，任正非在华为 EMT 办公会议上讲话时说：“人岗匹配、以岗定薪和薪酬管理重在对岗位责任和贡献的评述，在不同的时间、不同的地点岗位的重量是变化的。能匹配就应该给这么多工资，没有必要躲躲闪闪的，考核合格就应该是这个标准。”同时，他也强调，如果干部的能力不能达标，那么就要合理扣除他们的奖金，做到公平公正，赏罚分明，也就是“不达底线目标，团队负责人零奖金”。关于团队负责人零奖金，最让人震惊的事件就是2013年1月，华为“优秀小国表彰会”上，轮值 CEO 郭平、胡厚昆、徐直军、李杰、任正非之女孟晚舟，甚至包括任正非和孙亚芳，因为公司2012年销售收入差2亿多元没有完成任务而没有年度奖金，只收获一座让人汗颜的“从零起飞奖杯”，以此践行“不达底线目标，团队负责人零奖金”的承诺。

【辅助阅读】从零起飞奖

2013年1月14日，华为公司召开2013年市场大会，会上，任正非对取得优秀经营成果的“小国办事处”进行了隆重表彰，其中11个办事处获得二等奖，9个一等奖，2个特等奖。大会分别向获奖者颁发了奖盘、奖牌和高额奖金。值得注意的是，在此次表彰会上，华为新增了一项特殊表彰——从零起飞奖。任正非亲手将这一奖项颁给了华为的轮值 CEO，包括他自己。

任正非坦言：“从零起飞奖只是华为零激励的手段之一，通过这种负激励方式，配合绩效考核制度，才能把激励的效果最大程度地发挥出来。”任正非希望以此激励华为干部们在未来取得更大的成功。

事实上，华为“不达底线目标零奖金”的政策不只是针对干部群体的，倘若某一团队没有完成绩效目标，不仅仅是领导的奖金没有了，下属也要受到影响。比如，一年之内等级无法晋升，获得年终奖和公司股票的机会也会根据情况相应减少，甚至不输于“从零起飞”。为了保证自己的利益，以及群体的利益不会因为个人的懈怠而受到影响，每一个华为人在问题来临时想到的都是怎样把它解决，而不是“事不关己，高高挂起”。

2005 年年初，张亮（化名）刚刚成为华为西南区某系统部主任，震动公司的客户宕机事故爆发了。由于事故发生在白天，对最终用户的影响比较大，投诉电话一个接一个，甚至有几个情绪激动的客户直接冲进了营业厅。张亮只能手忙脚乱地向公司各级领导汇报，并且马上成立了一个突发事件应急小组，希望能够尽快将问题解决。

得知情况后，中国区领导也立即赶往现场，支援代表处的工作人员，并对他们进行工作指导。当他们抵达办事处的时候，已是半夜时分，他们没有停下来休息，而是立即前往一线，要与区域客户经理一同面对对华为已经“深恶痛绝”的客户。紧接着，他们又与区域经理共同完成根因分析。后来，主管网络维护的副总经理也急匆匆地从外地赶回来，顾不上长途奔波的劳累，他们一行人马不停蹄地来到机场，等待向客户汇报。

在事故现场，应急小组也没有一刻停歇，他们正在全力抢修。最后，连客户都被华为这种团结一致的精神感动，不再抱怨，开始全力支持起了华为的设备抢修工作。

一次事故，中国区领导、区域客户经理、网络维护的副总经理和代表处工作人员都能够主动分担责任。很明显，华为人是同甘共苦的集体，他们的一举一动都表现出了团队互助精神。在过去的20多年时间里，只要遇到大小麻烦，华为的领导和一线员工都能够主动承担起责任，绝不会互相推脱或逃避，他们会默契地分工合作，同甘共苦，一起化解危机。而这，正是华为“责任成果导向”下全体负责、群策群力的结果。

3.3.3 远离舒服区，持续奋斗并创造价值

今天，在十几万奋斗者的共同努力之下，华为早已经成为世界通信设备领域的执牛耳者。但任正非坚持认为，改革和进步是一个持续的过程，就像他在《华为的冬天》一文中说的，“如果你不能正确对待变革，抵制变革，公司就会死亡……”

事实上，早在1996年7月，任正非在华为市场庆功及科研成果表彰大会上发表的《再论反骄破满，在思想上艰苦奋斗》便曾说道：“繁荣的背后都充满着危机。这个危机不是繁荣本身的必然特性，而是处在繁荣包围中的人的意识。艰苦奋斗必然带来繁荣，繁荣以后不再艰苦奋斗，必然丢失繁荣。千古兴亡多少事，悠悠，不尽长江滚滚流。历史是一面镜子，它给了我们多么深刻的启示。忘却过去的艰苦奋斗，就意味着背弃了华为文化。”

越是在繁荣的时候越是要保持危机意识，越是要警惕安逸带来的危险，这是任正非经营华为将近30年的重要心得之一。在反映了华为永远以最终成果论成败的同时，也是众多管理大师信奉的企业制胜信条。

【辅助阅读】危机管理

危机管理是指企业为消除或降低危机所带来的威胁和损失，应对各种危机情境所进行的规划决策、动态调整以及员工培训等活动过程。危机管理也是国内外众多管理学家重要的研究方向。

稻盛和夫认为，平稳时期的潜在威胁是企业的最大杀手，他说：在危机和

潜在的危机中，管理者和员工都要转变意识，都要坚持努力和思考，只有这样，智慧的火花才能和克服危机的热情相结合，才能进行创造性的经营。马云也说：竞争对手是杀不掉的，企业最大的对手是自己，只有不断地战胜自己，才能在危机之中永远活下去。而德鲁克则说，如果同一个危机在企业中重复出现，往往是管理者的疏忽和懒散造成的。所以，预防企业危机的最好方式就是管理者充分发挥监督和表率作用，让员工不要过得太“舒服”。

保持危机意识，就是要防止员工骄傲、自满，进而忘记自己的责任和使命，就是要以成果为导向，持续奋斗。为了保证华为员工能够保持这种持续奋斗的工作状态，任正非还提出“华为人要远离舒服区，充分激发斗志，持续奋斗并创造价值”的口号，时刻督促华为人坚持创造成果。

1998年，在与IBM进行咨询合作的过程中，任正非发现许多由技术岗位晋升的华为管理人员仍然沉溺于自己的技术世界中，对团队管理、资源协调等管理工作毫无热情，甚至对国外的先进管理技术也有抵触情绪。这种自大情绪，绝不是一个奋斗者团队应该有的。于是，在IBM指导团队的建议下，任正非组织华为经营层下狠心进行改善。

对此，华为提出了“易岗易薪”的口号，对不能胜任工作、不服从调动、不能吃苦耐劳和承担责任的干部和员工全部调离，或脱产学习或调岗，同时报酬也要发生变化。通过岗位调度和薪酬变化，让员工倍加珍惜工作机会，从而树立积极的工作观念，强化责任意识，并不断提升自身业务水平，保持奋斗状态。

今天，华为的易岗易薪制度经过不断演变和进化，已经成为一种严谨的责任导向制度，并不是单纯地为了惩罚或奖励，而是希望员工在易岗易薪之后，能够唤醒自己的责任意识，承担与岗位相匹配的责任，进而发愤图强。

事实上，华为的这一做法对于大多数企业而言都是值得借鉴的。让员工到一个陌生的环境，营造一种良性的竞争压力。这样，员工不仅会更加看重当前岗位，也能够汲取新的知识，拓宽视野。更重要的是，员工在思考和分析各种新问题的同时，会更加注重从全局和整体考虑，建立一种群体责任意识，这对公司的长期发展也十分必要。

3.4 打造事业共同体

区分哪些是奋斗者，哪些不是奋斗者，然后进行奋斗行为强化，建立责任成果导向，引导他们持续奋斗，这是华为所做的，但并不是华为塑造职业奋斗者的全部。事实上，任正非一直在思考，怎样才能让员工心甘情愿地做出贡献，怎么样才能让大家在没有任何监督的情况下也能持续奋斗。最终，他得出的答案就是把传统的雇用制变成合伙人事业制。

雇用制是当今企业与员工最普遍的合作方式，它能为员工提供不错的薪酬，员工也能够在被雇用的条件下积极努力地工作，可是，一旦出现问题，员工很容易推卸推诿责任，很难真正把企业的事作为自己的事来看。所以说，传统的雇用制存在严重的弊端，它解决的仅仅是激励的问题，而没能解决风险与责任共担的问题。与雇用制不同，合伙人制度的优势在于，它把企业从老板一个人的事业变成了大家的事业，是让员工的利益与企业的大船绑在一起，与企业生死与共，唇齿相依。

3.4.1 要让 20% 关键员工成为事业共同体

文学家王国维说，读书有三重境界，分别是“昨夜西风凋碧树，独上高楼，望尽天涯路”“衣带渐宽终不悔，为伊消得人憔悴”“众里寻他千百度，蓦然回首，那人却在灯火阑珊处”。其实，管理企业也有三重境界，第一是建设利益共同体，第二是建设精神共同体，第三是建设事业共同体。

中国经济学泰斗吴敬琏先生曾经说过，建设企业，用钱来收买人是最低级的，用企业文化吸引人是比较高级的，用共同的事业来打动人才是最精明的。其实，老先生的话正是对管理企业三重境界的通俗表达。事实上，华为、小米、阿里巴巴、万科等中国驰名企业之所以能够迅速崛起，与它们的领导者能够站在足够高的高度吸引和激发人才有着莫大的关系。

万科、小米、阿里巴巴三家企业分属于不同行业，却都能在自己的领域有所建树，这与他们核心团队组建方式有很大关系，万科的创始人团队“万科六君子”、小米的创始人团队“小米七龙珠”，以及阿里巴巴的创始人团队“十八罗汉”都不是雇用来的，而是通过“打造共同事业”的方式吸引来的，这些人不是企业的雇用者，他们自己就是企业老板，所以在企业的发展过程中，势必会倾尽全力，保证企业健康与繁荣。

与以上三家企业相比，华为最大的不同在于，任正非并没有将“事业共同体”的范围圈定在几个少数的成员上，而是最大程度上把对华为有贡献的奋斗者也纳入事业共同体中来。当然，任何企业都不可能一下子便将所有员工都纳入事业共同体，华为同样如此。为了以“事业共同体”的方式激励华为人更加努力，也为了华为的事业能够越做越好，任正非的做法是，先召集 20% 的关键员工，让最关键的人率先成为事业共同体，让最重要的人最先开始艰苦奋斗。

众所周知，衡量一个企业是否属于某人，要看这个人是否拥有该企业的股权，所以，事业共同体其实是建立在股权制度基础上的。一个人，拥有某一公司的股权，就可以说，这个公司是他的事业的一部分。华为没有上市，所以是没有股票的，但华为的虚拟股权制度却做到了很多上市公司也无法完成的大事业。

华为最初设定虚拟股权制度时，经过与中国人民大学教授的探讨，最终决定，一共设立五条评价标准：第一，能够举荐优秀人才，用比他强的人，有胸怀，能站在公司立场上想问题的人。第二，在生产领域有重大改进的人。第三，在研发领域有重大的创造性发明、发现的人。第四，能开拓战略市场的人。第五，对组织原则、文化价值观念有重大贡献的人。具备以上条件之一的，优先授予股权，可以优先被纳入华为的事业共同体。这五类人，恰恰是为华为创造价值最大的20%的关键员工。

【辅助阅读】“271”理论

“271”理论是管理大师杰克·韦尔奇一个重要的管理理论，也是企业管理中员工考核的重要法则。韦尔奇指出，一个企业中，优秀的员工占员工总数的20%，普通员工占总数的70%，而剩余的10%则为落后员工。对于不同员工，企业的政策应该有所区分，20%的优秀员工应该直接加薪、晋升，落后的10%应该被直接淘汰，中间的70%保持不变。

华为率先将20%的优秀员工纳入事业合伙人体制，这与韦尔奇的“271”法则不谋而合，对于那些优秀的员工，没有什么奖励比吸纳他们加入事业共同体更让人心动了。股权意味着分红和大笔的奖金，而且是上不封顶的分红，企业效益越好，持股员工能得到的分红便越多，这样一来，剩余的80%的员工就算挤破头，也会努力让自己加入持股人的行列，而方法就是艰苦奋斗。如此一来，企业的整体氛围便也就被调动起来了。

当然，事业共同体的建设是个循序渐进的过程，从管理的角度讲，它最终目的也绝对不是仅仅团结一部分人，不只是让优秀的员工更加努力，而是要团结所有人，让所有员工都成为能够为公司利益持续艰苦奋斗的奋斗者。

在这一点上，任正非的观念与稻盛和夫的理念不谋而合，稻盛和夫认为，让全体员工都成为企业经营者，都能够获得企业的股份，可以充分调动员工的工作积极性。因此，他一直反对企业内部劳资关系的对立，主张实行“全员参与型”经营战略。华为逐年扩大的持股人范围，也正体现了这种由少及多、由部分到整体的变化。

万科地产总经理郁亮曾经参观过华为，拜访之后对万科的高管说：“我去华为拜访，它才像真正意义上的事业共同体。它跟一些电信公司都有合作，员工都是股东，它现在有 8 万人的内部股东，它的虚拟持股，完全可以理解为合伙概念。我们看合伙不合伙还有一个分别，最重要是看老大有多少股份。有的虽然内部持股，但大老板一人持有股份太多，在这种情况下，即使全员持股，我都认为这是一个内部公司。但如果大老板股份不太多，很少，这时候全员持股，我觉得这个叫合伙公司。”

事实上，郁亮所感叹的，正是当下企业经营者应该有所警觉的。在这个竞争空前激烈的时代，老板们要做的已经不再仅仅是明确自己的事业是什么，还应该让企业中每一个员工都知道这个事业是大家的，而且要完善制度，真正让这个事业变成大家的。

3.4.2　将更多的奋斗者纳入共同体中来

20 多年来，华为在“以客户为中心”的旗帜的引领下，一直秉承“以奋斗者为本，不让雷峰吃亏”的回报理念，不断地拓展着事业合伙人的范围，不断吸引更多人参与到艰苦奋斗中。时至今日，这种“大合伙人”制度更加散发出无穷的魅力，激励着更多的华为人加入奋斗者的行列，从而通过企业的大平台去实现自己的人生理想。

事实上，无论是万科、小米、阿里巴巴的小事业共同体，还是华为的大事业共同体，都是一种合伙人制度，体现的是一种由传统雇用思维向合伙人事业思维的进化。在合伙人制度下，相关成员既是企业的出资人，又是企业的管理者和劳动创收者，所以，没有理由不为企业的繁荣而努力。

华为的事业合伙人制度是与其虚拟股权制度伴生而成的。创业初期，华为的资金严重不足，公司为了保持企业持续发展并让员工利益不受侵害，开始推行虚拟股权制度，简单来说，就是将 20% 的优秀员工的部分工资兑换成公司的虚拟股票，以年终分红等方式来获取回报，相应地，公司则在减轻了员工工资压力的同时节省了大笔的资金用于研发投入和市场开拓。

【辅助阅读】虚拟股权制度

“虚拟股权”中的“虚拟”二字，主要是相对于实有股权而言的。在股份制实体中的“虚拟股权”是指以下形式：国家保留对国有资产的所有权，但放弃部分或全部的收益权、决策权、监督权等，也就是说，在国家投资是作为资本金注入的前提下，其他权利可以在各利益相关者之间平衡取舍。

华为的虚拟股权与通俗意义上的虚拟股权类似，但又有所不同，它的虚拟股权持有人并非国家，而是符合条件的华为员工。经过几个阶段的发展和完善，今天华为虚拟股权制度已经完全建立起来，并已经相当完备。

随着华为发展越来越快，优秀员工从虚拟股权这一制度上获得的回报越来越多，那些没有被纳入合伙人体制中的华为员工也越来越愿意加入这一机制中来。在这一过程中，任正非也发现，有了虚拟股权这一“金手铐”，华为人的奋斗动力更足了。这样的发现让他更加坚定了自己“让利员工，把所有华为人团结成事业合伙人”的想法。

经过20余年的发展，任正非克服了员工最初的不信任、社会的质疑等众多障碍，将华为的合伙人事业制确定下来，华为的事业合伙人也从最初的十几人开始逐年增加，根据2010年华为年报，华为当时的内部持股员工已经达到了6万多人，而截至2015年10月，华为的事业合伙人数量已经达到了8.2万人，在这样庞大的事业合伙人群体之下，任正非自己持有的华为虚拟股权不过是总数的1.4%，仅比一些华为高管高出零点几，在这样的体制下，没有华为员工会觉得自己是在给任正非打工，用华为副总裁胡厚昆的话来说，“他们都是公司的创收者，同时也都是公司的获益者和管理者，每一个持股人都会自觉承担起让华为更长远地发展的使命，为了自己的事业而持续奋斗，原因很简单，如果有一天华为倒了，他们也将一无所有。”

2008 年，受次债风波影响，华尔街遭遇 2001 年以来“最寒冷的资本冬天”。花旗和美林的 CEO 都丢了饭碗，贝尔斯登、美林被收购，雷曼兄弟宣布破产，然而，在这样严酷的条件下，同为投资巨头的高盛却幸运地躲过了这一劫难，高盛所凭借的，正是内部架构更加稳定、成员更加团结的事业合伙人式的风险控制机制。自 1869 年高盛创立以来，合伙人制度便将其每一个员工的利益紧密地捆绑在一起，使之“没有乘客，只有水手”，从而度过了一次次危机。即便是 1999 年上市以后，高盛的事业合伙人制度仍然保存了下来，由此可见，事业合伙人制度无论是对于不上市的华为而言，还是对于已经上市或计划上市的企业而言，都是一种可以借鉴和学习的重要建制方式。华为一路从中国本土走向世界，从俄罗斯到英国再到印度，再到今天的世界第一，其成功也在向我们默默地展示着合伙人事业制度的顽强的生命力和创造力。

3.4.3　扭转招聘概念，寻找事业合伙人

目前，华为的事业合伙人制度已经得到了业界的广泛关注，一些管理专家甚至称其为当前最先进的合伙人操作模式，华为超过 8 万人的合伙人团队，以合伙人虚拟持股的模式，凝聚了各类优秀的人才，这些人协同奋斗，一起构建起了华为强大的组织竞争力。

在选拔合伙人的过程中，任正非也发现，企业中，并不是所有的人都适合成为合伙人，即使成为合伙人，这些人的贡献也是有差别的。华为要想最大程度上调动大多数员工的积极性，又不挫伤最优秀奋斗者的进取心，最好的方式就是在合伙人中明确等级和权利差异，让责权利充分对等。

【辅助阅读】华为合伙人等级及权利划分

华为将合伙人分成了五个级别，即：一级合伙人（原始股东或经股东大会决议从二级合伙人中提升出来的合伙人，拥有公司股权），二级合伙人（华

为的核心管理人员或技术骨干人才，以及业务骨干），三级合伙人（部门主管），四级合伙人，五级合伙人。其中，四级与五级合伙人的基本要求是一致的，即入职超过6个月，符合虚拟持股的基本制度要求。这五级合伙人根据对公司贡献的大小，所拥有的权利也是不同的，一级合伙人负责华为的管理决策，决定公司合伙人及选拔预备合伙人；二级合伙人享受年终分红，参与提名预备二级合伙人，奖励合伙人股份；三级合伙人只发放奖金，不奖励合伙人股份（实体股份）；四级与五级合伙人与三级类似。

在等级严格、条理清晰的合伙人制度下，每个合伙人都能够清晰地看到自己的晋升渠道，而那些非合伙人也能看到希望，也坚信自己通过持续的努力将来也能成为合伙人，这样公司的全体员工便会一起奋斗起来。为了让合伙人事业制更加顺利地发展下去，华为还格外注重招聘环节的价值观灌输工作。

任正非认为，合伙人制度的成功并不是明星效应，也不是招揽一堆殿堂级名人便能够成事的，他说："合伙人事业是通过卓有成效的奋斗者之间有效合作、相互协调，在和谐的氛围和良好的企业文化下实现。所以华为必须通过加强对人才机制的研究和实践，在人才市场中直接招揽具备合伙人素质的奋斗者。"

在任正非的号召下，华为招聘在以高工资、高待遇吸引人才的同时，对人才的筛选也格外严格，更加值得称道的是，华为在近年来的招聘中多次强调合伙人概念，而不再是单纯的"招聘员工"。

2015年10月11日晚间，华为公司董事、高级副总裁陈黎芳在北京大学校园招聘宣讲会上开宗明义地说："我今天来这里，是来找合伙人的，我们要一起去实现伟大的目标。华为将聚焦在基础网络设施，华为要做到世界最强，华为要做自己最擅长的事情，而且做到无可替代。只要我们继续坚持华为自己的核心价值观，以客户为中心，以奋斗者为本，我坚信，华为不会是下一个倒下的……在这个过程中，我们希望能够与你一同来实现梦想。"

心理学中有一种参与意识，说的是，每个人只要遇到与自己有关的事，都希望了解得更多或参与得更深。如果一个人拥有参与一件事的欲望，并且在参与的过程中，欲望能够得到满足，他就会心甘情愿地付出自己的心血和汗水。华为在招聘宣讲时引入合伙人概念，就像给应聘者打了个预防针，一方面告诉应聘者，我们需要的是合伙人，是一起艰苦奋斗干事业的人；另一方面也是在告诉那些拥有挑战之心的应聘者，华为适合他们，并且绝对不会亏待他们。

在这一方面，大多数企业在招聘的过程中与华为还有不小的差距。小米创始人雷军就曾说过，“中国的老板去招人，总是以一个很高的姿态去俯视别人，这是不对的，企业招人，证明你的公司需要这类人，需要他们就应该尊重他们，以合作伙伴、合伙人的关系去对待他们。创立小米的时候，如果我是以招聘员工的态度去对待周光平，那么周教授一定不会来小米。我是要他当合伙人，邀请他与我一起完成一项伟大的事业。所以，周教授才会不辞劳苦地在一线奋斗。”

3.5　传承奋斗者文化

艰苦奋斗是一种理念，也是一种职业操守，同时，更是一种企业文化，塑造职业奋斗者，实际上就是要打造一种人人都能艰苦奋斗的企业文化。这种企业文化一旦形成并且源源不断地传播下去，便会对员工的职业态度和行为产生重要的影响。麦肯锡咨询专家大前研一曾说，企业越大越要靠文化去治理，企业文化就像一面镜子，它能让我们看到自己的不足，让我们逐渐强大。这样好的镜子，当然不能只用来映照我们自己，还应该让那些新加入公司的员工也能照到，而方法，就是传承。

3.5.1　“床垫”是华为人最宝贵的精神财富

华为的奋斗者文化是一脉相承的，其最前身，就是华为的“床垫文化”。

“床垫文化”是华为从1987年创业以来的重要传统之一，也是华为人艰苦创业、坚忍不拔的精神象征。

【辅助阅读】华为床垫文化的由来

创业初期，华为工作环境十分艰苦，工作时间更是无法固定，平均每天上班时间基本都维持在16小时以上。持续的作战让员工苦不堪言，为了既不耽误工作又能让员工的疲劳得到缓解，任正非为每个人发了一张床垫，平时卷放在办公桌下或者铁柜的底层，午休时便拿出来，晚上加班太晚不能回家，也可以躺在床垫上睡一夜，第二天醒来便直接投入工作，一张床垫相当于半个家，华为人正是携着一张张床垫走过了创业的艰辛岁月。

任正非曾在《天道酬勤》一文中这样评价华为的“床垫文化”：

有一篇文章叫做《不眠的硅谷》，讲述了美国高科技企业集中地硅谷人们的艰苦奋斗情形，无数硅谷人与时间赛跑，度过了许多不眠之夜，成就了硅谷的繁荣，也引领了整个电子产业的潮流。

华为也是无数的优秀儿女贡献了青春和热血，才形成今天的基础。创业初期，我们的研发部从五六个开发人员开始，在没有资源、没有条件的情况下，秉承20世纪60年代“两弹一星”科技专家艰苦奋斗的精神，以忘我工作、拼搏奉献的老一辈科技工作者为榜样，大家以勤补拙，刻苦攻关，夜以继日地钻研技术方案，开发、验证、测试产品设备……没有假日和周末，更没有白天和夜晚，累了就在垫子上睡一觉，醒来接着干，这就是华为“床垫文化”的起源。虽然今天垫子已只是用来午休，但创业初期形成的“床垫文化”记载的老一代华为人的奋斗和拼搏，是我们需要传承的宝贵的精神财富。

“床垫文化”伴随着华为人一路走来，与华为人一起创造了中国企业在世界舞台上的奇迹。它对华为人更深层次的影响则是让华为人能够更深刻地理解奋斗者的本质，并且更好地参与到奋斗之中去。就连任正非自己，也身先士卒地践行“床垫文化”。

2000 年，一家外协厂的送货员去华为西城工厂送货，正值中午休息，送货的业务员就地找了张华为人的床垫在地上睡了一觉，醒来后发现身边多了一个人，仔细一看，竟然是华为总裁任正非。

在“床垫文化”的基础上，华为人开创了一个又一个新实践、新方法、新名词，并且在日常的工作中被广泛地推广和使用。比如，“百草园版本”代表着华为开发人员深夜在入住百草园宾馆前最终合入的最优版本；“日不落办公”代表着白天开发人员调试，晚上测试人员测试，24 小时全球协同运作，设计人员和欧洲时区的一线同事针对问题实时交流、讨论；而“清晨站立早会”则代表着华为人日清日结、提高效率，各层级例会在早晨站立进行……

“百草园版本”“日不落办公”“清晨站立早会”，这些华为文化都是“床垫文化”的延伸与演进，同时也都对华为人艰苦奋斗起到了至关重要的影响，在这种文化的熏陶下，即便本身不是愿意艰苦奋斗的人，也都不得不参与其中，久而久之，便会养成吃苦耐劳的良好习惯。

在推行“床垫文化”或与“床垫文化”类似的奋斗者文化的过程中，很多老板都会担心员工存在无法接受的问题。任正非从来没有这样的顾虑，他说：“有人说华为的‘床垫文化’不好，我觉得很好，它能将那些害怕吃苦、不想奋斗的人区别出来，对于这样的人，我们会请他离开，保证我们的队伍更加纯粹。”

事实上，华为人也确实并未生成什么负面心态，《华为人》第 218 期，华为员工在《风雪夜归人》一文中这样写道，“举世闻名珍贵的羊脂白玉盛产于新疆境内的西昆仑山脉，沉淀在河床深处最好的是籽料，日复一日，年复一年，接受着河水的冲刷和洗礼。在新疆，有那么一群平凡的华为人，默默为运营商的网络保驾护航，为昆仑山脉的无线电波奋斗着。君子如玉，奋斗者如他们。”字里行间，流露出的都是对奋斗者的羡慕与敬仰之情，而没有任何怨言。

成功从来都不是一个简单的过程。传播奋斗者价值观以保证企业更好地获得成功，同样要经过一个循序渐进的步骤。先用文化去感染员工，再让员工去尊崇文化的引导，吃苦耐劳，力争上游，这样的企业才能生机勃勃，欣欣向荣。

3.5.2 不忘初心，保持华为人的坚韧特质

任正非说，“华为没有成功，只是走在成功的路上。”在成长的路上，华为也曾一再受挫。创业初期，华为几次面临资金链断裂的危机，技术匮乏和产品研发方向上的错误险些令其万劫不复；二次创业时期，华为内部人才流失严重、业绩下滑、CMA2000战略失败，国际市场举步维艰，灵魂领袖任正非本人又患上了严重的抑郁症；商业模式变革时期，国内电信系统改革，华为竞争压力增大，错失小灵通市场，丧失了市场制高点；组织转型期，华为又面临知识产权问题、安全危机等众多困境。

然而，华为人通过一种“不撞南墙不回头”“不到黄河不死心”“不破楼兰终不还”的韧劲儿，渡过一个个难关，迈着扎实的步伐，一步步走到了今天。所以，华为人“不撞南墙不回头”的坚韧特质，也是其能够培养出一批批奋斗者的重要原因所在。

【辅助阅读】任正非的执着特质

任正非并不是一个喜欢高谈阔论的人，他更喜欢踏实而坚定地去做。在华为研发C&C08数字程控交换机时，华为账面上已经没有钱了，员工甚至连续两三个月无法领到工资。不少人都劝任正非放弃研发，专攻销售。任正非却说：“没有自己的产品，卖别人的产品卖得再好也不过是一个倒货的。我们叫华为，就要有所作为，华为一定要有自己的东西，这一次不撞得头破血流、倾家荡产，都不要和我提放弃。”

2005年，美国《时代周刊》将任正非列为全球100位最具影响力人物之一，评价任正非是“一条为了观念而战斗的硬汉”。

在企业执行过程中，很多员工在最开始面对困难的时候，就会心生畏惧，开始退缩，没有做事或坚持下去的勇气。这类员工既看不到成功的希望，也不可能为了目的誓不罢休，他们不可能有所成就，而他们所在的企业，也势必会受到他们的拖累。2000年，任正非通过鼓励华为员工离职创业的方式，将华为内部一些逃避困难的人筛出了队伍，充分保证了华为人不畏艰辛这一特质的纯粹性。在2000年以后，华为内外广泛流传着这样一个华为销售人员的真实故事：

有一个华为销售员，他第一次见当地电信局局长是因为有个资料要递给后者，为华为争取合作的可能。那天早晨，他8点钟就早早地守在了电信局局长的办公室门口，对方来的时候一眼便发现了他，不过却直接说“我要开会，你等等吧”，然后，销售员就目送着那位局长走进了会议室。开会期间，局长出来两次，他都迎了上去，但对方说还要继续开会，叫他继续等待。会议开到了中午，大家都出来休息了，局长再次现身，他连忙再次迎了上去，局长有些不好意思地说道，“我要去吃饭了，要不，改天你再来吧。”说完，便转身离开了，然而，一个小时后，当该局长从电梯门里走出来的时候，发现的是一张布满真诚笑容的脸，局长实在无法再推托，便说：“你怎么还没回去啊，到我办公室来谈一谈吧。”

或许很多人会惊叹华为销售员的执着与敬业，不过这在华为人眼中却是再正常不过的事情，华为董事长孙亚芳曾经对记者说：“你们看来很奇怪的东西，在华为都是最普遍的东西，在争取客户的时候，任何一个华为销售人员都能做到你一小时不见我，我就等你一小时，你一天不出现，我就等你一天，你回避我一个星期，那我就坚持等你两个星期，上班时间找不到你，就算是在家门口蹲点，也要把你堵住。”

正是这种“不撞南墙不回头”的特质和“不达目的誓不罢休”的决心，为华为杀出了一条“血路”。他们的奋斗经历也在告诉广大的企业老板及员工一个基本的道理：只要坚持不懈地努力，就一定会有所收获。对坚韧品质的坚持，也是对奋斗者文化的传承。

3.5.3 以制度规范保证奋斗者文化的落实

奋斗者文化之所以能够在华为顺利地传递下去，与华为的制度文化也有很大的关系。企业的制度文化是企业为了自身生存、发展的需要而主动创制出来的有组织的规范体系。任正非认为，“只要是有利于企业发展的东西，就应该竭尽全力在制度上支持和落实”，而华为奋斗者文化在制度层面的落地，很好地诠释了任正非的这一理念。

1984年，张瑞敏改造海尔时，提出十三条“军规”，扭转海尔员工错误的职业观念和工作陋习。在奋斗者的“选、用、育、留”方面，华为同样充分做到了以制度支撑理念。

《华为公司基本法》第55条规定，华为人力资源管理的基本目的，是建立一支宏大的高素质、高境界和高度团结的队伍，以及创造一种自我激励、自我约束和促进优秀人才脱颖而出的机制，为公司的快速成长和高效运作提供保障。

第58条规定，华为奉行效率优先、兼顾公平的原则。

第60条规定，我们不搞终身雇用制，但这不等于不能终身在华为工作。

第61条规定，我们通过建立内部劳动力市场，在人力资源管理中引入竞争和选择机制。通过内部劳动力市场和外部劳动力市场的置换，促进优秀人才脱颖而出，实现人力资源的合理配置和激活沉淀层。

第69条规定，我们在报酬与待遇上，坚定不移地向优秀员工倾斜。

第71条规定，每个员工通过努力工作，以及在工作中增长的才干，都可能获得职务或任职资格的晋升。

第 102 条规定，华为公司的接班人是在集体奋斗中从员工和各级干部中自然产生的领袖。

《华为公司基本法》的相关规定，无不从字里行间渗透出华为在塑造职业奋斗者方面的趋向，建设高素质队伍、奉行效率优先、通过内部市场加强竞争、努力工作的人能够得到晋升机会，以及从奋斗者中选拔干部，都在引导华为员工积极进取，而不搞终身雇用制、报酬与待遇上向优秀员工倾斜等规定，又在奖惩的方面约束着华为人，督促华为人持续奋斗。

【辅助阅读】定向引导法则

1970 年，诺贝尔经济学奖得主保罗·萨廖尔森提出了“定向引导法则”，即制度管理的真相是一种定向的规范引导，管理者应该通过制度固定来完成对员工工作的导向过程。同时，定向引导法则也指出，企业文化的最终确立，必须以制度形式加以巩固。萨廖尔森认为，制度引导是最有效的成果导向方式，也是企业传递精神文化的重要工具。

为了从小处着眼、由细节入手推进奋斗者文化，任正非甚至还以制度的形式严格规定，华为的保安必须要从三军仪仗队、国旗班、驻港部队等军旅中招募。其目的就在于，以他们为榜样和标杆，让奋斗者文化在华为的基层更加便利地传播和扩散。另外，从华为对司机的几项基本要求上，也可以清晰地体悟出华为以制度规范保证奋斗者文化充分落地的思路。华为规定：

第一，华为司机必须着正装，穿衬衣，打领带，保证车内一尘不染和空气新鲜，四季如此。第二，无论客户级别高低，华为司机都必须帮助其打开车门，并且一手扶住车门，一手挡在车顶，说：“您好，请当心！”当客户下车活动后返回时，司机应在客户第一眼看到自己时打开车门，重复上述行为。第三，华为司机必须时刻集中注意力，不开快车，不猛踩刹车或油门，保证车速平稳。除非客户赶时间，否则即使高速公路上，车速也绝不超过120公里/小时。第四，华为司机必须保持情绪稳定，不急躁，根据实际情况决定与客户进行对话或保持沉默，若客户感兴趣，则应以专业的解说水准，对客户介绍深圳、介绍华为……

这样严格的制度要求，一般的司机是很难达到的，然而，一旦达标，他们所展现出的企业气质便会完全不一样。在深圳，一些老板甚至点名招聘华为的司机做自己的专属司机。一方面是想彰显自己的身份，另一方面同样是希望通过司机这一普通岗位，让自己的员工看到一些不一样的工作态度。

事实上，除了保安和司机，任正非对华为办公室甚至食堂都制定了严格的标准，力求以制度的形式将所有细节做到完美，让这些完美为华为赢得客户认可的同时，也让每一个华为人真正做到踏实、务实、做实，在华为制度与文化的引导下，成为一个卓越的奋斗者。对于企业管理者来说，企业在人力资源价值塑造方面的工作任重而道远，在学习华为的同时，自我创新同样不容忽视。

第 4 章　市场实践与检验

实践改造了人，也造就了一代华为人。现代化作战要训战结合，干部和员工都要有基层实践经验，“宰相必起于州郡，猛将必发于卒伍”。

——**任正非**

导语：从能力建设到能力输出的考验

华为人的广泛认知是：员工在接受了企业的赋能培训，并且达成奋斗共识后，能否真正通过奋斗行为为企业创造价值，必须通过市场实践来检验，而员工接受检验的过程，实际上也是一种个人能力的提升过程。

华为以市场实践检验与提升员工的主要做法包括以下几点：侧重实战考核、激发一线活力、推进内部市场化、提高人均效益、进行内部比武与择优。

华为侧重实战考核的目的是以市场实战来检验和选拔人才，在准确判断人才能力、检验其是否担责的同时，提升员工的业务能力，为业务驱动提供准备条件。通过检验的华为员工会被派到一线，接受“战火”的洗礼，而为了充分激发一线的活力，真正做到以一线业务为核心，华为还采取了战略前移、项目中心制、低重心管理等策略，以项目导入落实流程责任。

注重激发一线活力并不意味着华为就忽略了后方建设，华为在公司整体范围内坚持推行内部市场化，树立内部客户意识，建设内部人才市场，强化自主管理，最大程度上整合内部资源，有效地保证了产出的最大化。

从整体上讲，一线的激活与内部市场的建设为华为人均效益的提升打下了坚实的基础，而华为又依托于此，进一步对后勤与产出岗位进行了区分，在精兵战略之下，强化了员工的岗位能力，进一步做到了对人均效益的反哺。最后，在内部比武与择优方面，华为通过持续且良性的内部竞争，推进了人才竞争意识与能力提升，为企业精兵战略的实现提供了坚实的保障。华为就是这样让市场检验最终服务于人力资本增值和企业效益增值的。

带着问题阅读：

1. 如何以市场实战检验并督促人才？
2. 怎样才能充分引爆一线激情？
3. 内部市场化的优化对象有哪些？
4. 华为哪些提高人均效益的手段可以为你所用？
5. 如何让内部比武成为一种常态并作用于效益？

4.1　侧重实战考核

古语云，天下之事，闻者不如见者知之为详，见者不如居者知之为尽。说白了，就是实践出真知。企业在发展人力资本的过程中，同样要重视实践的重要性，尤其要注重实战考核。

所谓实战考核，即通过对实际执行过程与执行结果的监督与检验，评定员工的工作成果及效果，对员工能力作出科学判断。在全球管理界享有盛誉的管理学大师亨利·明茨伯格便主张，要充分关注员工的实战效能，以实际考核结果作为检验人才、选拔人才与督促人才的重要标准。

4.1.1　以基层考核判断人才能力

实战考核是人力资源管理的一个重要的落地过程，也是人力资源价值考核与利益分配的重要依据。1995 年度麦肯锡奖得主、哈佛商学院总经理克莱顿·克里斯坦森曾说，“脱离实践谈管理，就像坐在板凳上叫喊着要征服太空，空洞而乏力。”克里斯坦森认为，企业人力资源的检验与提升，必须在实践中才能得以完成。而在这一点上，任正非也有着类似的观念。

华为规定，任何员工入职后都要先到车间实习，为期几个月到两三年不等，就连华为前副总裁李玉琢加入华为时，也经历了这样的过程，而他在加入华为之前，已经是名噪一时的四通公司副总裁。

对于华为的这一制度，不少人表示难以接受，而事实上，日本松下电器公司同样明文规定，凡应聘入职的大学毕业生，哪怕是博士、硕士，也一律要从松下基层的普通岗位做起。类似的制度，在苹果与微软的部分部门同样存在。从这个角度讲，华为并不算是特立独行。华为真正有“个性”的地方在于，他不仅要求新员工下基层，甚至连总经理、副总裁级别的干部也要下基层，而且，其在基层的表现，将直接决定其未来是否拥有回归原职位乃至晋升更高职位的可能。

任正非坚持以基层考核判断人才能力，鼓励华为干部与普通员工在实践与学习中增长才干，齐心协力谋求华为大发展。为此，他还制定了轮岗制度、内部市场模式、内部比武、下基层上前线等一系列的措施，检验并推动华为人才的成长。在华为，无论学历高低、经历怎样，所有新加入华为的人，一律从要从基层干起。那么，在基层做到什么程度才算是人才，才能被提升呢？华为有自己的一套标准和逻辑，而最重要的方法就是落实基层考核，以考评结果判断人才能力。

华为的绩效考评制度是层级式的，即由上级领导负责下级的评价、考核与指导工作，人力资源部门负责协助和统筹、计算工作。也就是说，华为的上司（管理者）对下属有一个 PDCA 循环，通过对循环中每一个步骤的监督和管控，便能够对下属作出一个科学的评价，从而给出考核成绩。

【辅助阅读】PDCA 循环

PDCA 循环又叫“质量环”，是管理学中的一个通用模型，最早由休哈特于 1930 年构想，后来被美国质量管理专家戴明博士在 1950 年再度挖掘出来，并加以广泛宣传和运用于持续改善产品质量的过程。

所谓“PDCA”，就是英语单词 Plan（计划）、Do（执行）、Check（检查）和 Action（行动）的第一个字母，所以，PDCA 循环就是按照这样的顺序进行质量管理，并且循环不止地进行下去的科学程序。

为了让考核结果更加明晰地展现出被考核人员的基本素质，华为还在中基层考核中提出了四项原则，即责任结果导向原则、目标承诺原则、考评结合原则，以及客观性原则。四项原则相互支撑，使得华为人力资源绩效考核得以顺利展开。

任正非认为，真刀真枪的实战和实战过后的考核最能够反映出一个人的能力，他在《致新员工书》中说道：“在华为改变自己命运的方法，只有两个：第一，努力奋斗；第二，做出良好的贡献。”所谓的“良好的贡献”从哪里体现出来？答案就在于绩效。

早在 2002 年，任正非在华为人力资源大会精神传达会议上的讲话中便说：“评价一个人，提拔一个人，不能仅仅看素质这个软标准，还要客观地看绩效和结果。德的评价跟领导的个人喜好和对事物认识的局限性有很大关系。绩效和结果是实实在在的，是客观的。所有的高层干部，都是有职责和结果要求的，在有结果的情况下，再看你是怎么做的，关键行为中是否表现出你有高素质。”华为 EMT 纪要 2005 年第 53 号文件中也写道，“绩效是分水岭，是必要条件；只有那些在实际工作中已经取得了突出绩效，且绩效考核横向排名前 2 596 名的员工，才能进入干部选拔流程；茶壶里的饺子，我们是不承认的。”

当然，绩效考核只是员工考核的最重要的一个方面，在具体的考评中，也要兼顾员工职业道德、工作能力、工作态度、工作性质，以及个人性格等多重因素，最终作出最为科学合理的评价，进而决定其去留与升降。

4.1.2　根据实战考核结果选拔人才

很多企业的人力资源管理者都会犯一个简单的错误，那就是把实战考核的结果仅仅用在绩效核算与奖金分配上，事实上，这种考核结果，更应该直接作用于人才的选拔和晋升工作中。

长期以来，华为始终处在一个高竞争、高压力的行业，如果员工不能创造出可观的绩效，那么华为很可能便会被竞争对手淘汰。所以，任正非认为，茶壶虽可以煮饺子，但倒不出来，吃不到，那就不算是饺子。一个人能力再强，发挥不出来，也还是庸人一个，华为是不要庸才的。对于那些能够承受住实战检验的人才，华为也绝对不会埋没。

华为曾经长期邀请 IBM 咨询团队为其进行内部改造，“建立一个人才的长板凳计划，通过基层实践培养干部梯队的续航能力”正是 IBM 团队给华为的重要建议之一。所以，华为十分注重根据实战考核结果选拔优秀人才。

【辅助阅读】长板凳计划

长板凳计划，是指企业通过确定和持续追踪具有胜任关键管理位置潜力的内部人才，并对这些人才进行开发和培养，为企业的持续发展提供人力资本方面的有效保障。该概念起源于美国棒球比赛：美国在举行棒球比赛时，棒球场旁边常常摆放一条长板凳，上面依次坐着很多替补球员。每当比赛中需要更换球员时，长板凳上的第一位球员就上场，长板凳上原来的第二位球员坐到第一个位置上去，刚刚换下来的球员则坐到最后一个位置上去。

IBM 从棒球比赛得到启发，在人才梯队建设上引用了“长板凳”，建立了一个“新员工→专业人员→领导人→新时代的开创者”的人才梯队培养模式。这种模式让 IBM 为所有重要的岗位都培养了充足的替补人员，保证了企业不会因核心员工的突然离开而造成损失。通用公司的前 CEO 韦尔奇在退休之前，用了 7 年的时间遴选他的接班人。这些都说明企业领导为企业的持续发展提供人才保障的重要性。

2006 年，任正非在华为年中市场工作会议上说，“这次的 EMT 会议上达成一致，为什么不能像解放战争时期的共产党那样，在火线上入党，在战壕里提拔？为什么一定要空投干部？为什么不在成功地区，对已经成功的员工进行直接提拔呢？大浪淘沙才是这个时代的本色与潮流，把资格、资历看得很重，终有一天要死亡。”2009 年，任正非又在华为 EMT 办公会议上强调：“我认为干部还是以成功的实践经验为基础，根据你对成功的实践的总结，来看你成功实践的延长线，看你明天可不可能成功。在此选拔的基础上，再听你对明天的认识，进行第二次认证。”

不难看出，实战考核结果，或者说基层经验与成果对于华为人的晋升有至关重要的影响，对于缺乏基层实践经验的干部，华为甚至在文件中要求：“要及时补上这一课，尽快派到一线去接受实践检验。这方面要与干部梯队计划结合起来。”为了达到这一培养人才的目的，华为在很多时候，甚至会有意识地把精英“贬”下去。被“贬”的干部在实战中取得优异成绩之后，便会被重新提拔上来，委以重任。

华为的“贬”人分为两种形式，一种是贬“新兵”，华为会让刚毕业的应届生拿着该拿的工资，去基层任职。这一行为有三个特点：第一，员工并没有被减薪，基层历练不会引起其心理落差。第二，员工被分到哪个岗位，那么这个岗位就是你的，做不好只会有两种结果，要么离开，要么直到做好为止。举个例子，你加入华为是想做销售的，但华为不会直接把你分到销售岗位上去，而是可能会让你去装机，装完了接受考核，合格了再谈入职时的期望。第三，这种基层历练虽然会让新人有所不适，但一旦你能够展现出不同寻常的才华，就会为自己赢得晋升的机会，郑树生、洪天峰、徐直军等一干华为高管，都是因为在一线开发时做出了杰出贡献而得到提拔的。

华为第二种“贬”人是贬干部。华为干部管理坚持的是“选拔制”与“淘汰制”并重，不搞“培养制”。任正非强调要从具备成功实践的人中选拔干部，坚持“宰相必起于州郡，猛将必发于卒伍”的理念，引导优秀员工不畏艰险、不谋私利，走上最需要的岗位。坚决不能让没有基层实践经验的人成为干部。

与此同时，华为的干部几乎都有过被下派到基层的经历，这种“下放”是到基层去实实在在地任职，而不是挂个虚衔。干好了升职，干不好就不用回去了。在这一点上，华为与其他企业的最大不同在于，任正非的真正目的是让干部流动起来，让他们拥有更多实践能力和经验，而大多数企业这样做则是把自己的干部“实实在在”地贬下去了，或者是为一些想要提拔却经验不足的人“镀一下金”，得过且过，敷衍了事，并不具备历练作用。这也是很多企业学习华为“下基层”策略却无法取得理想效果的症结所在。出发点决定终点，你的出发点就错了，结果自然难以令人满意。

4.1.3 通过下放管理检测干部是否担责

华为咨询顾问包政教授曾经对任正非说，“管理者一定要清楚一件事，你的员工不是企业的财富。认真负责，并且时刻处于管理状态的员工，才是你的企业最大的财富。”任正非自己也多次强调：“华为只要能担当并愿意担当的人才，有强烈的责任感和危机感，不腐败、敢担当的干部才是真正优秀的干部，华为要让这部分人担当重任。”

职场上有句名言，判断一个人是否成熟，要看他能否对自己负责，是否勇于承担责任，而绝非寻找各种理由和借口。只有真正有担当的员工，在公司遇到困境的时候才不会逃之夭夭，也只有这样的员工，才能得到领导更多的支持与信赖。为了避免滋生责任归属问题，麦肯锡提倡专人全权负责制度。每一个项目都会指定一个有足够能力的人全权负责，而该项目下的每个模块，也都会有相应的负责人员。这种方式虽好，但更多的是锻炼那些有能力的人，对于缺乏历练但又迫切需要历练机会的人而言并不合适。相比之下，华为的做法则要更胜一筹。

华为执行严格的轮岗制度，这种轮岗制度很多时候是与“下放管理”同时进行的。

【辅助阅读】下放管理

下放管理最早是由英国企业家和管理学家、行为科学的先驱之一本杰明·西伯姆·朗特里提出的。朗特里指出，对于那些不能承担责任，以及管理者无法确定其承担了多少责任的人，应该进行下放，通过重新晋升的方式，让他们重新树立起严格的责任意识，进而保证胜任岗位。

华为通过岗位轮转的方式，把“下放管理”嵌入其中，其目的就是检验干部是否能够承担责任，并且由此判断哪些干部是能够被委以重任的，哪些干部是需要重新锻炼的。

早在 1996 年，在中国人民大学咨询团队为华为编制基本法的过程中，咨询专家们为华为所做的最重要的制度安排就是跨部门轮换。即，对一部分岗位上的人进行定期轮换，将其调离原来的岗位，从而直观地判断其是否担责。举个简单的例子，如果某一部门离开了某人便会陷入瘫痪，那么，这个人一定是担责任的。当然，企业绝不能允许这种畸形现象出现。人力资源建设的目标一定不能是依赖某个人，而应是一个企业离开了任何人都能够健康运转，华为的轮岗制度和下放管理都能够达到这样的效果。

在执行轮岗制度和下放管理的初期，为了保证轮换的顺利进行，华为甚至牺牲了部分业绩，不过，效果是显著的。在没有实行轮岗之前，一些华为干部长期处在同一个岗位上，在业务熟练以后便滋生了懒惰情绪，培养出一两个能干的下属后，自己便提前进入了退休状态。任正非认为，这样的懈怠是企业的巨大隐患。通过岗位轮换，华为一方面检查出哪些干部是“懈怠者”，一方面又鞭策干部在新的岗位上努力学习与适应，主动承担责任。对于那些“懈怠者”和能力不足、无法承担起新岗位职责的干部，则采用“下放”的方式，将他们推送到基层去进行历练和改造，如果有所作为，再行提拔，如果没有作为，就继续历练或辞退。正是通过这种激活方式，华为才保证了干部队伍在责任担当与业务能力两方面的齐头并进。

很多有心效仿华为下放管理的人力资源建设者也想实行轮岗制度，以此检验和提升干部的担责意识，然而却一拖再拖，不敢真正落实。原因有二：一是担心挫伤干部积极性，产生不稳定因素；二是担心影响公司正常运转，损害效率。

事实上，可以肯定地说，到今天为止，华为只要轮换干部，干部手中也会多多少少有些没忙完又必须完成的工作。这种情况是无法避免的，而华为的做法十分简单，就是规定干部在参与轮岗、接受新岗位和新工作的同时，要稳妥地处理好之前的工作。这项规定与华为一系列关于岗位轮换的规章制度一起，在一定程度上保证了“落后”干部被“下放”后也必须接受现实而没有抱怨的理由。在这一过程中，最关键的还是要做到公平公正，让每个人都遵守这一制度，如此一来，制度就是绝对权威的，干部的升降全部根据制度来进行，轮岗实践中的难题自然也就不存在了。

4.2 激发一线活力

在企业的各个部分中，一线代表的意义往往是“产粮区”，是战略的发起点，一线员工的活力高低，直接关系着企业整体效益的高低。通常而言，一线的活力越大，其创造力便越强，越能够为企业带来盈利。

因此，在华为，“上前线”与“下基层”是一个并行的概念，二者结合在一起，便有了其“能上能下”文化的七分精髓。华为坚持“一切为了前线、一切为了业务服务、一切为了胜利”的准则，为了培养一支“能打胜仗”的队伍，任正非格外注重给予员工和干部“上前线”的机会，并且在权限、制度等众多方面对一线予以支持，力求最大限度地激发一线活力。

4.2.1 战略上的前移，用一线指挥后方

所谓“一线”就是最前线的意思，既包括研发前线，也包括销售前线和客户服务前线。近年来，华为格外强调“一线”的概念。

在华为创立的前十年里，华为的战略通常是由任正非等高层领导来决策，其他员工特别是一线员工，仅仅负责执行上级分派的任务。执行过程中遇到问题也不能自主决策，而是要向上级层层汇报，得到上级的指示才能进行下一步的工作。这在华为创建初期是符合时代需要的，就华为当时的艰难处境而言，如果不是任正非牢牢地把握着华为的正确方向，华为很可能尚未崛起便已经淹没在了市场的浪涛里。然而，随着华为规模的日渐扩大，任正非渐渐发现，这样的决策机制，不仅大大妨碍了组织绩效，还无法及时响应客户的需求，无法提供令客户满意的服务，这与华为“以客户为中心”的价值理念是背道而驰的。

2009 年，对于华为内部管理面临的组织僵化的问题，任正非进行了深入的反思：

“我们后方配备的先进设备、优质资源，应该在前线一发现目标和机会时就能及时发挥作用，提供有效的支持，而不是拥有资源的人来指挥战争、拥兵自重。”

“谁来呼唤炮火，应该让听得见炮声的人来决策。而现在我们恰好是反过来的。机关不了解前线，但拥有太多的权力与资源，为了控制运营的风险，自然而然地设置了许多流程控制点，而且不愿意授权。过多的流程控制点，会降低运行效率，增加运作成本，滋生官僚主义和教条主义。”

任正非认为，丰田那类制造型企业，无法赋予一线销售员工太多的决策权，但对于华为这样的服务性企业来讲，赋予一线员工部分决策权是非常有必要的，这是关乎企业服务能力和服务水平的大事。为此，任正非还专门关注过近年红遍京城的海底捞。他发现，海底捞之所以受到消费者的热捧，很大一部

分原因就是它能够提供热情周到、无微不至的服务，而这种服务的根源则在于公司对一线员工的授权。

在海底捞的一线，每一家店的店长均有签3万元项目单的权利，连海底捞的普通服务人员都有一定的自主权利，他们不仅可以按需求灵活地免费送菜，甚至可以免费送一桌的菜。“战略上要向前移动，一线要有话语权”，这是任正非从海底捞得出的宝贵经验，而事实上，这种作战方式更早则是源于真正的战场。

第二次世界大战时期，德国著名的陆军元帅，有着“沙漠之狐”之称的隆美尔便指出，“指挥官最重要的任务，就是对自己的战场以及敌人的位置都要彻底地了解。”即要深入一线，以便彻底地认知战场。因此，隆美尔要求“指挥官必须亲自去观察战场和战况的发展，站在一线指挥后方部队”。正是凭借着这一策略，配合德军赖以成名的闪电战，隆美尔率领两个陆军师，仅仅用了两个星期就让英军在北非之前两个月的战果丧失殆尽。隆美尔也因此成为唯一一个被盟军和联军都认可的元帅，英国战时首相丘吉尔评价其为：“我们面对的是一位大胆与熟练的对手，一位伟大的将军。”

海底捞和隆美尔所取得的成绩让任正非忍不住思考，如果华为能够赋予一线足够的权利，是不是就能充分激发他们的活力，使他们能有足够的机会和热情去及时响应客户的需求呢?

在这样认知的指导下，任正非进一步提出，“前线已经存在的作战方法我们要承认它的合理性，不要急于推翻它，应该允许各地适当的灵活机动，以及优先、推后的秩序的自主。新的方法是推动已有系统适当改良。”

【辅助阅读】华为的推、拉机制

2009年，在华为销服体系奋斗者颁奖大会上，任正非首次提出了建立推、拉机制的概念，他说：“用一个形象的术语来描述，我们过去的组织和运作机制是‘推’的机制，现在我们要将其逐步转换到‘拉’的机制上去，或者说，是‘推’‘拉’结合、以‘拉’为主的机制。”

简单来说，华为这种推、拉机制，在推的时候，是企业高层权威的强大发动机在推，一些无用的流程，不出力的岗位，是看不清的。拉的时候，看到哪一根绳子不受力（哪些部门和人不出力），就将它剪去，连在这根绳子上的部门及人员，一并减去，组织效率就会有较大的提高。

与此同时，任正非更是强调：“我们（华为）进一步的改革，就是前端组织的技能要变成全能的，但并非意味着要设各种功能的部门。基层作战单元在授权范围内，有权直接呼唤炮火（即，在项目管理过程中的条款、签约、价格等毛利及现金流方面，华为一线享有一定的权限，在授权允许范围内，一线可以直接签字，超越授权范围则要按程序审批）。同时，后方变成系统支持力量，必须及时、有效地提供支持与服务，以及分析监控。公司机关不要轻言总部，机关不代表总部，更不代表公司，机关是后方，必须对前方提供支持与服务，不能颐指气使。”

如今，在“一线指挥后方”的理念指导下，华为越来越像一条蛇，一线就是蛇头，蛇头不断随客户需求而摆动，后方充当身体的每个部门则按照既定的流程逐一对接，直接听命于蛇头，随着蛇头的转向而转向，不仅少走了许多弯路，也使华为有效地遏制了成本浪费，当然，最重要是的，享有一定决策权的一线组织在发掘用户需求和绑定用户方面，更加顺畅了。

4.2.2 以项目为中心，摆脱功能性束缚

2014 年 11 月，任正非在华为子公司董事赋能研讨会上的讲话中又一次强调了“让最听得见炮声的人来呼唤炮火”的主张，同时，他还提出了未来的战争是“班长战争”的口号，指出，“华为的组织管理要从‘中央集权’转变

为‘班长的战争’。”

所谓“班长战争”，就是把作战的权利交给一线班长，企业高层进一步向一线放权。事实上，为了充分激发一线的活力，除了向一线听得见炮火的班长充分授权以外，华为还以项目为中心，建立了战略机动部门，力求在最大程度上摆脱传统功能部门的束缚。

2014 年 1 月 1 日，华为轮值 CEO 徐直军在《华为新年贺词》中说，“华为将要加快从以功能部门为中心向以项目为中心的运作机制的转变。项目是公司经营管理的基础和细胞，只有高质量的项目经营，才有整个公司高质量的运营。”并且表示，华为的目标是通过 3 到 5 年的努力，使管理体系逐步过渡到项目为主、功能为辅的强矩阵结构，而不是完全项目化的运作。这是针对华为交付项目众多及大项目迅速增长的现状而作出的战略决策，同时也是华为“更好地服务于一线，以便一线更好地服务客户”的思维的落地。

【辅助阅读】以项目为中心

华为的“以项目为中心”是指组织级的项目管理，即通过成熟的组织级项目管理方法、流程，以及最佳实践，充分发挥代表处的灵活性和能动性，使华为代表处的经营活动流程化和指标化，使得企业的经营管理向可预测、可管理，以及可自我约束的方向发展，进而提升运营效率和组织盈利的能力。总结概括一下，就是要激发一线活力，提高运营效率。

从以功能部门为中心的运作转向以项目为中心的运作，这一巨大变革意味着华为将激活千万作战团队，意味着功能部门未来就是能力中心、资源中心，而不再是权利中心。

事实上，华为基于需求和市场实际情况的变化向“以项目为中心”转变的最终目的是在公司建立起一个“节能降耗”的灵活的流程体系，这样，当处在市场最前沿的代表处发现机会的时候，便能以一个或几个项目小组为中心，形成一个个小型的作战单元，这些作战单元将分析数据和需求传递给后方（职能部门），后方所要做的就是突破部门局限，尽可能地满足前方需求。

举例来说，项目组急需一个研发专家，走传统流程，需要向上级申请，然后上级将诉求提交给人力资源部门，再由人力资源部门进行合理调配，这样一来往往要浪费大量时间，而实行“以项目为中心”制度以后，项目组可以省去一系列的中间环节，按照全新的精简流程直接从研发部门要人即可。如此一来，竞争对手还没有找到合适的人选，华为却已经投入到客户问题的解决当中去了，高下立断。

2014年12月，任正非在华为第四季度区域总裁会议上说：“华为公司目前项目管理水平还比较低，浪费较大，这是过去以功能部门为中心导致的弊病，华为正在试点以项目为中心的管理，逐渐使作战团队拥有更多权利，监管前移，来配合授权体系的产生。在未来变革过程中，我们要强调目的才是最重要的，目的就是要多产粮食、产生战略贡献和增加土地肥力，凡是不能为这两个目的服务的，都要逐步简化。”

不难发现，华为这场激发一线活力的中心转移，最主要还是围绕“为客户服务创造价值”来设立流程、制度，不能为这个中心服务的都要简化。但同时，任正非明白，过于激进的改革，可能会造成崩塌，华为公司平台的转变需要一个缓慢的过程，需要公司上下有耐心并共同努力。这同样是其他企业在进行人力资源开发时应该注意的。

4.2.3 实行低重心管理，在做实上下功夫

在华为激发一线活力的过程中，还有一个鲜明的特点，就是管理重心放得很低，以至于上到总裁、董事长，下到保安、服务员，每一级别都能将工作落到实处。这也正是华为能够保证每一级别的人才都能人尽其力的一个基本要素。相比之下，那些管理不善的企业，领导者往往将管理重心放得很高，只抓

统筹，认为大的方向对了就不会出现问题，殊不知，千里之堤，溃于蚁穴。

事实上，在企业战略层面，领导者主抓核心战略是没错的，而在管理层面，无论是企业领袖、人力资源管理者，还是每个部门的经理和主管，都必须要弯得下腰，抓得了落地，只有层层级级都做实了，一线才能不跑偏，多打粮。

【辅助阅读】华为的低重心管理

1996年11月15日，任正非在华为劳动工资汇报会上发表了《实行低重心管理，层层级级都要在做实上下功夫》的讲话。在讲话中，任正非这样说道："人力资源部将来考核的重点是基层员工，对基层员工的各种奖励进行监督，目前各基层也在落实这项工作。高、中级干部的考核由六个干部部负责，人力资源部要建立人力资源管理办公会议制度。我们要建立一个体系而不是诸侯经济。"

同时，任正非也强调"要把行政管理和业务管理脱开，这样我们就可以实现矩阵管理，我们一定要建立分层、分级、分型，而且共同管理的工作体系"。

任正非所设定的具体落实方式是这样的，比如，指标类东西，要直接对他负责，而日常工作中低层管理者和普通员工要听"诸侯"的管理，"诸侯"即自己的直接上司。同时，要把基层员工做实的问题放在一个重点来抓，不要考虑得太理想化，一定要考虑现实性和可操作性，用任正非的话来说："太理想的东西不能操作是没有价值的，人力资源的建设，全公司要拿出一个体系性的建设，既允许诸侯管理问题，也要服从公司一体化建设的原则，也要考虑不同的干部、不同的部门要有不同的评价体系和考核标准，但又要使共性的部分比较一致。"

先易后难，先粗后细，一步步地分解和深化。这是华为建设干部管理体系，乃至整个人力资源管理体系的一个重要原则。所谓"一步步地分解和深

化”，即每一层级都要分解目标，落实责任，实现一线人员在责权利等方面的落地。

为了保证低重心管理和工作上的做实，华为还专门设立了干部处、人力资源委员会、荣誉部以及道德遵从委员会等机构，以此支持和约束企业的人力资源工作。

华为干部处是一个比较特殊的机构，在其他企业中几乎都难以看到，1997 年 2 月，任正非在华为秘书座谈会议上指出，“华为本年度的重点是建立干部队伍体系，我们要成立一个干部部”，干部处由此诞生。

显然，干部处是用来管理华为干部资源的，干部资源是企业人力资源中至关重要的一个组成部分，干部处的诞生，保证了华为人力资源管理工作能够在各个部门之间顺利进行。具体来说，华为干部处的职能与外企中的 HRBP（人力资源业务合作伙伴）十分相似，即公司派遣干部到各部门的人力资源管理团队中，成为服务业务部门的专设岗位，与各业务部门协作设定人力资源的工作目标和计划，这样就保证了每一个部门、每个具体层级的人力资源管理都能做到符合实际，也能尽可能地减少企业的资源浪费。

华为的人力资源委员会的职责有二：一是负责管理和监督企业人力资源决策与活动，保证企业各项业务的正常发展；二是向企业高层提供人力资源领域的战略问题的相关建议，从而保证人力资源战略与企业整体战略相吻合，促进企业业绩的持续增长。鉴于该组织的重要性，华为高层一致决定由公司人力资源总裁担任人力资源委员会主任，下属成员包括人力资源部门的主管以及其他各部门主管等重要管理骨干，并且将这些管理骨干从上至下分为五个级别，以此保证人力资源管理能够覆盖到华为最基层的一线组织，即保证低重心管理的实现。

荣誉部也是华为的一大特色，军人出身的任正非格外注重将部队的优秀文化引入企业管理中来，华为荣誉部的职责定位与军队中的指导员类似，其职责就是帮助华为员工解决思想和心理问题。

华为的荣誉部对员工的健康成长和企业的良好发展做出了突出的贡献，许多血气方刚的高才生进入华为以后因为各种因素情绪上出现大起大落，甚至想要退缩、逃避的时候，都是荣誉部发挥作用，帮他们快速走出了阴影。

在具体落实上，华为从 1997 年至今，聘请了超过 500 位各大高校和知名研究机构的名重德望的老教授为华为人进行心理辅导和思想品德教育。同时，一旦发现员工出现情绪问题，荣誉部也会主动进行了解和跟进，直到解决问题为止。另外，华为荣誉部还肩负着报道先进典型事件的重任，《华为人》上所报道的华为人的先进事迹，大多是由荣誉部发现并报道出来的，这些先进事迹的报道让员工沉浸在良好的人文环境之内，并且受到“英雄”的影响，这也是华为荣誉部的贡献所在。可以说，荣誉部是华为人力资源管理最深入基层的部门之一。

华为道德遵从委员会被业界称为“管得最宽的部门”，这并不是说它所有事都管，而是因为它能把触手伸到国外去。华为当初设立道德遵从委员会，是为了配合公司国际化的战略。其主要职责包括，规范和引导华为员工的语言、宗教、习俗以及基本生活规律等方面，帮助并促进其尽快适应所在国家或地区，从而顺利地生活和工作。后来，随着华为国际化规模的扩大，员工素质逐渐提升，道德遵从委员会的主要职责略有弱化，同时又增加了思想教育和荣誉激励等内容。华为道德遵从委员会也就成为华为最重要的非物质激励部门，如华为“蓝血十杰奖”之下最具荣誉性质的“明日之星奖”，正是由道德遵从委员会组织民主选举产生的。

如此一来，在华为人力资源委员会、干部处、荣誉部以及道德遵从委员会等机构与人力资源部门的通力合作之下，华为任何岗位、任何层级的员工都能得到明确的发展保障，而在“付出必能得到回报”的前提下，一线的活力自然而然地会被调动起来。

4.3　推进内部市场化

企业内部市场的理论构想最早来源于美国麻省理工学院的弗雷斯特教授。他在《新公司设计》一文中首次提出了这一构想，并勾画出未来理想的管理组织。弗雷斯特强调，为了应对技术复杂、高度不确定以及持续迅速变迁的外部环境，新的组织应被设计成更具市场机制的特征，具有一种“超结构”，而这种“超结构”将会为企业带来丰厚的利润回报。

不得不说，企业检验与锻炼员工的场所是市场，一线人员持续奋斗并实现最终价值的场所也是市场，所以，市场对于企业的重要性不言而喻。事实上，华为领先于国内大多数企业的不仅仅是其庞大的外部市场，在内部市场建设方面，华为同样独领风骚。

4.3.1　服务好你的内部客户

简而言之，内部市场化即将市场建立在公司内部，使它能够像固定的外部市场一样有效地发挥作用。华为通过内部客户市场化、内部人才市场化，以及内部合作市场化建设，已经在企业内部建立起了一个相对完善的市场生态。这一生态体系的存在，有效地提高了华为员工的工作积极性及工作效率。

华为构建内部市场的第一个举措是引进“内部客户”的概念。内部客户是欧美企业中比较常见的一个观念，在国内企业中并不多见，华为恰恰是践行内部客户制度较早的国内企业之一。在华为“以客户为中心”的核心价值观中，所谓的客户不仅仅只是外部客户，还包括公司内部需要各部门提供服务与支持的团队和个人。

早在华为创业时期，任正非就认识到了客户的重要性，并提出，华为人应该“将脑袋冲向客户，屁股冲向领导”。随着华为的规模越来越大，任正非发现，“企业内部的协调性越来越差了，华为员工，除了市场部门和研发部门以外，大多数部门都没有认识到自己与客户的必然联系，同时，也严重缺乏对那些‘连接’外部客户的袍泽的支持与帮助。”

所以，他在1996年内部讲话时说：“公司以前是市场化运作的，做出了一些成绩，但内部体系却不能很好地从上至下贯彻下来，我们现在要做的，是建立一种内部客户的概念。什么叫内部客户，说简洁些，就是你的同事也是你的衣食父母。人事行政部门不要觉得你们是管理销售部门和生产部门的，你们需要做的是服务，包括华为中高层和各个主管也是一样，如果你们不把下属都服务好了，谁能来为你把工作做好？谁能来为企业创造效益？所以，先搞好内部客户，再去说你能做到‘以客户为中心’。”

在华为，服务内部客户的例子随处、随时可见。比如，你是华为的销售员，你想安排你的客户去外地参观华为的设备，那么，即便你与那边的同事不认识也不要紧，只要你事先知会一声，当你抵达的时候，那边一定已经为你和你的客户预订好了酒店，甚至还会邀请当地正在使用华为产品的客户为你的客户现身说法。再比如，如果你在销售时遇到了一个技术上的难题，你并不需要为此而担心，因为，当你独自解决不了问题的时候，完全可以将求助信息发到华为中研部去，等你晚上再打开邮件时，就会有数十位、上百位华为技术员为你出谋划策，再不行，甚至会有领导专门调遣某工程师直达现场，为你排忧解难。

为了保证“内部客户”的观念和制度能够更好地确立下来，华为还规定，所有考核中，一般职位都要有一个考核要素，即：与同事的合作。这项考核占总系数的10%，也就是说，如果华为员工的工作满分是100分，与同事合作是否融洽，是否能够为华为内部客户创造价值，将占考评总分的十分之一，这项考核的办法也尤为公正，那就是看是否有人就合作问题投诉了你。想要拿到高绩效就要在考评中得到高的分数，而在“服务内部客户”方面就要避免被投诉，摆在华为员工面前的路便只剩下了一条，那就是全心全意地为同事提供支持和帮助。为了保证这一制度的公平公正和充分落实，华为一方面会督促人力资源部进行监督和管控，另一方面制作出一些相对简单的“模板”，供员工在内部合作时参考。

【辅助阅读】内部客户的分类

所谓内部客户是指企业内部的员工，也可以是一个单位或组织。内部客户服务的特点是相互的、自觉的，以及规范有序的。按照相互关系的不同，可以分为三类：

（1）职级客户。由企业内部的职务和权利划分演变而来的客户关系，如主管和员工之间，这种上下级的关系，就是一种职级客户的关系。

（2）职能客户。岗位职能部门或人员之间存在相互提供帮助和服务的关系时就是职能客户关系。

（3）工序客户。员工在工作或作业中存在着产品加工或服务的提供与被提供关系，这种关系所构成的客户关系即工序客户。

近年来，华为的内部客户意识已经很好地建立起来。2011 年，华为将公司的“金牌团队奖”颁发给华为南研的文秘团队，这个团队的 5 个文秘服务台、30 多名文员姑娘，为 7 000 多南研人提供了标准化、专业化、集成化的服务。2011 年全年累计完成新员工指导、研究所生活服务、考察团接待等工作 10 000 余项。几年前，这些工作几乎没有人肯去干。不仅如此，华为的高层们也都养成了很强的客户服务意识，在找下属谈话时，甚至都会自然而然地给下属倒水。

可以说，强大的内部客户服务文化有力地弥合了华为曾长久存在的组织庞杂、流程不畅的问题，华为人产生的工作失误，乃至组织决策失误也因此日渐减少。这种和睦、互助的环境，也为华为取得今天的成绩提供了一个稳定的内部构架。

当然，由于内部客户关系的相互性，彼此间的服务也具有相互性。企业在建立“内部客户服务”制度的过程中，也必须让员工明确在各自的工作岗位上自己何时为客户、何时为服务提供者，这样才能正确地提供和索取服务，企业才能真正达到内部协调一致的目标。

4.3.2 建立一个持续输出的内部人才市场

任正非在华为2013年干部工作会议上讲话指出：“内部人才市场、战略预备队的建设，是华为转换能力的一个重要方式，是以真战实备的方式，来建立后备队伍的。内部人才市场，是寻找加西亚与奋斗者的地方，而不是落后者的摇篮。内部人才市场促进的流动，不仅让员工寻找自己最适合发挥能量的岗位，也是促进各部门主管改进管理的措施，流动就焕发出生命力。”

【辅助阅读】内部人才市场

所谓的“企业内部人才市场”，是一种为人才供给与需求相互选择提供服务的内部机构。简而言之，就是建立在企业内部的人才中介。它的存在，能够帮助企业更好地实现人岗匹配，以达到人才与用人单位共同获益的最终目标。松下电器创始人松下幸之助与海尔教父张瑞敏等人都是构建企业内部人才市场的先行者，而建设内部人才市场也是当下企业人力资源建设的一个重要研究方向。

加西亚是反抗西班牙殖民统治的古巴起义军首领，是拉美人民心中典型的奋斗者形象，他坚持与西班牙侵略者斗争到底。美西战争爆发后，美国必须立即跟加西亚取得联系。而加西亚藏身在古巴丛林，没有人知道他确切的地点，最后，美国总统不得不将希望寄托在一个叫做罗文的年轻人身上，罗文带着总统的亲笔信，耗时三个星期，徒步走过一个危机四伏的国家，把那封信交给加

西亚。

华为的内部人才市场，就是要借助“人力资源池”等工具，让华为更好地找到“加西亚”，而不用走太多冤枉路。具体来说，在建设内部人才市场方面，华为正逐步通过重装旅、重大项目部、项目管理资源池这些战略预备队，来促进项目运行中组织、人才、技术、管理方法及经验的循环流动，从项目的实现中寻找更多的优秀干部、专家，带领公司前进。

华为的内部人才市场给予了华为人更大的职位上升空间和能力施展空间，在该制度出现之前，华为员工如果不喜欢自己的主管，不喜欢手头上的工作，但又觉得华为待遇不错，为了拿工资，就只能忍气吞声，最后不仅自己工作得累，公司也没有得到理想的效率。内部人才市场出现以后，华为员工不愿意在某个部门干了，不愿意干某个工作了，可以自愿把薪水停了，去华为大学进修，完成学习后通过能力考评竞聘自己理想中的岗位，为自己赢得机会。同时，内部人才市场也可以督促部门领导坚持提升自己的能力以及改善自己的带队方式，在这一制度下，倘若你这个领导很差，带不出业绩，那么你的大多数员工就会跑掉，你的考评也将无法达标。这是一种巨大的压力，同时也是前进的动力。同样的道理，员工也要承担停职出来学习后上不了岗的风险，以及降低薪酬的风险。从这一角度看，华为的内部人才市场策略，很好地从正向激励以及危机激励两个方面做到同向施压。

为了推进华为内部人才市场的规范化，并且充分保证企业运营不会因员工大量轮转而产生波动，任正非还规定：“任何人都可以报名要求到华为大学来重新调配工作，但要避免震动太大，可以一步一步来。我们允许员工毛遂自荐，毛遂自荐不是说我到北京去，而是我有能力，我希望到艰苦的地区去，到艰苦的岗位去，到最需要的地方去，我去做项目，把表格、成本核算、制度做好，以此证明自己确实是一个优秀人才，从而获得更多的机会。”

而且，华为也不会为这些主动加入内部人才市场的人承担经济压力，2011 年 1 月 4 日，任正非在《华为大学干部高级管理研讨班上的讲话》中说：“从选拔制开始，推广员工主动学习进步是自己的责任，不是组织的责任。我们做一个平台，所有岗位的应知应会，全在这个平台上，掌握应知应会是你的责任。应知应会是公开的，你想做这个职务，你得利用业余或休假时间好好学习，付费考试，网上考试成功了，就给你面试机会。面试也要收费。任职资格评价的时候，我们就不再收费了。像考托福一样，考一次交一次钱，考级考过了就给你一个证明，证明你的任职资格，这样应知应会的问题也解决了。"

通过内部人才市场制度，华为使得大部分员工都拥有了轮岗晋升的机会和能力，在充分保证员工个人发展的同时，也让企业实现了最优化的人才分配，让每个员工都能为企业的兴盛和繁荣贡献出自己的力量。

4.3.3 整合内部资源，让产出最大化

在推动内部市场化的过程中，华为的第三个重要举措就是整合内部资源，做到内部合作的市场化。

在过往的企业市场实践里，有一项非常重要的内容，就是资源的调配和利用。从某种意义上讲，企业的竞争力不仅仅是看谁拥有足够的资源，而是体现在企业利用资源来创造价值的能力。在经营华为的过程中，任正非便发现，华为在内部资源调配上存在许多问题。

【辅助阅读】德鲁克的资源管理观

管理大师彼得·德鲁克非常重视资源利用在项目管理中的重要性，他常常告诫身边的管理者必须学会对一切资源进行管理，并且强调："智力、想象力及知识等才能只是资源，资源转化为成果是靠管理者的有效工作。最成功的企业，一定要在内部建立起一个资源可以优化利用的平台。"

1999 年，德鲁克出版了《21 世纪的管理挑战》一书，并将"新经济"的挑战清楚地定义为：提高知识工作的生产力。在该书中，德鲁克一再强调，作

为生产力保障的企业内部资源能够得到高效利用，直接关系着知识工作的最终产出。

2003年，在与IBM进行咨询合作的过程中，任正非发现，华为在推进项目过程中问题重重，先不说交付质量的好坏，单就交付日期而言，华为的项目交付往往存在延期交付或压线交付的状况，有些项目的交付时间，甚至是爱立信、思科等竞争对手的两倍不止。在如此差的效率之下，想要获得客户的认可显然是十分困难的。

IBM顾问团队研究发现，造成华为交付效率低下的原因很简单，即企业内部资源的调度不善。当时，华为的许多研发人员虽然也有比较强的内部服务意识，但因为要完成自己的交付工作，对于别的协作需求往往不得不一推再推，很多协作的工作内容，都只是名义上必须配合。加上这些任务对他们的工作效益或绩效并没有太大的影响，于是，很多人都会选择明哲保身，使出打太极的诀窍：以自己手头的工作太多无法有效协作为由，将协作任务推给别人。

“你为了完成自己的任务，不仅不去全心全意地配合你的战友，还把资源牢牢地把握在自己手里，这或许能让你及时交付自己的工作，但公司的整体效益谁来保证?”为了摆脱这一现状，任正非指出，“华为要坚持做好内部市场化，要在服务内部客户和优化内部人才配置的基础上，做到对企业内部资源的优化组合，让产出最大化。”具体来说，华为的做法就是梳理岗位，因需设岗，服务一线。

为此，任正非在《CFO要走向流程化和职业化，支撑公司及时、准确、优质、低成本交付》的文章中指出，“公司整个管理体系目前正处在流程化和职业化建设的阶段，我们认为现在启动CFO管理体系建设的时机已经成熟，希望CFO到位以后，既能保证业务高速增长，又能帮助公司减少浪费、降低成本，同时要注意防止局部优化对全局可能造成破坏。任何时候，做任何事情必须有端到端的视野。”

2009 年，在 EMT 决议［2009］002 号文件中，华为再次明确了这一策略，并指出，“我们要按从一线到机关的流程指向，逐步梳理从一线到公司机关的岗位，精简流程中不必要的环节和多余组织，整合职能重叠的功能部门。逐步由具有一线成功实践经验的人员置换机关岗位中无一线经验的任职者，以强化职能部门对一线的支撑和服务能力。”

内部市场化，绝不仅仅是人的市场化，而是以人力资源为核心的企业整体内部资源的市场化。华为通过对人员岗位的梳理，形成一条服务于流程和交付的统一战线，使得每个人都要对交付负责，都要切实做好协助工作。如果不能，在绩效考评中被其他项目组的成员评价为“不配合”，那么，其个人绩效也会受到影响。对于这样的人，华为是不会予以提升和重用的，如此一来，就督促每一个华为人，不管你身处何种岗位，一定要在做好本职工作的基础上，兼顾协助工作，充分保证企业的整体效能，让产出最大化。

4.4　提高人均效益

提高人均效益是企业市场实践的一个重要目的。众所周知，企业产出的最大化源自人均产能的增长，一个企业，只有每个人都是高产的，这个企业的整体效益才能得到保证。因此，提升人均效益也是每一个企业领导者和人力资源建设者最大程度挖掘员工潜能的目标之一。

为了保证人均效能的提升，华为主要采取三方面的措施：第一，区分行政职位和产出职位，减人增效；第二，以精兵战略保证产出；第三，强化岗位能力，在实践中解决问题。通过这三方面的协调配合，华为有效保证了在人均研发费用每年 2.5 万美元之多的情况下，仍然有着广阔的利润空间可以挖掘。

4.4.1 区分行政职位和产出职位，减人增效

任正非认为，一个企业最好的状态应该是能者多劳，即一个人能干很多事，而公司也没有闲人，更不养闲人。两个人干了四个人的工作，不要紧，华为可以让你拿三倍的工资。这也是华为“高工资”的一个重要原因。很多人不理解，给两个人开三倍的工资与雇用四个人相比，明显是前者更亏，华为为什么要这么做呢？

事实上，任正非的逻辑很简单，就是要减人增效，创造一种高绩效的企业文化，把每个人都锻炼成能征善战的市场尖兵。而且，招聘一个月薪3 000元的普通员工看似省钱，但每年的人工成本却高达8万元左右，与其如此，还不如将这部分钱分摊给能够承担更多任务的员工，给他们每人涨3 000元的绩效，其工作效率必然会发生极大的改变。

【辅助阅读】减员增效的经营逻辑

减员增效是指通过持续重组和深化用工制度改革，使员工总量逐年减少，员工队伍素质逐年提高，员工队伍结构逐步趋于合理，在人工总成本得到有效控制的基础上，使劳动效率有较大幅度提高。

企业减员增效所带来的收益主要有以下五种：

（1）降低企业运营成本和人工成本，改进绩效；

（2）减少员工总量，减轻人员开支压力，进而减轻企业经济压力；

（3）优化员工与岗位配置关系，实现优胜劣汰，提高企业人力资源质量；

（4）适应企业业务的重组、分立、撤销等结构性调整，优化人力资源结构；

（5）对企业员工造成一种从业压力，促使员工自我提高，提升工作效率。

在华为，一个部门经理只能干3年，这3年中，第一年的任务就是精简人员，要尽可能地合并行政职位，让产出岗位精细化。所谓产出岗位，是指研发经理、市场经理、客户经理。对于这些直接关系到企业效益的产出岗位，华为的做法是让他们“发财”，鼓励他们多打粮，而手段就是充分地“去行政化”。也就是说，产出岗位不需要处理行政上的琐事，只需要专心“产出”就可以了，而且，待遇还要高，甚至堪比总裁、副总裁。

对于行政职位，华为则采取“合并同类项”的方式，尽可能地精简人员，在按劳分配、多劳多得的分配原则下，给予相应的工资待遇。为此，华为人力资源部门在招聘的时候往往要搞清楚三个问题：第一是为什么要招这个人；第二是他能做出什么独特贡献；第三是这个岗位是不是无法被合并，能不能通过加工资的方式交给别人做。通过这三个标准来判断企业是否迫切需要这个人，是不是应该招聘这个人。

2004年2月19日《华为管理优化报》第215期刊登了任正非在干部工作会议上的讲话，任正非说：“我们处在一个变革时期，从过去的高速增长、强调规模，转向强调效益的管理变革，以满足客户需求为目标，从而获得持续生存的能力，在这个变革时期中，我们都要有心理承受能力，必须接受变革的事实，学会变革的方法。”同时，任正非也强调，“华为永远要合理地减少非生产性人员，增加专业与业务人员，才有可能提高人均效益。各级干部一定要把自己部门内部效率低、无贡献的人淘汰出去。”

事实上，任正非的呼吁，何尝不是在告诫广大企业经营者，依靠人海战术打赢商业战争的年代已经过去了，21世纪的企业竞争，是人才的竞争，更准确地说，是人才单位产出的竞争。抛开人均效益谈企业目标，如缘木求鱼。

4.4.2 以精兵战略提升人均效益

华为提高人均产出的第二个做法是推行精兵战略。2015年7月，任正非在华为消费者BG 2015上半年总裁致辞中说：“业务增长得益于人，我们的队伍是取得未来成功的关键。我们将继续贯彻精兵战略，优化组织，提升组织效率和人均效益。这个时代不是靠人海战术，一群乌合之众，晕头晕脑的家伙根本打不了胜仗，我们的队伍一定要精悍。”

【辅助阅读】战争中的精兵战略

众所周知，二战期间，德国之所以能够快速击溃欧洲各国，一方面是因为英、法等强国坐视不理，另一方面则是因为德国名将古德里安创造了“闪电战”的战争模式。

闪电战是第二次世界大战期间德军经常使用的一种战术，它充分利用飞机、坦克的快捷优势，以突然袭击的方式制敌取胜。事实上，闪电战就是德军对精兵策略的有效运用。首先，从硬件条件来说，拥有飞机、坦克等先进的作战工具的部队，必然不能是民兵武装，在个体装备方面必定也要配备精良。其次，闪电战有三个重要要素：快速、出奇、集中。一般的弱旅是很难同时具备这三个要素的。所以，德国用以执行闪电战的6个装甲师、4个轻装甲师，以及4个摩托化师，都是从原德军各部中抽调的优秀军官。也正是由这样一支精英部队发动闪电战，德国才能在27天内征服了波兰，1个小时攻克丹麦，23天拿下挪威，5天降服荷兰，18天占领比利时，39天击溃了号称拥有“欧洲最强陆军”的法国。

近年来，华为同大多数国际企业一样，一直在倡导精兵战略，而事实上，任正非对“精兵”的执着是伴随着华为发展的始终的。早在华为创立之初的人力资本主张中就明确阐明，华为要以业务为驱动，建立压倒性人才优势，聚焦价值贡献。随着华为的不断发展，任正非的优势人才观念更加成熟，华为也开始不仅仅只是聚焦于优势人才，而是力求通过自身的建设，把每一个华为人都变成“精兵”。

为了实现人才增值目标，多年来，华为主要采取了三大策略。

首先，华为坚持将任职资格体系与人力资源价值链紧密结合。

1996 年，华为邀请 Hay Group 人力资源管理公司帮助建立人力资源管理体系的基本架构。其中为社会所熟知的，是公司引进的任职资格管理。华为在引进了任职资格管理、绩效管理等专业管理方法后，结合自身情况，将这些人力资源的专业技能、工具和方法，与《华为公司基本法》里所提倡的公司的人力资源价值链，即“价值创造、价值评价，以及价值分配”紧密地结合在一起，把华为的核心价值元素通过西方先进的管理工具和方法植入整个人力资源管理体系，对人力资源的单位价值提升给予了体制与评价保证。

其次，强调个人绩效以成果为依据。

任正非要求，华为的工作评价要以工作结果为导向。也就是说，你的能力高低、产能高低，统统用结果说话。用日本经营之神松下幸之助的话来说，“一个部门或者一个员工，很努力，但没有效率，没有成果，那么，他们的努力对公司而言便都是有害无益的行为。”

正是在这种以成果为导向的绩效要求下，华为早年才得以保持 100% 左右的年增长，2003 年华为的销售收入为 317 亿元，毛利率达到惊人的 53% 。同年，海尔、联想、TCL 这三家在中国电子信息企业中营业额排在前三名的企业，利润总和加在一起，才约等于华为一家。2016 年，华为销售收入的挑战目标是 818 亿美元！这个数字将有可能是百度、阿里巴巴、腾讯这三家中国顶级互联网企业收入总和的两倍。

最后，坚持优胜劣汰，人尽其才，给予优秀人才更多的机会。

任正非要求“华为各级主管要善于用人所长，人尽其才，加大干部内生式成长，给予优秀人才更多的机会，大胆提拔；对于不合适的人坚决淘汰”。多年来，华为一直保持着高工资、高压力、高淘汰率的亢奋状态。每年员工的淘汰率都在 5% ~10%，而伴随着落后人员的淘汰，华为每年又会接收几千名甚至上万名的新生力量，这些新人在为华为带来蓬勃的朝气与惊人的创造力的同时，华为也为他们提供了充分的展示自我的舞台，任正非曾对华为新人表示："只要你热爱终端领域，就有实现梦想的可能；只要你够优秀，就有可能被看到、被快速提拔！"今天的华为，"80 后"已经成为研发队伍的中坚力量，而在销售市场上，"90 后"的项目经理也层出不穷，良好的轮岗和晋升机制让每一个渴望成功的华为人都能勇于拼搏，努力提升自己的个人素质，为业务和效率的提升"抛头颅、洒热血"。

当然，华为倡导精兵战略，并不是一味地压榨员工的潜力，任正非强调"未来华为的业务成长空间巨大，虽然人员不会大规模增长，但在收入和利润持续提升的前提下，员工个人回报必将得到更大幅的提升。不让奋斗者吃亏是华为永远不变的承诺。"

4.4.3　强化岗位能力，在实践中解决问题

2008 年，华为的营业收入为 128. 4 亿美元，比 2007 年仅仅提升了 2. 8 亿美元，但净利润却从前一年的 6. 74 亿美元提升到 9. 57 亿美元。如此巨大的效益提升与华为终端业务的发展有直接的关系，同华为的内部改革也有必然的联系。无论是 IFS 变革，还是管理人员领导力建模，都为华为的巨大进步打下了坚实的基础。

在获得巨大进步的过程中，任正非并没有自满，而是一如既往地寻找问题，发现问题，并思考如何解决问题。任正非发现，华为的经营目标始终是清晰的，"以客户为中心，以奋斗者为本"的价值理念也是明确的，但是，在追逐目标的过程中，很多岗位上的华为人执行能力严重不足。比如，办事处部分人员仍然不能准确地向客户介绍公司的产品，管理人员在员工绩效考评方面仍然存在着一定的感情色彩。这种岗位能力不足的问题如果不能得到有效解决，华为的未来势必堪忧。

【辅助阅读】目标实现与执行者能力的关系

被美国《时代》杂志誉为“20 世纪最伟大的管理学家”的菲利普·克劳士比认为，目标的可实现性与执行者的能力成正比例关系。所谓目标的可实现性即在现实条件下，目标是否可行、可操作。

我们常看到这样的情形：管理者过于乐观地估计当前形势，低估了达成目标需要的条件，这些条件包括硬件条件、技术条件、系统信息条件、团队环境条件等，特别是人力资源条件，导致管理者制定了一个高于实际能力的目标，员工通宵达旦地工作却无法实现目标。

所以，克劳士比指出，清晰的目标是目标实现的重要因素，但执行者是否具备执行的能力却是目标实现的基础。目标的实现与能力成正比。当员工能力与目标相匹配，目标才更有可能实现。在此基础上，克劳士比提出了“第一次就做对”的理念，并掀起了自上而下的零缺陷运动。

任正非认为，员工岗位能力低下，将会导致大量问题累积，这些问题会成为华为完成企业目标的巨大障碍。所以，华为人遇到问题时，不应该随意地将其放置一边，而是应该毫不遗漏地尽快解决。而每一个难题的顺利、完美解决，又将加强华为人下一步工作的信心和动力。

为了强化员工的岗位能力，华为除了采用赋能培训教授技能，以及通过全员导师制传承实践经验以外，还通过扩大岗位职能的方式培养“多能工”，在华为，身兼数职、一专多能的人比比皆是。

《华为人》第 266 期刊登了一篇名为《小地方也有大作为》的文章，文章介绍了华为西宁办事处的工作方式：

西宁办事处只有办事处主任和员工两层组织。每个人都要承担多个角色的工作，更需要按照 CC3 定位角色和推进项目运作。客户经理兼任系统部主任职责（AR），更多地考虑如何经营运营商市场使其更有价值；产品经理兼任SR和产品部主管职责，注重全方位拉通梳理客户痛点，管理项目的细节和进展；项目经理兼任FR，不时发现和反馈网络痛点和销售线索。

所有CC3成员均背负着自己的KPI，并按照项目组规范运作项目。办事处主任是战地指挥官，精通每一个业务点，时常手把手指导团队作战；客户经理可以做产品交流，产品经理深入客户关系并兼任SR；服务与交付的兄弟随时可以兼职项目经理，身兼数职，一专多能，使每个人都得以迅速成长，担当重任。

在这里，白天，大家都在拜访客户，解决问题；夜里，办事处会议室永远坐满，一个个项目的分析、问题的讨论、决策的制定，都从这里传出。

很多企业都希望通过明确岗位职责的方式界定员工责任，甚至认为责任划分得越细致越好，然而结果却是，责任划分越细，一个岗位出了问题，没有人愿意去“补位”，而且也没有去补位的能力，因为他们连基本的执行能力都没有，根本不知道应该怎样“补位”。

在今天的华为，这样的状况是绝对不会存在的，一个项目组的所有成员都在的时候，大家便各司其职，相互协助，一旦负责某一环节的人出现意外情况，立刻便会有至少两三个人都能顶上来，代替他的工作。即便是遇到一些比较棘手的问题，项目组的成员也能通过深入的沟通和探讨一起解决问题。当一个企业所有人都拥有胜任自己岗位，甚至胜任更多岗位的能力时，这个企业的创造力又怎么可能会低呢？

4.5　内部比武与择优

同市场被区分为外部市场和内部市场一样，通常而言，企业面临的竞争也可以分为两种，一种是与其他企业的竞争，也是企业攫取生存机会的竞争；另一种则是企业内部部门与部门、人才与人才之间的竞争。这种竞争引导得好，便会是企业实力增长的驱动力，引导得不好，便会导致恶性破坏，在消耗企业资源的同时，挫伤企业在外部竞争中的战斗力。

在华为，任正非等一干高管始终关注企业内部人才的激活与人才竞争环境的公平化建设，希望通过良性的内部比武，推动人才择优工作的发展，让华为人在奋斗中不断进步。

4.5.1 以内部竞争激活沉淀层

“组织中一旦出现沉淀层，这个组织距离腐朽的棺椁便迈进了一大步。”凯恩斯曾经用这样的比喻警示企业家，一定要小心员工惰性的滋生。事实上，群体惰化俨然已经成为当下老牌企业不得不面临的一个难题。

员工在一个企业中工作一定时间之后，当其职位上的晋升和待遇上的增长双双达到瓶颈时，惰化就会出现，员工的工作积极性以及学习意识就会不断下降，最终导致其不仅不能为企业创造可观的效益，甚至还会拖企业的后腿，成为企业健康发展的绊脚石。那么，如何才能充分激发员工的进取之心，令其时刻保持奋斗状态呢？

事实上，在华为发展的过程中也曾遇到类似的问题。当华为取得一定成绩的时候，一些曾经劳苦功高的“老人”便开始贪图安逸，尤其是那些每年都能拿到大量股票分红的老员工变得得过且过，而这样的情绪会感染更多人，破坏整个企业的奋斗氛围。

【辅助阅读】以鲶鱼效应破除员工懒惰

挪威人很喜欢吃沙丁鱼，活的沙丁鱼在市场上价格很高。沙丁鱼生性懒惰，喜欢挤成一团，渔民返航的路途又长，所以大部分沙丁鱼都会在鱼槽中窒息而亡，只有很少的沙丁鱼能存活下来。可是，有一条渔船却总是能让大部分的沙丁鱼活着回到渔港。原来，这条渔船的船长每次在捕鱼时总在装满沙丁鱼的鱼槽里放几条沙丁鱼的天敌——鲶鱼，鲶鱼进入鱼槽之后，由于环境陌生，便四处游动，沙丁鱼见到鲶鱼后十分紧张，于是加速游动，四处躲避。如此一来，沙丁鱼便能活蹦乱跳地被运回渔港。

这种被对手激活的现象实际上就是大家熟知的鲶鱼效应。鲶鱼效应之所以会存在，主要来源于生物与生俱来的危机感，沙丁鱼看到鲶鱼后，会认为鲶鱼不怀好意，因此会防范并加速游动，这样水就活了起来，沙丁鱼也不会窒息而死了。

鲶鱼的存在，激发了沙丁鱼的活力，让它们为了生存而奋力游动。对企业来讲，竞争带来的危机感就是企业的鲶鱼，唯有不断地竞争和比拼，才能让员工始终保持一种“被激活”状态，时刻保持危机感和奋斗意识。

为了充分保障奋斗者的利益，强化艰苦奋斗精神，将那些“沉淀”下去、丧失活性的老员工重新激活，任正非号召华为人要有一种“比武意识”，要通过轮岗换位、竞聘上岗、绩效承诺等方式竞争起来，“消除沉淀层，保持奋斗者姿态”。

华为在人才竞争机制上的第一大特点就是“饿狼逼饱狼”。所谓“饿狼逼饱狼”，就是指在岗位晋升上，每一个岗位都会有 3 到 4 个满足任职资格的后备人才等在那里，如果你在这个岗位上，就必须努力做出成绩，否则，马上就有人来接替你。

民营企业有个通病，就是老板通常觉得自己没有后继人才，一个职位往往只有某个人能做，离开他甚至要被迫停产，而在“饿狼逼饱狼”的华为，从来不用担心离不开谁，通过 CEO 轮值制度，就算离开了任正非，华为都一样能够健康运转，更遑论那些普通的干部和员工。华为还坚持易岗易薪制度，一旦职位下调，其薪酬也势必会受到影响。所以，在华为，没有人能够贪图安逸。所有人都在不停地学习，不停地创造业绩，防止自己在与同侪的竞争中落人下风。

无独有偶，备受中国企业家推崇的另一家标杆企业海尔在推动企业内部竞争方面与华为的做法十分相似。

张瑞敏通过“赛马不相马”的人才发展理念，保证了人才潜能能够充分发挥。在“赛马不相马”的理念下，海尔在用人之初，便将员工定义为“人人都是人才”，而人力资源部也不像其他公司那样，负责开发和培养员工，而是负责研发如何开发员工潜能的政策。激发出员工潜能之后，海尔又根据赛马“优胜劣汰”的规律，将所有岗位面向员工开放，所有岗位都是竞争上岗，谁有能力干什么职务，便竞争哪一职务，无能力者则要退位让贤。“相马”难免会有看错的时候，而“赛马”则如同八仙过海，各凭本领，将命运掌握在员工自己的手中，喜欢什么岗位就竞争什么岗位，胜任什么岗位就干什么岗位，如此一来，公司员工的积极性便被最大限度地调动起来。

无论是华为“饿狼逼饱狼”也好，海尔的“赛马不相马”也罢，实际上都是在寻找激活并运用人才的最佳方法，而无论怎样，都一定要记住，一定不能让你的企业中出现沉淀层，用任正非的话来讲：“公司一定要铲除沉淀层，铲除不负责任的人。对于这样的人，一定要把他的正职撤掉，等到有新的正职来时，副职甚至也不能让他干。而对于那些长期在岗位上不负责的人，如果不能决心把他们辞退，这个队伍还有什么希望可言？如果你不能认识到这个问题，你就不会有希望，你的企业肯定会死亡。”

4.5.2 推行内部比武，择优取才

在华为，除了竞聘上岗、集体辞职等几种激活沉淀员工的方式以外，还有一个促进员工进步的方式：内部比武。

内部比武的性质有点类似于众多企业都进行过的员工技能大赛，是内部员工与内部员工的较量。与一般性质的技能大赛不同的是，华为的内部比武既有正式比赛，又有日常工作中的随机较量，因而，形式也更多样，更加灵活。

【辅助阅读】内部比武与同侪压力

一个人受团队中其他成员的影响，会改变其原本可能作出的行为，团队中的同侪压力对个人的行为具有强大的影响。

就像心理学家米尔格拉姆所说的那样，"最能影响人们行为的因素就是还有一个人也在场。"事实上，华为的内部比武，就是一种内部施压的过程。内部比武的主要目的不是提升技能，以同事之间比拼的方式提升员工的危机意识和进取心，才是比武的真正意图。有了这种比较，员工才能在培训和工作中更好地学习新的知识，总结成长经验。

1996 年，任正非在华为劳动工资汇报会的讲话中第一次正式强调了比武的概念，他说："比武也是做实，比武的目的就是要选优，尤其是在华为公司第二次创业的过程中，这点绝不动摇。全公司有很多比武，各项比武都要规范化，逐渐地变化，我相信明年和今年是有区别的，明年和后年可以有很大的进步，年年都有进步，就可以把优秀人才选出来。你不要以为大比武就没有用，眼前看不出成果，两三年以后华为公司绝对是最优秀的，大家知道是怎么回事了，就会不断努力，时时感觉到压力，就会不断地去学习。"

有人曾经为华为的内部比武以及与友商的联合比武做了一首打油诗，诗中说华为比武有十大怪："冤枉"投资办竞赛，公司全员不懈怠；还没中标先叫卖，意外收获在场外；总代二代比能耐，客户经理炒大菜；友商渠道跑得快，现场"吐槽"一麻袋；大叔对决小正太，阴盛阳衰人人爱。

打油诗虽然滑稽，但却高度概括出了华为内部比武的特点。首先，从通行的价值观来看，投资比武竞赛对员工能力的提升有益处，但见效缓慢，不能立即反映到销售数字中，一般企业不愿意大规模举行这种活动，而华为在过去近 20 年中，几乎年年都会举办，看似在花"冤枉钱"，实际上却充分起到了督促员工“全员不懈怠”的效果，不想给你和你的部门丢人，不想被同事们比下去，想要通过比武让更多的管理者认识到自己，那么，唯一的途径就是努力提升自己，赢得比武。“总代二代比能耐”“大叔对决小正太”等怪现象，则充分反映了华为比武的公平性，擂台上不分职位、年龄和资历，只有输和赢，以及在比赛中建立的深厚友谊。多年来，华为人正是在这样一次又一次的比武中茁壮成长起来的。

为了鼓励员工积极参与内部比武，任正非还规定：“比武不要求全责备，考总比不考好，考了以后再考就有经验了。在比武的过程中，管理部门要尽快引导、尽快达标。而且，能够参加大比武的不仅是华为现有的38个大工种，还有很多小工种可以参与进来。每个工种比武结束都要根据成绩进行表彰。例如，有70%的优良就选70%的能手，并且要给这70%的人涨工资。另外，比武后的成绩还要记入员工档案，作为员工考评和晋升的一个标准。”

通过这种内部比武制度，华为的员工获得了长足的成长，华为大比武2015年售后维护铜奖得主正海宇就曾感慨：“作为每年一度的个人技能比赛，公司的内部大比武时刻都在督促我们不断进步，去年我在比武中没有取得成绩，今年我的目标就是一定要得奖，而今年得铜奖了，我明年的目标就是拿个金奖，总之要进步，不管是在市场实战还是在比武中，都不能被战友们比下去。”

4.5.3 实现人职匹配，把秀才变成战士

事实上，公平公正的内部比武对于企业的意义远不止于激发员工意志，运用得当，它甚至能够真正做到任正非所说的“把秀才变成战士”。

在企业经营实践中，除了担心员工能力不足的问题以外，很多老板还会担心企业人才的流失，尤其是在与高科技密切相关的互联网企业，甚至有人说，类似华为、百度这样的高科技企业，一旦失去了人才，就和一个储物仓库没有什么区别了。这句话有一定的道理，但也不尽然。事实上，华为可以说是最不

畏惧人才流失的企业之一。

2000 年年底，任正非提出内部创业的主张，次年，以副总裁李一男为首的大量华为精英出走，公司人才结构几乎失调，甚至连市场也受到影响停滞不前，然而，华为并没有因此倒下，就在这些人才流走的同时，一大批刚刚步入社会的青年才俊争相加入华为，实际报到的学生总数高达 6 500 人。尽管华为为消化这批新人耗费了极大的财力和物力，但这些人经过洗礼之后，有很大一部分人都成了华为继续野蛮生长的新鲜血液。

任正非曾经问华为人力资源部的员工："如果房玄龄到我们公司来应聘，我们是录用，还是不用?"事实上，任正非之所以有此一问，就是想告诉华为人力资源部门的员工，企业在招聘人才的时候，不能看到对方是个人才就招进来，房玄龄不是不能招，但招聘之前要先考虑清楚招聘他用来干什么，一定要考虑到人才与职位的匹配问题。华为推行内部比武，并不是比过了颁个奖就完了，比武的结果会直接用来衡量该员工是不是符合岗位需求，能不能胜任更高的职位。

彼得·德鲁克说过，某人的不称职，只在于不称于此职，而不是说别的职位也不胜任。所以，选拔某人出任这个职位是我的错，我应该负责找出此人的长处来。德鲁克所阐述的道理就是"没有不称职的员工，只有不称职的管理"。

也就是说，不称职的根源是人力资源管理者在分配工作时没有把员工的个人能力与其所从事的工作相匹配起来，才导致了工作的错位，造成员工能力的埋没。事实上，华为通过内部比武，不仅在提升员工能力方面效果显著，在发掘员工能力方面同样收获颇丰。据统计，仅 2006 年一年，通过内部比武展现出更多业务能力而被调岗的员工便有 177 人，2011 年这个数字提升到了 482 人。为了配合这种调岗制度，任正非还提出了岗位职级循环晋升制度，确保华为人力资源管理机制随着人才能力的提升而优化升级。

【辅助阅读】华为的岗位职级循环晋升

2014 年 6 月 24 日，任正非在华为人力资源工作汇报会上指出，华为要逐步实施岗位职级循环晋升，实现人职匹配，激发各单位员工的进取意识。简单来说："以岗定级不能僵化。以后有少部分优秀人员，没岗位但允许有个人职级，要看重这些人有使命感、创造力。如果脱岗定级的问题现在找不到合适方法来操作，就把优秀人员的岗位职级先调整了，然后他自己再去人岗匹配，程序还是不变，这个机制就叫做'岗位职级循环晋升'。"至于具体怎么去操作，扩大到多大的规模，任正非表示，"这需要华为人力资源管理部门去摸索，不要问我，我也不知道，我只知道优化是一个长期的过程。"

通过比武发现人才，再通过岗位匹配和岗位职级循环晋升，华为公司人力资源管理在生态环境建设上取得的一个重要成果就是形成了一套"把秀才变成战士"的机制。

作为一家知识型科技企业，华为员工中研发成员占总人数的一半以上，而其 95% 以上的员工都是从学校走出来的。这些弱不禁风的高才生经历了华为市场实战与内部比武的洗礼之后，往往随便走出去一个都能执掌一方。华为董事、高级副总裁张平安，华为消费者 BG CEO 兼华为终端公司董事长余承东，都是经过这样的步骤，一步步摆脱书生稚气成为一方将帅的。

华为以狼性文化克服了员工的惰性，以奋斗者文化提升了员工的进取心，虽然以高薪为员工打造了一个银饭碗，但是，用华为咨询专家吴春波的话来说，"这个银饭碗里面是没有饭的"，初到华为的书生们想要吃饱饭，想要不被末位淘汰制淘汰，就只能勇往直前，不断地比武，不断地进取，在艰苦条件下不断成长，不断地"攻城略地"，最终成长为一名合格的战士。其实，从某种意义上讲，人力资源管理所做的工作，就是把秀才变成战士，把野马变成战马的过程。

第 5 章　聚焦创造与贡献

我不会拿华为的生命垫底成就个人野心。我们必须要在一个主航道上，以价值为中心，尤其是以客户价值为中心，聚焦价值创造，先谈贡献，再说其他。

——任正非

导语：个体创造与价值贡献的融合

在员工责、权、利关系上，华为以企业整体战略的实现为目标，坚持以流程责任的落实维系三者之间的平衡，强调在承担责任的基础上享受权利，强化人、岗、薪的等量关系。在此基础上，华为强化商品化导向，直指员工的成果创造，为工作行为指明方向。

华为员工必须在突出团队价值的基础上，实现个人利益和价值。这样既厘清了个人价值、团队价值、企业价值三者之间的实现关系，又在企业内部建立起了一个相对完善的“自愈合”机制，为建立高素质、高度团结的员工队伍奠定了坚实的基础。最后，在价值实现过程中坚持结果论，根据工作结果对员工工作进行评价和奖惩，有效调动每一个员工的能动性与创造性。

为了更好地督促员工创造价值，华为又辅之以相应的正负激励策略，对高创收者予以奖励，对低产出者予以相应的惩罚，从而更好地刺激企业成员把创造价值与贡献放在至高的位置，督促员工的价值创造行为，有效地将企业盈利目标落实在每一个员工和每一个执行环节之中，使得局部服务于整体，流程服务于最终目标。

带着问题阅读：

1. 平衡责、权、利的基本方法有哪些？
2. 以商品化为导向的人才管理对干部有何要求？
3. “以团队价值为基准”理念如何落地？
4. 如何看待过程、结果与贡献三者之间的关系？
5. 怎样做到正负激励的平衡，并使其作用于价值贡献？

5.1 明确责、权、利

在人力资源管理中，责、权、利的落实是一个永恒的话题。责任、权力、利益，三者之间相互制约并相互作用。员工在承担责任的基础上享有一定权力，并且能够通过责任的担当和权力的行使获得相应的利益回报，这样他们才能开足马力地工作。反之，如果只是单纯地承担责任，而不能享受权力和利益，那么，员工便会失去担当之心。所以，在落实员工责、权、利的问题上，一定要强调对等的概念，即负有什么样的责任，就应该具有相应的权力，同时也应该取得相对称的利益回报。这样的等量关系如果无法明确下来，企业在执行层面势必一片散沙。

为了明确各个职位员工的责、权、利，华为主要作出了四项要求，第一，坚持端到端的流程责任制，以明确的流程责任强化干部和员工的责任意识；第二，明确岗位和职级权力，让权力与责任对等；第三，坚持人岗匹配、易岗易薪原则，保证利益与责任的对标；第四，以群体价值为导向，责、权、利向整体目标倾斜，实现个人与企业的统一。通过这些方式，华为有效地达到了“人在其岗，即尽其责”的理想执行状态，充分保证了企业执行效率的提升。

5.1.1 坚持端到端的流程责任制

企业落实流程责任制的过程，其实就是明确员工责任与义务的过程。

麦肯锡管理咨询顾问保罗·弗里嘉曾说："在麦肯锡公司，对于项目组成员而言最重要的职责之一就是要对自己的工作负责，每位成员不仅要清楚全局，而且要对自身在流程中被分配的任务负责。"事实上，华为也有类似的要求。

【辅助阅读】流程与责任

流程就是一系列活动从输入到输出的组合，在这些活动中，人员、设备、资材、信息等要素相互配合，共同作用，并按照一定的先后顺序进行，最后便会产生客户期望的结果。

从公司利益的角度出发，必须对流程进行宏观管控，才能最大程度上达到预期的目的。责任是流程管理的核心和根本保证，只有每一个流程环节都能找到确切的责任人，通过规范责任人的工作质量，时刻给予督导和管控，流程的畅通性以及最终的成果输出才能得以保证。

华为要求研发、销售以及核心制造等依靠客户需求拉动的部门，必须实行全流程贯通，落实每一个岗位的职责，保证从客户需求开始，流经整个企业运营系统，再回到客户端的"端到端"的服务能够顺利实现。

2014年，任正非在《做谦虚的领导者》发言中指出，"华为必须坚持端到端的打通流程责任制的运行，坚持账实相符及'五个一'为标准来评价变革。"具体做法是：

首先，对每一类岗位确定岗位序列，例如，研发岗位序列包含助理工程师、工程师、高级工程师等渐进的职位。明确岗位序列以后，还要对职位序列进行评估，评估的重点在于职位的责任是什么，掌握的资源有哪些，产出又是什么，衡量的结果用一个职级的数字描述，然后按照相应的职级分划权力和分享利益。

其次，强化产出岗位和行政岗位的职责分工。产出部门要依托流程建设，打通部门墙；行政组织则要相应弱化权力，要把业务流程的责任建立起来，逐步实现流程责任制。

再次，坚持逐步走向流程责任制，逐步给流程 Owner（所有人）赋权，加快基于流程的专家决策制度的建立，每一层级的流程岗位都要明确自己的责任，建立起流程责任制。哪一流程出了问题，就去追究哪一岗位的责任。比如，《华为公司基本法》第 58 条规定，“各级管理者有责任记录、掌握、指导、支持、协调、评价、约束与激励下属人员的工作”，在日常工作中指导和约束员工、在跨部门合作中协调员工、在困境中激励员工，这些都是华为管理者的流程责任。只是在不同的流程当中问责倾向有所不同而已。

其实，不只是华为，任何一家公司的运作都是不同部门和岗位相互配合的结果，这些部门的员工各尽其职，分工明确。同时，关键时刻又能在此基础上忙而不乱，拧成一股绳，只有这样，企业这台大机器才能得以高效率的运转。华为《员工守则》第 2 条规定，“遵纪守法，服从公司管理”；第 4 条规定，“努力学习，踏踏实实做好本职工作，不断提高业务水平”；第 5 条规定，“一切为用户着想，减少人为差错，努力提供优质的产品与服务”。这些要求，其实都是为了落实流程责任服务的。

基于这样的管理需求，任正非常常要求华为人以“平常心”专注于本职工作，爱一行，干一行，专一行。

有一次，任正非走到一个实验室，他看到一个工作人员，就很随意地跟他聊起来。任正非问道：“老产品的不断优化和对新产品的开发，你更喜欢哪一行?”这个工作人员的答案令任正非很生气，他说：“我当然喜欢新东西越多越好，将来离开华为后，还好就业。”

任正非生气的原因并非这位员工说要离开华为，而是这个工作人员对工作的态度，他过于追求新事物，每样都只懂得一点，最后不可能有所成就。

在任正非看来，只有在很小的领域里，不甘寂寞，刻苦钻研，才能培养核心竞争力，才能有所成就。

任正非强调，华为需要的是专家，而不是万金油式的通才。例如，焊接专家、插件专家、线缆及机框组装专家、包装专家、货运专家、仓库专家、打字专家等，当这些专家组合在一起，作用于一条通畅的流程时，就能成就企业整体运营的高效率、高质量。

通用集团的一个员工曾经问“全球第一 CEO”杰克・韦尔奇：“是什么因素能够使你在公司担任 CEO 如此之久?”韦尔奇很神秘地笑了笑，说道：“做好自己该做的事情，不做自己不该做的事情。”什么事情该做，什么事情不该做，其实就是华为强调的“责权明确，各司其职”。从这一点上也不难看出，大多数企业都是能够建立并有效利用流程责任制度强化执行效率的。

5.1.2 在承担责任的基础之上享受权利

明确的岗位意识和工作职责让华为人拥有一种国内大多数企业员工难以企及的责任感，正是这种责任感，使他们将自己的注意力集中在分内之事，尽力做好自己该做的事情，最终帮助企业实现了腾飞。很多老板看到了这一幕，便会恨铁不成钢地叹息：“为什么我的员工就没有这种责任感呢?”事实上，你的员工不肯承担责任，很大程度上是你的企业责、权、利失衡造成的。老板在要求员工承担责任的同时，必须予以员工与责任相等的权力和利益，以收获来平衡员工的付出。

2011 年 7 月，任正非在华为员工激励大会上说：“义务与权利从来都是对等的，你交给下属多大责任，就得让他们享有多大的权利。就比如，你让一线多打粮，但做什么工作都要向上级层层申请，等批准下来的时候，粮食都被别人打去了，怎么办?”所以，华为在坚持落实流程责任制、干部绩效责任制等制度的过程中，同样注重授权管理，并且敢于大胆放权。

【辅助阅读】权力心理学

社会心理学家视权力为人们行动和互相作用中的一个重要的基本的动机，而权力动机也是人们产生履责行为的主观因素。斯坦福大学著名组织行为学教授、畅销书《权力》作者杰弗瑞·菲佛指出，只尽义务而不享受权利是一种非常态现象，在组织中，单纯强调个体履行职责，却不给予个体相应的权力，那么，个体的履责动机便会逐渐消减，直至彻底消失。而权力在这一过程中所起到的作用，就像诺贝尔奖于科学家，有一种致命的吸引力。

联想总裁柳传志曾评价任正非说，“他对权力的欲望是我所了解的所有企业家中最小的，在中国，再没有任何一个企业家能够像任正非那样将员工的权利与责任结合得那么完美。”那么，任正非到底是怎么做的呢？

在华为高层，任正非推出了 CEO 轮值的接班人制度。由于任正非 44 岁才开始创业，所以，当华为一步步走向世界之巅的时候，任正非也正在日渐衰老。从世纪之交开始，接班人问题一直都是华为内外讨论的重点话题，是禅让贤能，还是“家天下”的子承父业？讨论越来越激烈，公司高层甚至都因此而动荡不已。为了保证公司的平稳发展，让更多高层承担起公司建设的责任，任正非不得不采取对策。

2004 年，美国顾问公司在帮助华为建立 EMT（Executive Management Team）时，曾建议任正非直接就任 EMT 主席，任正非出于年龄等多方面考虑，并未应允，而是经过深思熟虑之后，推出了轮值主席制度，由八位华为高层领导轮流执掌，每人半年，经过两个循环之后，最终演变成了今天的轮值 CEO 制度。

轮值 CEO 制度中的管理角色主要有两项责任，一是为财务业绩负责，二是处理紧急事件和化解危机。其他 7 名高管作为一个团队共同行使决策权，比如调整员工薪酬结构或升降高层管理人员。任期结束的轮值 CEO 会回到这个 7 人团队中参与集体决策，由下一任 CEO 接替其之前的工作。与此同时，每一个轮值 CEO 在位期间，所享受的待遇和权力都与其他名企的 CEO 一般无二，而处在轮休状态的其他几位替补 CEO 又享有对在职 CEO 的监督权和建议权，有效做到了权利与责任的对等，以一个最佳的方式消除了公司内部争权的隐患。

对于轮值 CEO 制度，任正非认为，这比将公司的成败完全系于一人的制度要好得多。该制度不仅平衡了公司各方面的矛盾，无意中消除了公司内部的山头主义，还能让每个轮值者得到锻炼，提升能力。即使某一个人把公司带偏了，下一轮的轮值 CEO 也能及时纠正航向，避免问题累积过重不得解决。相比之下，华为在中基层的授权方面同样毫不吝啬。

《华为公司基本法》第 64 条规定，"每个华为员工都拥有以下基本权利，即咨询权、建议权、申诉权与保留意见权"。"员工在确保工作或业务顺利开展的前提下，有权利向上司提出咨询，上司有责任作出合理的解释与说明"。"员工对改善经营与管理工作具有合理化建议权"。"员工有权对认为不公正的处理，向直接上司的上司提出申诉。各级主管对下属员工的申诉，都必须尽早予以明确的答复"。"员工有权保留自己的意见，但不能因此影响工作。上司不得因下属保留自己的不同意见而对其歧视"。

从以上规定中不难发现，在华为，即便是最普通的员工，在确保能够承担责任的基础上，都可以享受应有的权利。在上一章中刚刚说过的"授权给一线，让听得见炮火的人作决策"同样是华为保证中基层员工权利与责任对等的一项重要举措。

正是通过这种权利与责任的对等，华为才真正意义上做到了人人都能主动担责，主动奋斗。

5.1.3　人岗匹配，易岗易薪

在责、权、利中，责任是最基础的东西，只有先承担了责任，才能享有后续的权力和利益。相比于更多地展现在工作中的权力，利益对于组织成员行为的影响更为明显。为什么有那么多人要求升职或跳槽？很大程度上是受到利益的驱使。更高的薪金待遇几乎是每个从业者的客观要求。

在管理上，任正非倡导“有欲而刚”。早在 1990 年华为还处在初创期的时候，他便在讲话中对华为人说：“我们不会限制大家的欲望，大家应该对工资有更高的要求，都没有欲望，谁还有工作的干劲？但关键是你的作为能不能匹配上你的工资？如果不能，请先做足了贡献再说话。”

【辅助阅读】等级薪酬管理

就企业价值创造而言，组织中每个成员根据贡献的不同，所得到的薪酬回报注定是不同的，如果不看贡献坚持同等回报，企业成员就会陷入无动力状态。所以，等级薪酬制度也是当下企业普遍采用的管理制度之一。

从某种意义上说，易岗易薪制度属于等级薪酬管理制度的范围，员工的薪酬等级是在岗位价值评估结果的基础上建立起来的，其依据即责任、能力、绩效和贡献。即按照岗位职责内容、工作任务情况，遵循兼顾公平，以及可持续发展的原则，根据员工岗位、职级的变化，调整工资等价值分配形式。

为了灌输利益与责任、贡献相对等的概念，华为在中国企业中较早采用了人岗匹配、易岗易薪制度，即薪酬随着岗位的变化而变化。这种变化分为两种，一种是岗位和职级提升，薪酬随之提升，另一种则是岗位和职级下降，薪酬也随之下降。岗位平行调整，则薪酬不变。在华为，所谓的易薪，并不仅仅是调整工资，就连奖金也要跟着职位的调整而变化。

很多企业的员工一提到易岗易薪就会下意识地认为这是公司惩罚员工的手段，并且习惯性地忽略“岗位提升，薪金也随之提升”的事实。更多的时候，大多数老板也确实是按照惩罚员工的思维确立这一策略的。然而，华为的易岗易薪并不是单纯地为了惩罚，而是希望员工在易岗易薪之后，能够唤醒自己的耻辱心，进而激发上进心。因此，华为从两个方面执行易岗政策，一是下岗学习，二是转岗学习。易岗易薪模型如图5—1所示。

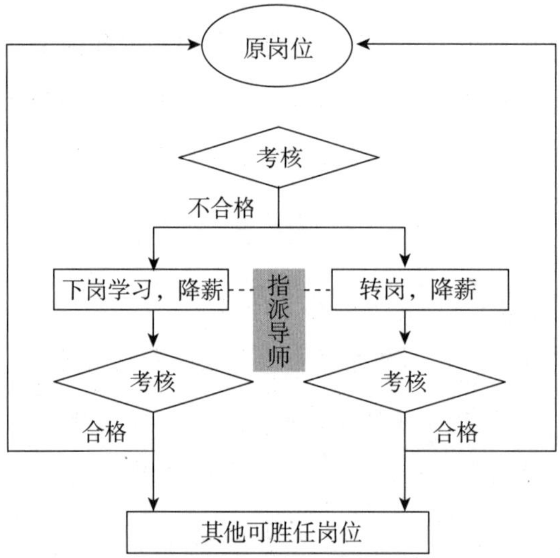

图5—1 易岗易薪模型

华为除了对岗位序列下调的员工进行降薪的处罚以外，还会指派导师对这部分员工进行思想和业务辅导；同时，易岗后的员工，人事关系也同时随岗位的变换而改变，并按照现岗位进行管理。

此外，由于公司中的晋升岗位有限，难以满足所有员工的晋升要求，对于那些在工作岗位上长期没有得到晋升的华为员工来说，易岗在很大程度上减少了他们的不满情绪，这也在一定程度上减轻了华为晋升管理方面的压力，可谓一举多得。

当然，易岗易薪的最终目的还是保证责、权、利的平衡与统一，督促员工为了取得更多回报而努力工作，积极承担责任并且为自己赢得更多的晋升机会。易岗易薪制度自推行以来，始终都是华为人力资源管理工作的一个重点内容，在华为 2005 年《关于人力资源管理变革的指导意见》文件中，华为再次强调，“要坚定不移地实行以岗定级，以级定薪，人岗匹配，易岗易薪，使公司永远处在内部运作成本较低的进取状态。”

为了保证这一制度的公平性和公正性，任正非在华为多个会议上公开强调，“易岗易薪的制度所有华为人都要遵守，即便是华为干部在进行‘之’字形成长的过程中进行岗位轮换，也要接受新岗位的职位标准的考核，实行易岗易薪。”如此一来，所有人的个人利益都要跟自己的岗位责任挂钩，没有人能够例外，责、权、利的统一自然也就更加容易实现。

5.1.4　关照全局，责、权、利向目标倾斜

尽可能地统一责、权、利，让三者形成一致，这是人力资源建设者最为期待的目标之一，然而，责、权、利不对等是企业中永远会出现的问题，在追求完美的同时也不能过于求全责备。

任正非在 2000 年与华为员工会谈时就曾强调，“企业发展是一个变化的过程，在这个过程当中很难及时去界定哪一个岗位责任是多大，权力是多大，单位有多大利益。这个情况大量地发生在华为公司快速发展过程中，特别是我们的管理队伍，他们很年轻也是半路走过来的，他们本身不仅有技巧问题，而且还有感情问题，强调自己没有责任，或者把责任界面划得很清晰。我认为他们没有站在公司的角度考虑，公司的目的是解决问题，而不是分清责任。”

不难发现，彼时的任正非便已经意识到，企业人力资源管理明确责、权、利的问题时，追究细枝末节便落入了下乘，明确责、权、利的目的并不是追究出了问题谁应该来负责任，而是要服务全局，要保证企业战略的顺利执行。

2005 年年底，任正非收到了一份关于研究货款回收现金流管理的文件，有

人建议他要分清责任，每个项目都要评审，谁承担多少背多少，每条每项，逐一落实。任正非当即否决了这个提议，并在EMT会议上斩钉截铁地说："如果我们内部要讨论责任问题，带来的结果就是内战内行，外战外行，我们所有的工作都会变成解决部门之间的内战。所以，在责、权、利的问题上，要实行按比例地合理分摊。"在2006年7月召开的华为年中市场工作会议上，任正非又总结说："今年上半年货款回收增长较高，说明这个导向已经起作用了。所有的精力都应集中在生产力上，不要集中在分配力上。以后各部门的考核，全部以最终目标的实现进行责任分担、利益分享。不允许自己设立阶段性考核，不顾全流程的做法。"

显然，任正非很早便意识到在明确员工责、权、利问题时可能带来的内耗问题，并且做出了正确处理，在避免内部因为推脱责任而斗争的前提下，充分保证了员工在全流程上的价值贡献和输出。在这个过程中，华为干部起到的作用是关键性的。

【辅助阅读】发挥干部的狮羊效应

"狮羊效应"源于拿破仑的一句家喻户晓的名言：一只狮子带领的九十九只绵羊可以打败一只绵羊带领的九十九只狮子。这句名言充分说明了组织领导者的重要性。任正非在任用华为干部的时候，也格外注重干部的领导能力。任正非曾经说过，"兵熊熊一个，将熊熊一窝，这是打出来的经验。华为要发展，需要狮子一样的干部来领导一个个小的部门，干部就要起到关键作用，不然还要干部做什么？"

首先，华为规定，华为干部必须明确自己的管理职能。华为董事长孙亚芳曾经解释说："不同的岗位需要不同的管理职能，干部的管理职能和企业的发展密切相关。这些职能中，必须具备协调、调度员工的支援组织目标的能力。

只有这样的干部才能真正地创造出高绩效。”

其次，华为干部要明确企业发展的核心问题。任正非认为，干部的主要工作就是带领员工打粮食，让企业在良好的轨道上运行。如果华为干部不知道哪个方向能打粮，不能顾全大局，给他再多的权力和利益他也承担不起应担的责任。因此，华为干部必须要知道华为发展的关键。比如，华为的核心竞争力，华为发展的制约因素等，并且能够将资源调配到关键目标上，这样才能保障企业战略目标的实现。

此外，华为干部还要配合人力资源部门，做好督导工作，引导员工向企业整体利益看齐。督导，顾名思义就是监督和指导。尽管每个人都具有主观能动性，但不可否认的是，还是有员工不能完全自觉地、主动地将各自的工作做到企业预期的状态，而个别人的不履责，就会导致资源和时间的浪费，最终导致企业整体目标难以实现。在华为 2000 年发布的文件《职业管理者的使命与责任》中，华为便明确规定：“一个职业管理者的社会责任（狭义）与历史使命，就是为实现组织目标而奋斗，以实现组织目标为己任，缩短实现组织目标的时间，节省实现组织目标的资源，这才是一个管理者应有的职业素养与成就感。”

事实上，责、权、利向目标倾斜不仅仅是企业对领导干部的要求，同样也是对所有员工的要求。如果你的员工不能为实现企业目标而积极履责，那么，企业目标的实现就会成为一种奢望。同时，也就意味着员工无法得到企业目标实现后的利益，员工的积极性又会进一步受挫，形成一个恶性循环。所以，落实责、权、利，鼓励员工聚焦价值创造与贡献，必须将大局思维融入其中，用高视角来统筹全局。

5.2　以商品化为导向

任正非十分清楚，华为要想真正意义上将员工行为引向奋斗，引向最终的价值创造，就必须构建一种商品化导向。所谓商品化导向，说白了就是强调市场导向，强调业务驱动，就是企业人必须具备商品意识，必须明确企业的一切经营活动都是围绕创造价值进行的。如果员工的行为不指向价值输出，那么，这些行为就是无用功，就是对企业资源的浪费和企业生命的亵渎。

任正非在《华为的红旗到底能打多久》一文中指出："华为要紧紧抓住产品的商品化，一切评价体系都要围绕商品化来导向，以促使科技队伍成熟化。我们的产品经理要对研发、中试、生产、售后服务、产品行销等负责任，贯彻沿产品生命线的一体化管理方式。这就是要建立商品意识，从设计开始，就要构建技术、质量、成本和服务的优势，这也是一个价值管理问题。"任正非强调，华为的工作开展以及绩效评价都要以商品化为导向，干部的提拔和下放，都要以价值贡献为准。

5.2.1　一切评价体系都要围绕商品化导向

华为创立之初，不懂技术的华为人十分重视技术，甚至一度认为技术就是价值，然而，一次惨痛的教训却让华为人开始明白，技术不等于价值，能够转化为商品、能够卖出去的技术，才是价值。

1992 年，郑宝用带领十几个开发人员，准备开发局用机。当时，他们只有开发模拟空分用户机的经验，对开发局用机则一无所知，于是决定开发模拟空分局用交换机，并命名为 JK1000。

1990 年，中国的固定电话普及率只有 1.1%，世界排名 113 位。1992 年，华为预测，按照中国电信产业的总体目标，2000 年固定电话普及率在 5% 到 6%，因此，先进的数字程控交换机在中国不适用。然而，事实并非如此，到 2000 年，中国固定电话普及率比预想的数据高出 10 倍之多，这注定了 JK1000 的命运。

1993 年年初，在华为投入了全部的开发力量和巨额的开发费用后，JK1000 成功问世，并在 5 月份获得了国家邮电部的入网证书。在市场推广上，华为人也是志在必得。然而，1993 年底，数字程控技术得到普及，华为的 JK1000 空分交换机刚推出就面临没有市场的危险局面，很快便被数字程控交换机取代了。

JK1000 空分交换机在市场上败下阵后没多久，华为的研发队伍又在 CT2 项目上吃了亏，让华为公司遭受了巨大的损失。事件发生以后，任正非吸取教训，意识到华为的研发必须从技术驱动转变成市场驱动，必须紧紧地抓住产品的商业化，而不是坚持研发“卖不掉的世界顶尖水平”。

也正是从那时起，任正非开始要求华为员工不能像早期的贝尔公司一样，只懂得研发新技术，不懂得将技术转化成商品。与此同时，任正非也开始要求，华为的一切评价体系都要围绕商品化导向。比如，评价项目大小，并不能看项目持续了多长时间，投入了多少资源，而是应该看产出，贡献大的就是大项目，贡献小的就是小项目。

华为的一位 PL 说过这样一段话：“当我还没有成为一个主管时，经常加班到深夜，周末也不休息。每天过着‘两点一线’的生活，而且每天都认真地工作，这得到了主管的赞许。那时候，我认为‘加班等于艰苦奋斗’。等到我升为 PL 以后，每天向项目组成员强调要加班，这样才能体现出你的价值。但我的上级告诉我，评价一个人的工作成效并不是看他累不累，加不加班，而是看他在工作中交付的结果。”

这位华为主管指出，工作评价要以工作结果为导向，其实就是一切评价以商业化为导向。一个部门、一个员工，即使再努力，但没有效率，没有成果，对公司而言都是有害无益的行为，这也是华为、麦肯锡等知名企业强调商品化导向的根源所在。如果不注重商品化，产品做得再好，就像华为 JK1000 空分交换机，工作再努力，只会破坏和降低的公司绩效。

当然，商品化导向最终指向的是市场，面对市场的则是企业整体，而非单个员工或部门，也就是说，应面向所有人建立商品化导向，建立的也应该是一种集体价值导向。

比如，1996 年，中国电信市场上接入网产品的机会点突然出现，但华为中研部的接入网产品起初发展并不好，这是因为中研部独自开发，未能进行资源和信息共享，导致研发的产品无法与其他模块对接。后来，中研部建立了跨部门的研发团队，从各方面需求进行会诊，确定了最佳的接入网产品设计方案，这才一举突破了关键技术问题。任正非在评价中研部的这次行动时，曾十分客观地说，“中研前面的努力，我没有看到任何价值，我给负 100 分。而后面的行动让我看到了华为人应该有的素质，我给 90 分。”

5.2.2 盈利和战略贡献是晋升的必要条件

在华为，员工的评价体系和晋升体系是密切相关的。从某种程度上讲，职位的升降，80% 取决于考评结果。华为甚至规定，只有绩效评价在前 25% 的人才可以被选拔为干部。

华为人也曾多次对外界透露，被华为认可的绩效有三个标准，首先，最终能够对客户产生贡献才是真正的绩效；其次，关键行为过程要以结果为导向；再次，认可结果贡献而不承认茶壶里的饺子。这三点要求的指向，无不是商品化。

所以，也可以说，在华为，盈利和战略贡献是晋升的必要条件。关于这一点，任正非曾经在内部讲话中说：“我们一定要坚持从战略贡献中选拔出各级优秀干部。干部获得提拔的充分必要条件：一要能使所在部门盈利；二要有战略贡献。如果你不能使这个代表处产生盈利，我们就对你末位淘汰；如果你有盈利，但没有做出战略贡献，我们也不会提拔你。这两者是充分必要条件。现在我们选拔干部，就要慢慢调整结构，从而使之走向更有利于公司的发展方向。”

事实上，任正非从 2002 年便开始强调干部的创造力与价值贡献。2002 年，华为营业额为 221 亿元人民币，与前一年的 225 亿元相比，非但没有增长，反而下降了 4 亿元之多，这也是华为创立十余年来第一次出现销售额负增长的状况。恼火的任正非首先将问题圈定了在华为的领导团队身上。他发现，华为在干部晋升上太强调素质能力而忽略了被提拔者的实战能力，也就是说，华为提拔起来希望他们创造价值的那些人，并没有担当起大任。于是，在2002 年底，任正非对华为人力资源部门的员工说道："企业不应该是按一个人的知识来确定收入，而应该是以他拥有的知识的贡献度来确定的。我们强调使用一个干部时，不要考虑他的标记，不能按他的知识来使用，我们必须要按他承担的责任、他的能力、他的贡献等素质来考核干部。"

随着干部选拔机制的不断完善，任正非对于华为干部贡献的重视程度也越来越高。2005 年，在《关于人力资源管理变革的指导意见》一文中，任正非再次强调："我们的待遇体系强调贡献，以及以实现持续贡献的能力来评定薪酬、奖励。有领袖能力、能团结团队的人，可以多给予一些工作机会，只有他们在新的机会中做出贡献，才考虑晋升或奖励。"

【辅助阅读】福特人的贡献导向

1945 年，亨利·福特二世出任福特汽车公司总裁，在主持生产了第一部 F 系列皮卡的同时，他也充分继承了父亲强调贡献的用人理念。他规定，福特提拔副总经理以上的职位，必须要有突出贡献并获得公司一致认可。各部门经理提拔下属部门主管时，也要依据价值优先原则。

1950 年，著名的康奈尔实验室经费严重不足，而可供研究的车祸和伤亡资料十分有限，急需经费加强资料的汇集。被管理界称为"蓝血十杰"之一的麦克纳马拉的下属布克发现，这是个能够让福特进化成超级巨头的机会点，并将细致分析后的资料提供给了麦克纳马拉，麦克纳马拉说服亨利·福特捐出20 万美元赞助康奈尔的研究员。结果，康奈尔实验室发现，当时的汽车用户发生车祸后死亡率极高，亟须在安全方面做出改进，麦克纳马拉便顺应需求，为福特的产品做安全改良，配置了安全光束、安全大灯、安全刹车、安全加速马力等，一下子便抓住了市场，险些将老对头通用吞并。麦克纳马拉也因此以44岁的年纪成为福特公司的总裁，而当时对他提出建议的布克也成为福特最年轻的业务主管之一。时至今日，用贡献换晋升仍然是福特的晋升原则之一。

2011年，华为销售收入由十年前的225亿人民币飙升到324亿美元，但任正非却在华为EMT纪要［2011］008号文件中继续强调："本次BG、EMT成员的选拔，以及后续的各层干部选拔，应导向攻击前进。各业务经营单元应聚焦于将饼做大，而非将精力放在内部如何分饼上。"

所谓"将饼做大"，实际上就是强调作出实际价值。华为多年如一日的对干部的盈利和战略贡献的要求，正是众多中小型民营企业难以坚持的。然而，成功没有捷径，唯有持之以恒。

5.2.3 不打粮食的干部要下台

华为打造以商品化为导向的价值贡献理念的第三个做法是坚持不打粮食的干部要下台。其内在逻辑有二，一方面是对不能缔造产出的干部的惩戒，另一方面也是给予那些期待晋升，并且能够创造贡献的员工机会。

华为每年都有大规模的晋升，十余万名员工中，每年大概有五分之一的人要进行职级晋升，有八分之一的人需要进行岗位晋升。职级晋升涉及更多的是薪酬待遇，并不存在太多矛盾，所以职级晋升相对简单；岗位晋升则不同，华为有四分之一左右的员工担任着不同的干部角色，职位或大或小，但都是凭借能力和贡献晋升上去的。

【辅助阅读】华为干部的贡献要求

（1）带领团队，创造效益，保证公司整体目标的实现；

（2）要有意识地培养接班人，为华为的持续发展提供保障；

（3）勇于承担责任，不将问题和责任推给下属；

（4）要保证以客户为中心，全心全意为客户服务；

（5）实行有效的管理，实现团队价值；

（6）坚持学习，保证个人素质和实战能力的不断提升，以结果定贡献。

松下幸之助曾说，经营企业的最高哲学在于，有奖就要有罚，有升就要有降。一个企业再怎么发展，职位也是有限的，干部岗位更是如此。能够为企业创造价值贡献的人都想被提拔起来，也都需要被提拔起来，那么岗位从哪里来呢？这也是很多企业经营者头痛不已的问题。华为“不打粮的干部要下台”的做法很好地解决了这一问题。任正非认为，干部的职责就是带领团队多打粮食，为企业创造贡献，凡是不能创造价值的干部，无论素质有多好，资历有多老，都是没有意义的。对这样的干部，华为的原则是：绝不提拔，积极下放，给优秀的人让位置。

2001 年，任正非在《华为的冬天》一文中强调：“在去年的一年里，没有改进行为的，甚至一次错误也没犯过，工作也没有改进的，是不是可以就地免除他的职务？他的部门的人均效益没提高，他这个科长就不能当了。他说他也没有犯错啊，没犯错就可以当干部吗？有些人没犯过一次错误，因为他一件事情都没做。而有些人在工作中犯了一些错误，但他管理的部门人均效益提升很大，我认为这种干部就要用。对既没犯过错误，又没有改进的干部可以就地免职。”

比如，为了拓展国际业务，积极吸纳国际化人才，华为曾聘请了近百名香港员工做财务工作。在采购国际化方面，华为还曾专门聘请了一位来自 IBM 的采购总监掌管华为的采购工作。然而，这位“洋和尚”始终无法适应华为的工作方式，也无法与下属进行良好的工作沟通和实时反馈，就职的半年中，华为的采购经费不降反升。连续 6 个月考核不达标，任正非直接下令将其辞退。

2009 年，在《关于人力资源管理变革的指导意见》中任正非再一次明确指出："华为干部的选拔原则与标准，就是要建立一支强有力的，英勇善战，不畏艰难困苦，能创造成功的战斗队列，是为了攻克山头，打粮食；而不是选拔一批英俊潇洒、健壮优美、动作灵活、整齐划一的团体仪仗队。"

事实上，很多企业在干部任用上都会犯主观主义错误，而在干部的罢免上更是会过分地顾念"情面"，然而，感情和面子是不能为企业创造价值的，用中国台湾管理学者白崇贤的话来说，"没有贡献输出的干部就是企业发展的绊脚石，必须把他们搬出去，然后把机会留给有用的人。"

给有贡献的人光明的前程，让没有贡献的人退位让贤，这样的企业才能在让人看到生机的同时兼顾利润，做到人才与企业的双赢。

5.3 以团队价值为基准

毋庸置疑，人力资源管理追求的最终目标一定是企业整体的价值实现，而企业价值的整体实现又是以企业内部各个团队的价值实现为基础的，唯有各个团队都能保质保量地完成各自的目标任务，企业整体目标才能得以达成。因此，华为聚焦员工成果贡献的第三点要求就是以团队价值为基准。

一般而言，员工在讨论价值贡献时，通常只会想到自身的岗位价值，想要改善的也往往只是自身的岗位能力。其实，个人能力的评价标准同样应该是团队贡献，一个人的工作价值有多大，要看他的团队取得了多大成绩，然后再判断他为他的团队做出多大的贡献，而不能单纯地以个人工作量作为其贡献标准。一个员工占用了全组的优势资源，百分之二百地完成了自己的工作，却导致团队整体目标无法实现，这样的价值贡献是不应当予以承认的。

5.3.1　个人价值以团队价值的实现为基础

从行为学的角度讲，人是社会性生物，时刻都处在不同的社会环境中与身边的其他人有着蜘蛛网般复杂的交集，而人的每一个行为，也都会对身边的团体产生影响。这个理论放在企业环境中仍然适用。每一个员工的行为都会对项目组、所在部门，乃至整个公司产生重要的影响。就像欧洲谚语"因为一枚马蹄钉而输掉一场战争"一样，员工某些不经意的行为，同样可能导致公司利益受损。因此，企业在评价员工价值贡献的时候，务必要以团队价值的实现为基础。

在任正非看来，一个员工有没有创造价值，工作量说了不算。他曾问郑宝用等华为高管："整天加班的人就是奋斗者吗？他们就能让公司业绩成百万、上千万地飙升吗？显然是不能的。所以，我们看他有没有创造价值，先看他为团队做了什么，有没有帮助团队实现目标。团队目标都没有实现，你说他对企业的贡献有多大，我是不相信的。"

【辅助阅读】员工价值的由来

以卡斯特和罗森茨韦克为代表的系统管理学派认为，企业在衡量一个员工的价值时，可以从其思考、行为、工作表现等多个角度来衡量，但其最大价值一定体现在团队贡献上。

美国最杰出的商业哲学家吉米·罗恩也认为，一个组织中，离开团队单独讨论个人价值是荒谬的。罗恩指出，评价一个员工是否有价值，首先就要看他为团队做了什么，对团队有贡献，他才有存在的价值。在其代表作《快乐致富》一书中，罗恩说道："我一直认为我是有价值的，并不是因为我是美国最有影响力的演说家，而是因为我能通过我的演讲，为大家提供一点成功的帮助，这才是一个人价值的源泉。"

华为不仅不承认脱离团队价值的个人贡献，更是在人力资源的目标管理中规定，包括客户经理、产品经理、维护人员、部门领导甚至研发人员在内，无论个人工作做得多好，如果项目丢了，大家都要承担责任。如果项目成功了，每个人都会得到奖励。当然，无论是奖励还是责任，都是不均等的，华为会把一个共同的大目标分解成不同的子目标，然后由项目负责人进行跟踪、监控，即目标管理，判断各个子目标负责人是否做出业绩的标准，就是其行为是否服务于项目的大目标。

如此一来，每个华为人在工作中所要思考的便不仅仅是怎么完成自己手头的工作，而是怎样才能配合好整个团队，让大家都能顺利达到目标，从而为企业赢得效益，为自己赢得奖金和其他回报。

为了保证这一管理的公正性，华为还规定，集体考核与个人考核既是统一的，又是分离的。如果在全国各大办事处的评比中，某办事处创造的效益最低，得了“C”，那么，该办事处的每个人在考评的等级上都要受到牵连，总体水平都要随着下降，但如果该办事处的某个员工在与其他项目组的合作中表现优异，为企业创造了效益，同样能够得到“A”。这种方式充分做到了个人与团队的平衡。

为了培养华为人以团队价值为准的价值理念，在员工的拓展训练中，华为大学还会专门进行启发员工信任伙伴、团队协作、完成目标的游戏项目。比如七巧板游戏。

七巧板是一种古老的传统益智游戏，顾名思义，是由七块小板组成的。这七块小板可拼成1 600种以上的图形。华为大学的七巧板游戏是将一个整体任务分割为不同的小任务，然后分别写在队长和各个小组的任务卡上，每个小组只知道自己的任务。据华为教官透露，“这个游戏很简单，但是100个团队中，只有1个团队可以完成。”原因很简单，每个小组在拿到目标之后，都会努力完成自己的小任务而忽略了整个团队的大任务。然而，每个小组的资源分配并不是一致的，有的小组分到的资源多，完成得快，有得小组资源少，完成得就慢，到最后，速度快的小组往往被速度慢的拖了后腿，导致总任务无法完成，并责怪速度慢的小组。可是，速度慢的小组又会责怪速度快的小组把资源都拿走了才害得自己进度迟缓。在做完这个游戏之后，华为人往往会有一个心得：要统筹大局，重视资源的统筹调配和整体目标的实现，因为团队目标没有实现，你做的工作再多，最后都是无用功。

类似的教育在华为还有很多，这些教育活动和华为健全的目标管理制度结合在一起，恰到好处地做到在员工价值引导方面的软硬兼施，从而有效地帮助华为人明确了个人价值以团队价值的实现为基础的客观事实，并且使每个人能够积极主动地投入到团队价值的建设当中去。

5.3.2　完善“自愈合”机制，在协作中彰显价值

明确了团队价值在工作中的重要地位，员工就要为实现团队价值而努力，而在这一过程中，必要的团队合作与恰当的及时“补位”便显得尤为重要。

早年间，IBM 管理顾问在对华为进行现状调查时便得出一个十分惊奇的结论：与其他国际公司相比，华为有一种“自愈合”机制。即，每当华为某项业务出现问题时，周边相邻的单位总是会在第一时间主动提供最快速的解决方案进行支援，最重要的是，这个过程无须上级领导统一协调。

其实，华为的这种自愈合机制与任正非一直在华为内部贯彻团结进取的群体奋斗文化有密切的关系。

1996 年 12 月 28 日，任正非在公司各条战线优秀员工报告会上发表了《团结起来接受挑战，克服自我融入大我》的讲话，他在讲话中说：“时代呼唤我们要融入群体文化，在群体奋斗中努力去发挥自己的个性。牛顿、法拉第时代不存在了。”也正是在这次讲话中，任正非以华为中研部为例，第一次在公司内部公开强调“在协作中彰显价值”的理念。

任正非说：“中研部是不是真正体会到这里的含义呢？我们的工作是不是多利用了别人的成果呢？在中央研究部汇报工作的时候，我总是跟他们讲不要

跟我谈过程，一谈过程你就是表功，我要听结论，一听结论他就说这个东西是自己干的也说不出来了，还不如大家一起干，干好了都有光彩。什么东西100%是我做的，100%是你做的，那你就是农民，只有农民才自给自足，不是农民就会充分利用别人的成果。我们要充分利用人类文明的一切成果，在这个时代非群体奋斗不可能成功。”

为了鼓励员工团结协作，任正非把他在部队中学到的东西尽可能地嫁接到华为的管理上。除了严格的规章制度以外，他还号召大家一起唱《团结就是力量》《解放军进行曲》等能够高度表达团体精神的革命歌曲。同时，任正非也积极倡导华为人要有“狼性”。

在任正非的字典中，“狼狈为奸”绝对是个褒义词。他要求，华为要构建“狼狈组织”，在市场竞争中，华为人要像狼和狈一样形成完美的互助。在作战过程中，一旦出现漏洞，华为人也要像狼群中的一员一样，能够及时补位。

【辅助阅读】管理中的狼狈哲学

狼和狈是一类动物。狼前腿长，后腿短；狈则相反，前腿短，后腿长。狈每次出去都必须要把它的前腿搭在狼的后腿上才能行动，否则就会寸步难行。狼想翻越牧民家的高墙则需要骑在狈的脖子上，借助狈强有力的后肢的支撑爬过围墙顺利捉羊。因此“狼狈为奸”一直被人们用来讽刺两个人相互勾结，共干坏事。

事实上，从管理学的角度讲，企业应该多提倡“狼狈为奸”的行为，即鼓励彼此配合，协助完成工作。一个人单独工作，其创造力是有限的，而倘若两个或三个以上的人一起工作，相互引导，相互取长补短，则有可能完成单独一个人几年甚至几十年都无法完成的工作。马克思和恩格斯合作写出《资本论》，弗洛里、弗莱明、钱恩三人共同发明青霉素，都是这个道理。企业想要做出惊人的业绩，单靠个人的力量一定是不行的，马云虽强，也少不了蔡崇信等人的辅佐，乔布斯虽然堪称旷世奇才，也要有乔森纳·艾维等设计大师的协助。

在“狼狈文化”的熏陶之下，通过协作互助来实现团体价值和自我价值的理念在华为人心中生了根。在《华为人》第 225 期刊登的《我的十年十个关键词》一文中，华为客户经理吕学将“协作”列为第八个关键词，并解释说，“在担当客户经理的工作中，公司对我们‘协作’能力的培养让我记忆深刻。客户经理从资源维度是个人绩效贡献者，但从项目维度来看，客户经理还要为项目负责，需要协同产品行销经理、服务经理、财务人员、研发人员，甚至包括办事处秘书文员投入到项目中。客户经理的经历，让我明白了一个重要的道理：我不是一个人在战斗。我的后面，是华为公司强大的平台力量和团队力量。”

今天，“胜则举杯相庆，败则拼死相救”已经彻底成为华为人工作与生活的一部分，“一方有难，八方支援”也成为华为人习以为常的工作状态，华为多达 3 900 亿人民币的年销售额以及高逾千亿美元的市场价值，正是所有华为人团结一致、共同奋斗的成果。

5.3.3 建立一支庞大的高素质、高度团结的队伍

德鲁克曾经说过，一个企业，当每一个人都明白“一荣俱荣，一损俱损”的道理时，那么，这个团队的团结性一定是毋庸置疑的。事实上，一个高度团结的作战群体也是所有企业都迫切想要建立的。

通过对团队价值的强化和“自愈合”机制的建设，华为人的凝聚力与日俱增。在价值意志高度凝聚的基础上，华为始终致力于打造一支“高素质、高度团结的队伍”，在任正非看来，只有这样的团队，才能保证组织价值和企业目标的最终实现。《华为公司基本法》第 51 条便指出，华为人事考核的目

的是建立一支庞大的高素质、高境界和高度团结的队伍，以及创造一种自我激励和自我约束的机制。

在过去二十余年的经营中，任正非不断邀请各路专家为华为把脉，并且坚持改善华为的企业运营和人力资源管理。其打造“高素质、高度团结队伍”的灵感最早来自于“蓝血十杰”。

【辅助阅读】“蓝血十杰”的团结经验

“蓝血十杰”是出身哈佛的十个天才，也是二战期间美国空军的后勤英雄，其卓有成效的数字管理模式被美军广泛应用于战争当中，为盟军节省了十几亿美元的军费。“蓝血十杰”是任正非十分推崇的管理天才，华为的“蓝血十杰奖”就是因此而设。

二战结束后，“蓝血十杰”加入了崛起中的福特汽车公司。初入福特，十杰没有任何靠山，但是，他们彼此分工合作，结合众人的力量、权力和信心：桑顿负责统筹，麦克纳马拉掌管财务，利斯主持预算，莱特管理组织，很快便在福特站稳了脚跟。然而，当他们分道扬镳以后，战斗力则一下子便降低了，桑顿远走波士顿以后，利斯因为经营上的大失误抑郁自杀，阿杰·米勒曾经一度成为福特公司的二号人物，最终却沦落到被亨利·福特二世开除的地步。

任正非无时无刻不在以“蓝血十杰”的经历告诫自己：华为要坚持科学管理，华为人要在素质领先的同时坚持群体奋斗，这样才能不被时间和竞争对手打败。在这样的要求下，华为人也确实做到了上下同欲，共同“当责”。

2003 年伊拉克战争以后，各大通讯设备供应商纷纷收缩在伊业务，华为人却顶着战火坚持了下来，并且在 2003—2009 年在业务上实现了飞快增长。华为驻伊拉克代表处第一批交付人员张科曾在《华为人》上感叹说：“代表处这几年发展这么快，和我们一直保持非常团结的优良传统是分不开的。”

事实也确实如此，驻伊拉克代表处的市场和技服沟通很少采用“压”的方式。碰到问题，大家总是一起商量解决方案，如果交付时因客观原因导致客户投诉，市场人员也会帮着去向客户解释。在项目的谈判、投标、交付等工作中，也是谁能帮上忙，谁就顶上去，大家都是尽可能地团结互助。在整个办事处团队成员共同的努力之下，今天的华为驻伊拉克办事处已经成为华为重要的“海外粮仓”之一。

实践证明，任正非以团队价值为基准打造高度团结的奋斗团队的策略是正确的。随着华为对组织效能的要求越来越高，华为人同甘苦、共患难、一同分享收获的优良品质，也在帮助华为以更加昂扬的姿态阔步向前。

5.4 从结果看贡献

从结果看贡献实际上是一种“结果导向”思维，企业的一切行为皆是为了实现预期结果而产生的，而并不是为了推进某一过程才产生了管理行为。就好像人们需要提升出行速度，所以发明了汽车，取代了马车，而不是因为先有了汽车，人们才发现它比马车更快，才用它来代替马车。因此，企业要强调员工的价值贡献，必须以能直接展现效益的工作结果作为衡量员工贡献的最终标准。在管理企业人力资源的时候，应该关注过程，但更应该重视结果，企业人的最终成绩也应该用结果说话。

5.4.1 在价值实现过程中坚持结果论

华为评价贡献的最重要标准就是工作成果。任正非认为，无论是从为企业创造价值的角度而言，还是从员工自我价值实现的角度而言，结果都要重于过程，这并不是说过程不重要，而是说，结果的意义要大于过程，毕竟过程并不能决定最终的价值输出。

【辅助阅读】管理的结果导向

德鲁克认为管理是一种实践，其本质不在于“知”而在于“行”，其验证也不在于逻辑，而在于成果。也就是说，成功的管理不能坚持“过程论”，而是要坚持“结果导向”，即用结果来说话。

在担任通用电气公司管理顾问期间，德鲁克坚持“以成败论英雄”。他对那些兢兢业业、勤勤恳恳的员工和管理者十分友善，但却并不重用这类人，而是重用那些有卓越贡献的成功者。用他的话来说，“企业不相信眼泪也不相信汗水，因为市场不相信这些。只有结果才能证明你当初有多么的努力。”

在尊重结果的理念下，华为坚持在价值实现过程中的结果论。很多企业在做预算的时候，都习惯给下面的人分派各种任务，“逼着”下面的人去做，华为的做法截然不同，华为采用由工资倒推任务的方式，激励员工前进。

华为规定：先给员工一个工资包，然后由员工选择拿多少工资，拿多少就要对自己的行为负责，努力去完成与工资相对应的绩效。员工努力工作是为了什么？事业只是一方面，更多人努力劳作归根结底还是为了赚钱，所以，当一个赚取更多工资的机会摆在面前的时候，很少有员工会拒绝。

为了强化这种效果，华为更加“爽快”的做法是：给核心员工加工资，把核心人员的收入提得更高，倒逼他们的能力增长。“必须给核心员工加工资，从而倒推他要完成多少收入”，这是任正非对华为的一个刚性要求，他甚至公开强调：“给公司省钱的干部不是好干部，好干部就要舍得给员工开工资。”

因此，在华为，每年完成既定任务的部门都会给绩效排在前 20 名的员工增加 20% 的工资，绩效排在前 20% ~40% 的员工增加 10% 的工资。如果能够超额完成任务，并且超额幅度在 10% 以上，奖励员工的比例则扩大 10% 。

很多老板不理解华为的这一做法，他们认为先给员工分配任务，然后等员工完成任务之后再进行奖惩，效果也是一样的，其实完全不一样。先分配任务实际还是一个强调过程的方式，而根据工资倒推贡献，则是一种明确的结果导向，可以更加有效地引导员工心甘情愿地去做出好的结果。

当然，我们讲，很少会有员工拒绝为高工资而努力，但也不能完全排除这类人的存在，所以，就要有个人均毛利上的要求。如果无法完成毛利指标，便要被淘汰。这样，也能够强化员工对结果负责的观念，使其努力创造价值。

5.4.2 根据工作结果进行评价和奖惩

为了从根本上落实华为员工的成果意识，让员工在工作中真正树立起对结果负责的工作态度，任正非还要求“公司上下必须执行严格的评价和奖惩制度”，通过针对工作结果的评价打分来判断到底是奖励还是惩罚。

1996 年，任正非在华为内部会议上第一次提出华为要坚持以成果和贡献作为评价标准，他说：“作为一个公司，我们追求的不是先进性而是商业性，这与学校的学术研究是有区别的。你们认为很有学问的人，在我们公司可能待遇并不高；你们认为并不是很有学问的人，在我们公司可能待遇很好。因为我们的评价体系不一样。学校以学术来作为评价体系的标准，我们以商业性作为评价体系的标准。”

1999 年，在《团结奋斗，再创华为佳绩》的讲话中，任正非再次强调，“公司对人的评价是现实的，不在于你的理想有多大，而在于你的实际贡献。”

【辅助阅读】以结果贡献为导向的专业评价体系

评价具有导向、激励、改进和鉴定等多项功能，在企业中，对员工进行评价的主要目的在于促进员工与企业的共同发展。18 世纪中叶以来，关于员工评价体系的规范一直处在变化和发展之中。

20 世纪 20 年代，以过程为导向的员工评价机制诞生在英国工厂中，不久之后，以结果为导向的评价理念也开始盛行。从本质上说，二者并无对错之分，对过程负责能够在一定程度上保证结果的顺利产出，而对结果负责也能够在一定程度上加快进度，但是，对于更加注重价值创造的企业而言，对结果负责更加符合经营需求。因此，以结果贡献为导向的评价体系渐渐兴盛，而随着 1994 年 ISO9000 质量管理体系的确立，结果导向正式被列入绩效管理评价系统当中，成为其基本概念之一。

基于这样的理念，华为在评价员工工作的过程中主要遵循以下几点判断原则：

第一，任务的重要性。华为将客户迫切需要解决，并且能够为客户和华为创造共赢效益的任务视作重要任务，将那些需要反复劳作却并不直接创造价值的工作，视为次要工作。在绩效考评中，重要工作的分值要比次要工作高出至少三倍。

第二，工作的难易程度。尽管任正非要求华为人要持续艰苦奋斗，不畏困难并克服困难，但对于那些有难度的工作，华为在考评上也酌情加分。举个最简单的例子，委内瑞拉办事处如果和四川办事处创造了相等的收益，那么，在委内瑞拉奋斗的华为人在考评得分上一定要高于四川的同事，因为两个地方的经济发展水平和社会环境完全不同，委内瑞拉的工作难度无疑更大。对于在困难中仍然能够创造出高成果的“英雄”，华为从来不会吝惜自己的奖励。

第三，项目负责人的工作经验。华为强调责任结果导向，要求每一个人都要对工作负责，尤其是管理干部和项目负责人。对于新人和有卓越成功经验的人，自然不能以同样的标准去约束，这是华为隐藏在科学管理深处的人性化的一面。华为规定，有丰富经验的项目负责人要承担起项目责任，项目无法按时保质完成，必须予以相应惩罚，而对于那些没有成功经验的新人而言，华为虽然同样要求他们承担工作责任，但却允许其犯一定的错误，并且会在评价中予以鼓励，而不是像大多数企业那样一味地指责。

进入 21 世纪以来，华为的事业飞快发展，业务范围逐年扩大，营收更是屡创新高，这也源自华为对“工作成果”的坚持。华为以成果为核心的评价机制也处在不断的升级之中，2008 年第四季度以前，华为的绩效评价中关于以客户为中心的描述是“客户优先”，从 2008 年第四季度开始，改为“成就客户”。这个小小的改动，切实体现出华为对结果的强调。客户再“优先”也只能是一个过程，而“成就”才是最终成果，才是能让客户满意的价值增长点。

为了从主观上激发员工对工作结果的热情，华为还设计了合理的奖金生成机制。

以华为的 LTE 无线产品线为例：华为明确 LTE 为无线产品线战略投入产品，由无线产品线承担战略投资。如果 LTE 产品线的 KPI 完成很好，人均奖金可以高于无线产品线的平均年终奖，这就避免了“3G 持续 10 年奖金低”的问题，有效地激励了无线产品线的创造热情。同时，考虑到实际利润情况，华为也规定 LTE 产品线的最高奖金不得超过无线最佳盈利产品的最高年终奖。如此，既保证了产品线员工的价值体现，也牵引有能力、有志向的员工向新领域前进。

华为以工作结果为导向，根据结果对员工进行评价和奖惩，营造了一种比较理性的任务导向的文化氛围和流程责任意识，也就是说，企业在坚持这种“从结果看贡献”的绩效考核时，也要充分重视过程的重要性，不能因为过于重视短期利益而忽视了人才核心能力的培养和发展，调动每一个员工的工作激情，才是成果导向想要达到的更深层次的目的。

5.4.3 调动每一个员工的能动性和创造性

2009 年，在华为的 EMT 会议上，以及《关于人力资源管理变革的指导意见》文件中，任正非仍然不忘强化员工的结果导向意识，并且两次强调："要给这些人一些做出贡献的机会，较强潜能的人，是有条件比别人多做贡献的。当然，他必须做出贡献来才行，华为只从结果来看他的潜在能力产生的绩效与贡献。华为的绩效考评也会一直以结果为评价核心。"

在这样的要求下，华为人也确实树立起了强烈的成果意识，更不会为自己的失败找借口，甚至，公司哪个大项目出了问题，轮值 CEO 会率先站出来承担责任，这与其他企业的管理者出现问题后立刻将责任推给下属是两个极端，所带来的效果也完全不同。

稻盛和夫曾对《日本经济新闻》的采访者说，"企业的价值是客户给的，而价值的创造者则是员工，一个管理者，只有善待自己的员工，从客观上保证他们的收入，从主观上满足他们的精神需求，他们才能更加主动地为你的企业工作，倘若获得荣誉时你只想到自己，而出现问题时你却只想着找谁来替你背黑锅，那么，无论是你的管理生命，还是你的企业生命，都不会长久。"在这一点上，任正非也有着相似的看法，他指出，"员工才是企业成果的最终创造者，必须要调动每个华为人的进取心和创造性，华为才能在冬天里活下去。而且，每个奋斗的华为人也都需要被大家认同和尊敬。"

【辅助阅读】成果导向与成就导向

所谓"成就导向"，是指为自己及所管理的组织设立目标、提高工作效率和绩效的动机与愿望。个人希望出色地完成任务，愿意从事具有挑战性的任务。这种人在工作中有强烈的表现自己能力的愿望，不断地为自己设立更高的标准，努力不懈地追求事业上的进步。

成就导向表现为个人关注后果、效率、标准，并追求改进产品或服务，在组织中谋求资源使用的最优化。成就导向是企业家精神中最重要的成分，同时也是企业人积极工作的一个重要动力。

管理学家与行为学家合作研究发现，个人的成就导向是建立员工成果导向的最佳诱因之一，并指出，个体只有主观上拥有成就动机，才能在客观行为上对结果负责，甚至为取得好的成果付出100%以上的精力。

为了充分调动华为人工作的积极性以及创造成果的能动性，华为公司除了在薪酬和奖金上拉大与其他企业的差距外，更注重员工的精神赋能。从1997年开始，华为先后设立了“明日之星”“蓝血十杰”等众多荣誉奖项，以激励那些渴望证明自己的华为人。

华为巴西代表处法务经理Marcelo Pan在刚刚加入华为的时候工作并不出众，虽然他的父亲是中国人，他却是地地道道的巴西人，所以与中国员工在一起并不能完全适应。同事们甚至叫他“不爱表现的路人甲”。

可是，就是这样一个“路人甲”，对荣誉却有着强烈的渴望。在得知公司设有各种比武和评奖活动后，他便日夜思索，寻找证明自己的机会，终于，在一次工作中，他发现，在巴西，INSS里规定社保税是可以抵扣的，而华为却从来没有注意这一点，并且为此交了大量的“冤枉钱”。

于是，他牺牲了大量的休假时间，默默整理了堆积如山的文件资料，从2007年代表处设立到2012年5年时间里，他一共找到了150多份退税证据，并且为华为从巴西税务局退回了3 000万美元的税款，约合人民币2亿元。最终，Marcelo Pan也如愿夺得了“金牌个人”等多项大奖。

2014年，已经晋升巴西代表处法务经理的Marcelo Pan凭借着优秀的工作业绩，再次荣获公司金牌个人奖。在他看来，这些荣誉只会成为他更加努力工作的动力，会督促他为华为做出更多贡献。

事实上，华为从来不会吝惜对员工的赞扬和批评，任正非指着华为常务副总裁郑宝用说：“郑宝用，一个人能顶10 000个。”然后，又指着另外一位副总裁说：“你，10 000个才能顶一个。”这样极端的评价，或许只有任正非才敢说出来，然而，华为用奖励调动员工创造成果的方式是所有企业都可以借鉴的。华为从结果看贡献，以贡献定价值的人力资源管理方式，更是每一个人力资源管理者应该深思和领悟的。

5.5 强化正负激励

鼓励员工聚焦于贡献，仅仅依靠制度的规范和约束是不够的，如果没有相应的奖惩，规则就会失去效用。所以，人才创造力的激发不只是依靠管理，而应该辅以激励的方式，激发员工，让员工主动去做。可以说，在一个健康的企业中，激励是领导管理过程中不可或缺的环节和活动。华为在激励员工的过程中开创了一种融合多种激励方式的独特的正负激励模式。

5.5.1 功必赏，过必罚，企业才能健康态

所谓正负激励，说白了，就是“功必赏，过必罚”。唐太宗李世民在《贞观政要》中曾经说过“国家大事，不过赏罚而已”。任正非以古鉴今，更加强调赏罚分明的重要性。

在一次华为干部会议上，任正非对在场的华为高管们说：“我在部队里待了十几年，在军队里第一条是服从纪律，第二条就是赏罚分明。你服从命令，把任务完成得好，有功劳就该奖赏，二等功还是三等功，根据贡献进行奖励，贡献不够就继续攒着。你不服从纪律，或者没有完成任务的时候，就要接受惩罚，或是做蛙跳，或者关禁闭，总之要罚，而且没有将功抵过一说，功劳是不能用来顶替惩罚的。我们在管理上，一定要向军队看齐。”

事实上，在大多数企业中，将功抵过是一个很流行的做法，某些干部或员工犯了错误，本应该接受严厉的惩罚，可是，管理者念在对方曾经为企业做出过贡献的分上放“他”一马。殊不知，这种“仁义”在企业管理中却是最要命的。

功能抵过，意味着只要为企业做出过贡献便可以有恃无恐，企业的制度便会形同虚设，这对于那些努力遵守制度为企业创造价值的人是一种伤害。所以，企业内部必须明确，有功劳一定能得到奖励，这样员工才能在嘉奖和自我实现中不断进步，并且持续为企业创造价值；有过错便一定要承担责任，接受惩罚，这样员工才能恪守规则，企业才能健康发展。

【辅助阅读】古人的赏罚观

班固在《汉书·张敞传》中说道："敞为人敏疾，赏罚分明，见恶辄取，时时越法纵舍，有足大者。"记载东周诸子言行的名著《说苑》中也有言，"有功者不赏，有罪者不罚；多党者进，少党者退；因此群臣比周而蔽贤，百吏群党而多奸；忠臣以诽去世于无罪，邪臣以誉赏于无功。其国见于危亡。"简单来说，就是赏罚不明，国家就乱套了，忠臣有功而不赏，久而久之便不愿再进言献策；奸臣有过却不惩罚，时间久了，便都会肆无忌惮地犯错，不将国家法规放在眼中，国家距离灭亡也就不远了。

所以，古人认为，明确的赏罚之道，才是让臣子和下属"经心全意，去世而后已""鞠躬尽瘁，死而后已"的最好方式。

任正非认为，有三种员工必须奖励。第一，为华为创造出可观价值的人必须奖励；第二，持续的奋斗者必须奖励；第三，经过错误的洗礼，重新回归奋斗者团队的必须奖励。同时，他也指出，有三种员工必须惩罚。首先，不负责任的干部必须受罚；其次，不打粮食的干部必须受罚；最后，不能坚持奋斗并且不创造贡献的人必须受罚。

为了提高华为干部赏罚分明的觉悟，任正非曾要求华为干部熟读《三国演义》中诸葛亮斩马谡的故事。

马谡是个有勇有谋的猛将，在诸葛亮平定南中的过程中，马谡与诸葛亮不谋而合，定下攻心计，深得诸葛亮赏识；又在七擒孟获的过程中屡出奇谋，给予诸葛亮很大帮助；更是献策诱使北魏罢免了诸葛亮的一生之敌司马懿，为蜀国谋取了难得的喘息机会。所以，在诸葛亮北征时，马谡被提拔为安远将军，随军北上。街亭一战，他自告奋勇镇守街亭，却因恃才傲物，不听良言相劝犯下大错，导致蜀军大败。事后，马谡负荆请罪，大家都为他求情，然而，为了稳定军心，公正治军，诸葛亮还是依据军法将之斩首。这虽然让蜀国失去了一员猛将，但从此也使得蜀军的军纪更加严明，再无一人敢于违背军令。

任正非希望华为高管能够树立起诸葛亮挥泪斩马谡那样坚定的管理信念，不能被个人感情左右。任正非曾强调，“尤其是华为的一些老干部，都是一起奋斗过的，感情很深，在考评的时候，总是要加个人感情分，这是一定要杜绝的。我们可以像诸葛亮那样，斩了马谡，但厚葬他。哪怕事后鞠躬赔罪，也不能让他们毁了华为。”

5.5.2 荣誉要给有贡献的员工

在《华为你学不会》一书中曾向大家列举了几种在华为较为常见的正负激励制度，比如按贡献大小拿待遇、虚拟饱和配股、动态分配机制等正激励模式，还有将不前进的领导干部免职、易岗易薪、前三名点名批评等负激励模式。其实，这些制度仅仅是华为赏罚有度的一些方面。为了使公司的奖惩激励更加公平合理，任正非还要求，要将“荣誉和机会留给有贡献的员工”。

1997 年，适逢香港回归，华为营业额突破 41 亿人民币，较上一年相比增长了接近 40%，面对令对手眼红的成绩，任正非平静地说道：“华为的光辉是由数千微小的萤火虫点燃的。萤火虫拼命发光的时候，并不考虑别人是否看清了他的脸，光是否是他发出的。没有人的时候，他们仍在发光，保持了华为的光辉与品牌，默默无闻，毫不计较。没有每一个萤火虫拼命闪光，华为就会晦暗无光。”

为了让这些默默发光的“萤火虫”知道华为并没有忘记他们，并且时刻都在关注着他们，华为先后设立了“蓝血十杰奖”“明日之星奖”“金牌团队奖”“金牌个人奖”等一系列荣誉奖项，在以虚拟持股等方式保证有成效的奋斗者获得充足的经济保障的同时，给予他们应有的荣耀，让有贡献的人获得荣誉上的认可，并且鼓舞他们继续努力。

【辅助阅读】认可动机与认可鼓励

怪诞行为学创始人丹·艾瑞里（Dan Ariely）做过一个实验。他找了一些大学生，把他们分成三组，要求他们在一张印满字母的纸上寻找两个相连的S圈，并要求他们标注出来，性质上有点类似校对。艾瑞里和助手告诉这些大学生，这个工作是有报酬的，校对完第一张给55美分，第二张给50美分，第三张给45美分，依次递减。每校对完一张，学生都可以选择是否继续校对下一张。也就是说，当学生感觉自己的劳动与报酬不相符时，就会不再工作。

实验中，每校对完一张，学生都要把校对好的那张纸交给艾瑞里和助理。A组人把校对好的纸张交给艾瑞里的时候，艾瑞里会看也不看地把这张纸放到碎纸机里碎掉；对于B组，艾瑞里还是看也不看，但却把这张纸工整地放到了一边；而C组学生则很幸运，艾瑞里会接过他们的纸，并假装感兴趣地看一遍，点点头，让学生把自己的名字写在纸上，然后再放到一旁。

结果显示，获得承认并且把名字写在纸上的C组学生工作热情更高，这组当中有49%的人校对了10页纸，即使到了最后那页纸，只获得10美分的报酬也没有关系。相比之下，校对完没被任何人看到纸就被碎掉的A组成员工作则热情非常低，他们当中只有17%校对了超过10页纸，而B组学员无论是热情还是工作量都处在中游。因此，丹·艾瑞里指出，管理者要对认可的行为予以鼓励，这样，员工才能更加努力地工作。

“蓝血十杰奖”是华为管理体系建设的最高荣誉奖，也是华为人力资源建设部门和中高层管理者最为向往的一个荣誉，不是对华为管理改进做出突出贡献的人，是无法得到的。与“蓝血十杰奖”相比，最具荣誉性质的“明日之星奖”的获得就要容易许多，华为每年都会在十几万名员工中选出数千位“明日之星”为他们提供走红毯、发表获奖感言的机会，力求让每个为公司做出贡献的华为人都能享受到明星一般的待遇。“金牌团队”和“金牌个人”两个奖项是华为对有卓越贡献的项目小组和个人的最高肯定。在判定奖项归属的过程中，华为的道德遵从委员会扮演组织者和裁判员的双重角色，委员会根据员工的绩效考核成绩等多项参数，民主选举产生获奖者，从而保证活动的公平性。

此外，华为还要求，荣誉奖项的设置和评定必须围绕企业核心竞争力的提升而展开，各个奖项竞争者必须在“对部门主业务改进及部门人均效益提高方面有重大贡献”，而对于那些一时、一事上表现突出的员工，则采取口头奖励的方式，以此确保华为人在价值导向上的正确性。

5.5.3 惩罚的目的是为了不惩罚

在员工价值创造与贡献的激发方面，华为坚持的另一原则是“以惩罚换取不惩罚”。任正非认为，在一套健全的人力资源管理体系下，员工在工作中有什么样的表现，就应该得到怎样的回报。当员工为企业做出贡献时，应该得到相应的奖励；同样，当员工工作不达标或损害企业利益时，也要接受相应的惩罚。然而，惩罚的目的绝不应该是单纯的罚款或降职，惩罚的目的应该是为了不惩罚，为了更好地鼓励员工做正确的事，这样才能达到负激励的效果。

相比之下，很多企业在惩罚上都会犯一个错误，就是为了惩罚而惩罚，认为员工的某种行为必须依靠“罚钱”来制止，所以便一罚再罚，可是，罚来罚去，要么把员工罚走了，要么员工的抵触情绪越来越高，与公司越来越敌对。为了避免这种情况在华为滋生，任正非首先在精神上对员工进行洗礼。

1994 年 12 月，任正非在《致新员工书》中强调："您有时会感到公司没有您想象的公平。真正绝对的公平是没有的，您不能对这方面期望太高。但在努力者面前，机会总是均等的，要承受得起做好事反受委屈。'烧不死的鸟就是凤凰'，这是华为人对待委屈和挫折的态度和挑选干部的准则。"

任正非之所以如此强调，其目的便在于给员工在接受惩罚之前打一剂预防针，教育华为人要有承担责罚的勇气。职业人在工作中犯了错是很正常的，犯了错就要受到相应处罚，这是再正常不过的事情。很多企业的惩罚机制没有做好，让员工觉得"企业罚钱就是为了节省开支"，然而，包括华为在内，世界上没有任何一家公司是依靠处罚员工来节省开支并创造效益的，惩罚犯错者的目的应该是警告那些犯错的人下不为例，警示那些没有犯同类错误的人以此为鉴，这样企业才能在一个良好的内部环境下运营。

【辅助阅读】惩罚与罚款

企业管理中，很多管理者与被管理者都容易混淆惩罚与罚款的概念，认为惩罚就是罚款，尤其是企业管理者，将对员工错误行为的所有惩罚都与钱捆绑在了一起，动辄便是罚 50 元、100 元、200 元。事实上，惩罚不仅是一门学问，更是一门艺术，惩罚的形式也有很多种，小到批评、警告，大到降职、辞退。罚款只是企业负激励的一部分，并不能与惩罚画等号，而且，罚款也是最容易挫伤员工积极性，最不为斯蒂芬·罗宾逊、亨利·明茨伯格等管理学家提倡的一种惩罚方式。

华为并不提倡罚款这一负激励形式，但华为会把奖金与贡献紧密结合在一起，根据贡献决定奖金多少，甚至零奖金。以华为的"从零起飞奖"为例，2013 年 1 月 14 日，任正非在华为市场大会上宣布"华为所有轮值 CEO 2012 年年终奖金为零"，并且颁布"从零起飞奖"，以"知耻教育"的方式来告

诫华为高层放空过去，从零开始。这样的做法自然不是因为华为舍不得发奖金，华为在2012年为员工发放了超过125亿元的奖金和分红，相比之下，几位轮值CEO的年终奖也不过是个零头而已。那么，华为这样做的原因是什么？

其实，任正非所要做的不是惩罚，而是激励，他是想要通过“从零起飞奖”，激起华为轮值CEO的耻辱心，让他们知耻而后勇。同时，也是要借这样的“惩罚”，让华为人树立一种责任感，让广大华为人勇于承担责任，而不是为了逃避惩罚而竭力掩饰自己的过错，推诿塞责。

对于那些敢于接受处罚，并且承担责任的华为人而言，任正非也从来不会吝惜待遇和机会。他曾要求华为“不能对犯过错的干部有偏见，人非圣贤，谁都会犯错，关键是他们从错误中是不是得到了成长，如果他们进步了，那就值得重用。相比之下，那些从不犯错的干部才是不可信的，因为只有不作为才不会出错”。事实上，卓越的企业领袖杰克·韦尔奇的亲身经历也从正面直接证明了任正非这一观点的正确性。

在通用电气公司工作第三年，韦尔奇管理的实验工厂发生意外爆炸，整个实验室都被炸得粉碎，毫无疑问，作为公司PPO工艺开发项目的负责人，韦尔奇显然有严重的过失。第二天，疲惫的韦尔奇不得不硬着头皮前往公司执行官查理·里德的办公室解释这场事故的起因。韦尔奇已经做好了被公司辞退的最坏的准备。然而，查理·里德并没有对他大声呵斥，而是根据公司规章制度，对他采取降职、减薪，以及罚款的处罚，并对他说“证明你自己，你可以将公司的损失挽救回来”。

不久之后，韦尔奇带领他的小组克服重重困难，成功研制了抗高温材料诺瑞尔。1968年，诺瑞尔大获成功，热销全球，韦尔奇成为聚碳酸酯和诺瑞尔两种塑料制品部门的领导人，继而又成为通用电气公司最年轻的总经理，并于1981年被任命为通用电气的董事长和CEO。在他的带领下，通用电气几次平稳度过经济危机，达到了一个又一个新的高度。

看一看韦尔奇的领导查理·里德，看一看任正非，然后回过头重新审视一下自己，为什么华为和通用电气公司在惩罚了干部和员工之后能够达到新的高度，创造出好的成果，而你的企业却被你“罚”得体无完肤？激励员工创造价值贡献的哲学就在其中。

第6章 建设职业通道

真正绝对的公平是没有的，但在努力者面前，机会总是均等的。每一个奋斗者在华为都会拥有自己的晋升机会，反之，不奋斗的人也会被淘汰出去。华为就是要不断吸纳并且成就奋斗者。

——**任正非**

导语：动态化组织与职业通道建设

为了满足员工的晋升需求并使其更好地为企业服务，华为主要从组织结构动态化、员工能上能下、破格用人、保证人才“之”字形成长，以及持续的末位淘汰五个方面来进行员工职业通道建设。

首先，华为通过打破部门枷锁、改良人力资源金字塔，以及推行轮岗制度来提升组织活力，让人员充分地流动起来，在流动中实现再赋能和再成长。在此基础上，华为又通过能上能下文化的推行，给所有人以“上前线”的历练机会，并且在“有上必有下”的原则下，打破老员工的贵族意识，激活沉淀层，让所有员工保持危机感和进取心态，以此鼓励员工去追求管理生涯或者技术生涯的晋升机会。

明确了基本的晋升路径以后，华为并不墨守成规，对于企业迫切需要的人才，或者有着特殊能力的人才，公司也会破格任用，不看学历和经历，以能力和贡献为准。

当然，无论是破格任用的人才，还是通过正常渠道晋升上来的人才，其能力都可能存在着某些不足。对此，华为通过人才的“之”字形成长路径来锻炼人才的横向能力，为其职业发展奠定能力基础。

经过重重培养与锻炼之后，对于那些仍然不能够胜任工作的人，华为则会采取末位淘汰的负激励方式，以淘汰制度催生员工的危机感，刺激员工不断地追求卓越。

带着问题阅读：

1. 如何保持组织的内部活性？
2. 能上能下对于新老员工的不同意义在哪里？
3. 破格用人的三大关键要素是什么？
4. 怎样才能实现人才的“之”字形成长？
5. 如何才能有效激发员工的职业危机感？

6.1 组织结构动态化

一个明确的职业发展通道是员工对企业的基本要求之一，而对员工职业发展进行科学规划的过程，实际就是一个让企业组织更加灵活善战的过程。唯有在企业组织结构变化中科学地设计组织结构，合理地安排与协调员工的岗位和职位，才能最大限度地激发员工的竞争动力，从而发挥组织结构的最大效率。

麦肯锡教父马文·鲍尔曾经说，“每一个企业的产业特点都各不相同，相应的组织结构也应该是有所差异的，如果任何企业的组织结构都是一样的，没有变化的，那么，最终获得成功的便只有一家企业，其他的人都是它的失败的学习者。”也就是说，企业在探索适合自身的组织结构的过程中，一定要实现组织结构之间的动态有机联系，即根据企业与员工需求，适时调整，坚持由机械组织向有机组织结构的动态发展，形成一种“随需而变”动态结构。唯有形成动态化的组织结构，企业在剧烈变化的竞争环境中，才能充分利用组织的灵活性随机应变，保证企业在狂风暴雨中稳若磐石。

6.1.1 突破部门局限，实现动态化运行

组织结构动态化的实现，首先要做到的就是突破部门局限，实现动态化运

行。关于打破部门枷锁，华为开始得相对较早。任正非认为，“大规模人员作战很笨重，缩小作战单位，更加灵活，综合作战能力才能提升，机关要更综合，决策人不能更多。”所以，他主张华为要以业务为导向，灵活重组，构建无数个细胞式作战单位，既满足员工对职业发展的需求，又满足企业效率的要求。

在任正非的带领下，早在 1998 年，华为便建立起了一个既可保持相对稳定，又可迅速调整以适应变化的组织结构，即“随需而变”的组织结构。在这一结构下，一旦出现机会或问题，华为相应部门的人员便会迅速组团出击，抓住机会或解决问题。

华为随需而变的组织结构包含一个常态结构、一个动态结构，以及一个逆向求助系统。其中，PDT（产品开发团队）就是该组织结构中的动态结构，具体负责华为产品集成开发项目。PDT 的人员来自不同的部门，从市场到财务，从研发到服务支持等，其目标只有一个——满足市场需求并快速实现盈利。在具体执行过程中，每个 PDT 下面又可以细分为多个项目组，人员可以不断更新，直接对不同层级、不同时段的工作组负责。华为的这种团队模式打通了封闭的部门脉络，使来自不同领域的专业人员聚集到一起，共同进行产品研发，这也是华为打通端到端的大流程之下的局部流程的融合和共通。

【辅助阅读】华为 PDT 的运作流程

华为 PDT 的运作流程以集成产品开发流程为主线展开工作，同时配合投资决策委员会做好相关上报、审核工作，具体流程如下：

首先，由市场营销工程部从市场获得需求供营销工程部系统工程师对需求进行分解分配；

其次，进行需求分析并进入相应产品部门形成方案，上报投资决策委员会；

再次，由投资决策委员会审核部门负责审核立项、确定目标值；

最后，返回开发部进行开发，PDT组长负责考核研发部提出的每一个方案细节，确保每个环节都处在健康状态，最终决定“通过”还是“不通过”。

华为的PDT组长通常来自市场部，这贯彻了华为以客户（市场）需求为导向的策略。在发掘客户需求后，华为会迅速架构有利于实现客户需求的技术的组织结构。在项目进行过程中，华为的项目小组也会随时依据市场变化而调整组织结构，从而适应工作需求。

比如，在GSM领域，华为推出了面向3G的解决方案，可全面支持3G并支持专业集群功能，配合专业的集群手机，可以满足高端用户的调度、会议广播，以及紧急呼叫等需求。对此，华为立即从市场营销部门和技术研发部门调集一些人员，组成一个事业部，致力于这些技术的评估与开发。最终这个临时搭建的部门研发出了新的支持技术。当3G顺利地投入运营并获得收益的时候，这个临时组建的部门不再具备战略价值，便解散并回归原有编制。

为了适应不同需求，华为的PDT动态组织结构又划分为两种不同的结构形式：轻度矩阵组织结构和重度矩阵组织结构。其中，轻度矩阵组织结构的特点是：项目经理在任务管理中主要起协调作用；项目组成员是本职能部门的联络人员，没有决定权；职能部门经理对涉及本部门的任务负关键责任，并作出关键决策。该结构适用于固定的、简单的任务，当项目规模较大或复杂度增加时，就无法支持业务的开展了，这时候就需要采用重度矩阵组织结构。重度矩阵组织结构的特点是：项目经理在任务管理中发挥主要的、直接的作用；项目组组员完全代表相应的职能部门行使权力；由项目经理和成员承担主要责任，并行使对等权力；职能部门经理只对新建立的临时部门提供支持，而不享有决策、干预的权力。这种高度授权的组织结构形式无疑更适合复杂项目和组织。

矩阵化的动态组织结构有两条明显的权力线，这给建立该组织结构的部门带来了一定影响。具体地讲，就是项目经理需要承担项目开发和管理责任，却不拥有调动执行项目所需资源的权力，导致了权责不对等，给项目工作和考核带来了各种不确定性。为了避免出现这种情况，华为采取了一系列措施。

首先，在高层建立起专门的协调机构，由该机构协调项目执行中的各类资源。高层协调负责人为项目负唯一责任，由职能部门领导之上职位的人员担任。这样一来，项目中关于资源协调等问题，项目组负责人直接找中研部总裁协调，确保了资源对项目的支持。

其次，把项目计划和日常经营计划纳入统一的综合计划，以确保领导和指挥的统一性。华为通过计划减少日常的协调工作，将平行的互相冲突的项目任务和日常职能工作在时间上错开。规定统一的先后次序和优先级别，这就避免了同一个骨干同时在不同项目组任职。

最后，将项目的完成进度和成果纳入统一的考核体系，从而落实项目责任，避免职责不清、责权不对等的问题。在奖惩方面，项目组成员的奖金单列，同一个职能部门的同级人员，如果其中一人在重大项目中表现优异，则给予较高的奖金和良好的晋升机会。

华为随需而动的组织结构形式，使各个部门、层级的员工可以迅速聚拢、组合起来，为华为项目的顺利展开创造了条件，大大提升了华为的竞争力。同样，对于任何一个企业而言，像华为一样打破部门局限，将价值链分解到各个环节之中，缔造超越个人单打独斗的价值，才是企业实现人力资源效率革命的妙笔所在。

6.1.2 改良金字塔管理，保证人才涌现

实现组织结构动态化，还要敢于打破传统组织结构带来的思维僵化和管理僵化。大多数企业在进行组织结构管理时通常采用金字塔管理模式，即一个老板管理几个高层，再由几个高层管理几十个中层，最后由几十个中层管理数百名基层员工，坚持严格的层级管理。

【辅助阅读】金字塔管理模式

金字塔管理模式又称“等级式管理模式”，在实行金字塔管理的企业，有多个管理层级，最常见的层级通常包括董事长、总经理、部门经理、主管、班组长、基层员工等。这些层级自上而下人员逐渐增多，形似金字塔，所以这种管理模式便被称作金字塔管理。

在 3 000 年前的中国西周，分封制实际上就是一种最原始的金字塔管理模式，即周天子管理诸侯，诸侯管理大夫，大夫管理士，士管理平民和奴隶。分封制在实行初期有效地帮助西周扩大了疆域，稳固了统治。在现代企业管理中，董事长和总裁就相当于处在金字塔顶端的周天子，他们的指令通过一级一级的管理层，最终传达到执行者，每一层级都有人保证指令的落实，可以有效做到企业政令的统一和执行的一致。

过往的实践证明，金字塔管理能够有效地避免权力的混乱和管理责任的不清，在过去很长一段时间里，华为也坚持这样的管理模式。可是，随着企业发展越来越快，以及对人才的需求越来越大，任正非发现，传统的金字塔管理在人才开发和提拔上存在一定的问题，而且金字塔管理存在一定局限性，在严格的管控下，一线人员无法及时根据市场需求做出应对，这对华为的发展无疑是不利的。

2014 年 1 月，任正非曾在华为内部年度干部工作会议讲话中说，“在西方顾问的帮助下，经数千人力资源的职业经理与各级干部、专家的努力，我们基本建立了金字塔式的人力资源模型，并推动公司成功达到 400 亿美元的销售规模。金字塔管理是适应过去机械化战争的，那时的火力配置射程较近，信息联络落后，千军万马上战场，必须由塔顶的将军指挥塔底数万士兵贴身厮杀，才能形成足够的火力。而现代战争，远程火力配置强大，是通过卫星、宽带、大数据，与导弹群组、飞机群、航母集群等来实现标准化作战的。呼唤这些炮火的不一定再是塔顶的将军，而是贴近前线的铁三角。千里之外的炮火支援，胜过千军万马的贴身厮杀。所以，华为必须适应时代需求，改良传统的金字塔管理，让一线的人才更多地涌现出来。”

所以，任正非强调：华为现在的政策还是希望把优秀人才进引来，人力资源金字塔基座要异化，改变齐步走的模式。用他的话来说，就是：“在拉长人力资源金字塔顶端时，要看到内生的新生力量，引进外来的‘蜂子’，也要以内为主。不给内部人员一种希望，内部人员努力就不够。我们要承认年轻人可能有未来，不要总是认为小年轻不能当上将。”

具体来说，华为对金字塔人力资源管理模型的优化主要有四个方面：

第一，加快对金字塔中直接面对客户的中基层，以及直接面对复杂项目、直接面对困难的优秀员工的任职资格及职级的优化。华为鼓励干部上前线、赋予一线员工呼唤炮火的权利、不让奋斗者吃亏等措施，以及技术与管理双晋升的员工职业发展模式，都是培养员工任职资格，促进其职级优化的重要措施。

第二，继续对优秀人员采取及时准确的评价，加快优秀才俊晋升的考核与选拔。在这一方面，华为近年来一直在强化，不仅仅在全公司，而且在全社会、全球，选拔具有全球化业务经验及视野的干部担任高级主管；而且，华为还坚持选拔能洞察客户、洞察市场、洞察技术、洞察国际商业生态环境的人做领袖，给予每个有能力的奋斗者晋升的机会。

第三，继续优化并坚持薪酬包管理制度，让各级管理者学会管理。华为规定，一个项目组的成员是由项目负责人与项目成员相互选择的，如果负责人不怕因为某些懒人的加入影响项目进度，最终失去奖金和晋升机会的话，那么华为并不会阻止，同样地，如果项目负责人希望通过施压的方式让优秀分子脱颖而出，让落后的人员流失，那么公司也会予以支持，但倘若对员工挤压得太过极端，公司会建议进行优化调整。

第四，坚持不懈地反对腐败、反对惰怠。任正非指出，作为第一层防线的各业务主管，在业务运作中控制风险，是最重要的防线。要杜绝腐败，最主要的监管还是在流程中。所以，华为近年来每年都会举行 EMT 自律宣言等防腐活动，努力保证华为组织管理者的纯洁性。

通过对传统金字塔管理结构的优化，华为有效地实现了员工在薪酬、晋升等方面与市场的对标。比如，技术人员不再仅仅凭借职级赚工资，而是要根据市场需求，造出高质量的产品，然后才能拿到高薪；制造人员也是一样，不能提供让市场满意的制造速度，就要寻求改进，让有能力实现改变的人站出来，领导变革。这样一来，企业和人才才能双双获益，实现双赢。

6.1.3　以轮岗制保持组织的健康与活性

在打破部门局限和传统金字塔管理方式的基础上，华为保证组织结构动态化的最重要做法就是采取轮岗制度。20 世纪 80 年代，IBM 最伟大的 CEO 之一约翰 · 埃克斯曾说，“想让一个组织保持最大的活性，就是让所有人都流动起来。”

轮岗换位不仅可以激励员工学习更多的技能，拓宽职业宽度，对企业而言，其意义也是非同寻常的。1995 年，任正非在华为研发出自己的交换机之后决心做大市场，然而，他却发现，华为人应对市场变化方面存在严重不足，有时候，客户提出一个问题销售员要询问十几个研发人员才能给出准确的答案，研发人员在研发产品时也缺乏主动性，不去探索客户需求，只是被动等待高层下达指令，这样僵化的组织结构对华为的生存无疑是不利的。所以，任正非提出“要以轮岗制历练人才，要让所有华为人都动起来，既要有纵向晋升方面的移动，又要有横向拓展上的移动。”

【辅助阅读】华为的业务轮转与岗位轮转

在华为，轮岗换位并不是简单的岗位轮换，它包括两种状态，第一种是业务轮换，第二种才是岗位轮换。华为的业务轮换是单纯从提升原有业务能力的角度出发。例如，让研发人员从事中试、生产、服务等，以便让研发人员掌握和领会技术商品化的内涵，并用于实践；同时这种交流也使技术人员对其他领域有所了解，以消除技术至上引起的偏见。

岗位轮换是伴随着绩效考核进行的，即不合格的降职，合格的升职。这一举措在许多外行人看来很平常，但华为在执行这一政策时，无论是规模还是力度，都是“惊天动地”的，其范围之广、频率之高令人难以想象。例如1996年华为市场部集体辞职事件。上至总裁下至普通员工，全部归零，通过竞聘的方式进行答辩，公司根据具体表现、发展潜力和企业发展的需要，重新任命。

华为的岗位轮换不仅仅是从一个岗位到另一岗位的培训，而是易职、易岗、易薪，全部推倒重来。这给员工带来了很大的压力，但也正是在这种压力下，人们开始不断努力，通力合作、积极工作。经过多年的发展和演变，华为的轮岗换位制度已经形成了一个严密的流程。

华为会在每年的12月制订次年的轮岗计划，并安排3%～5%的现有专业人才参加轮岗培训，培训过后，普通人员和专业人员区分开来，普通人员直接确定轮岗安排，专业人员的轮岗一般由个人提出申请，将填写好的《工作轮换自我申请表》上交到人力资源部门，人力资源部门会根据申请表，结合岗位工作描述对轮岗申请表进行审核，初步拟订参加轮岗培训的人员名单，最终确定参加轮岗培训的名单，并由人力资源部门备案。

在轮岗中，华为会通过《员工工作轮岗登记卡》记录参加轮岗培训员工的基本状况和主要优缺点，以及他们在轮岗期间的工作和培训情况，并由专门人员进行保管。每半年对轮岗人员进行一次考核，考核的内容包括能力、潜力、工作态度以及工作绩效等。直接主管按照从高到低的A、B、C、D四个等级，负责考核评估，并将评判结果报到人力资源部门备案。人力资源部门还需要在每次考核结束后，及时与轮岗员工进行沟通，客观地评价他的优点和缺点，提出培训建议，并共同讨论杜绝缺点的办法，以便更好地进行后续工作。

次年的 11 月底，华为人力资源部门需要对一年以来的考核结果进行总结，并将考核结果列入年度考核中进行备案。倘若有轮岗员工连续两次出现 C 或者 D 的成绩，则应根据轮岗人员所在部门的意见，适当地安排其调离岗位、降低职务或者参加相应的培训。

岗位轮换制度极大地促进了华为内部管理技巧的传播，保证了各部门的均衡发展，也有利于优秀干部快速成长；同时，接受轮换的人员将优良的东西带到基层和一线，使整个华为员工系统保持积极性和灵活性，而经过轮岗制度的历练，也使得华为在运营中无论遇到任何问题，总有人能够顶上去，快速地解决问题。

在华为，几乎所有员工都换过岗位，一般一到两年就要换一个岗位，一些特殊人员和岗位甚至轮换更加频繁。事实上，华为的岗位轮换制度与美军的用人制度十分相似，美军的岗位轮换非常普遍，在一个岗位任职，两或三年就轮换，最多四年。就连美国的军事院校的机关人员和教员都是如此。美军的岗位轮换理论是：如果一件事情熟悉到人闭着眼睛都能去干，人剩下的就全是惰性、没有创造力了。越对事情不太了解、不很熟悉，工作就越小心戒惧，在这种状态下反而成效更高、更富创造性。所以，必要的轮岗是激发成员活性的客观要求。

当然，岗位轮换也不是越多越好，一方面要遵循市场需求，另一方面也要参考员工个人意愿，做到科学合理的动态调整，这样才能有效消除员工的抵触心理。与此同时，也要防备那些不负责任的员工借着轮岗的机会偷奸耍滑，为自己谋求轻松的岗位。就像任正非在 1999 年 11 月召开的华为新员工入职大会上所说的，“公司应该允许员工有挑选岗位的机会，不用封建包办婚姻式的包办定终身，但过分自由也不好，不能无限制地调换岗位。”同时，任正非还强调，“轮岗换位也要注意在干部任用上的连续性，不能为了换岗而换岗，把企业搞得乱七八糟。”

6.2 能上能下的职业通道

为了保证组织结构动态化的顺利实现，华为还坚持建设了能上能下的职业通道。普遍意义上的“能上能下”是指干部能够不计较职位高低，不论处于领导岗位还是在基层从事具体工作，都能踏踏实实地按照组织要求干好本职工作。在华为，“能上能下”被赋予了新的内涵，它的指向不仅仅只是领导干部，普通员工也可以通过这一机制获得晋升机会。

华为通过能上能下的晋升体系，有效地激励着内部人才向上或向下的自由流动，让高能的人走上去，让低能的人走下来并重新积累能力以获得再次晋升的机会，让企业内部始终充满活力。

6.2.1 给所有人带兵打仗的机会

1996 年，华为邀请国际著名的人力资源管理公司 Hay Group（合益公司）帮助其建立人力资源管理体系，任正非对人事管理的要求之一就是“通过改革，华为干部要能上能下，工作上要能左能右”。在《华为公司基本法》中，华为也明确要求，“公司反对官本位，主张能上能下，华为干部要把工作看成一种责任。”

在华为，能上前线也能下基层是对干部的基本要求之一，这样的原则也意味着，当“战争”机会来临时，所有华为人都有机会上前线，都有成为排长、连长，甚至团长、军长的可能。前提是，只要你能够创造出业绩。

【辅助阅读】晋升、业绩与能力的关系

企业管理中，在强调晋升的时候，往往要与能力、业绩挂钩。有些管理者注重员工能力，有些管理者则注重员工业绩。华为人力资源体系以业务为驱动，强调业绩重于能力。

任正非认为，“业绩在一定程度上可以真实地反映能力的高低，如果说一个干部有能力，但却不能创造业绩，那绝对是不正常的。”在华为，当能力转为真正业绩的时候才被看做能力，才能成为晋升的基础，而当能力不能为企业带来价值时，就只能算是一种潜力，只能说这个人比较值得培养，但是否重用，还是要依靠市场实战说话。

在一般企业，“年轻”通常会与“能力不足”画等号，但华为绝不会如此。据不完全统计，截至2016年1月，华为每年会接收近8 000名优秀毕业生进入公司，在华为的研发体系内，70%以上的研发专家是“80后”，在各个部门的经理中60%也是“80后”。这样年轻化的团队意味着华为的生命力，同时也意味着，年龄并不是晋升的障碍，绩效才是岗位晋升或下调的最高标准。

具体来说，华为在人力资源晋升制度的设计上坚持把压力传递给员工个体，力求让每个华为人都处在激活状态。公司人力资源部门每年会进行一次同一层级的干部绩效排比，排名靠前的人甚至可以拿到双份奖金，排名靠后的10%则要被下放到基层进行历练，也就是所谓的“能下”。

那么，怎么才能“上”来呢？这份工作同样由人力资源部门负责。人力资源部门会根据绩效考评所体现出的每个员工的能力，比如沟通能力、市场开发能力、决断力、责任担当能力等，进行综合评估，将优秀员工列入候补干部梯队的大名单之中，一旦有适合的岗位，或者公司某一岗位需要及时补位时，他们便会被推上去，即所谓的“能上”。

华为干部在职期间，人力资源部门每个月都会把相应的考评数据提供给公司的行政决策团队，决策团队便可以清晰地判断出哪些干部能力、绩效与岗位不配，哪些干部能够获得更多机会。没有人会怀疑华为干部存在业绩造假的可能，因为华为还设置了道德遵从委员会等组织，专门负责调查海内外华为干部及员工的绩效真实性。

从 1997 年开始推行“能上能下”制度以来，该制度为华为培养了一大批卓越的干部人才，关于华为“能上能下”管理制度的推行，任正非曾经总结过几点心得。

第一，强调把机会留给每一个人。对于没有得到过机会的人来说是件值得兴奋的事，但对于手握机会和权力的干部而言，必然会存在一定的抵触心理，这个共识需要在推行中慢慢达成。当初，华为的部分高管也不愿意接受，但今天大多已经习以为常。

第二，限于推行的难度，可以先选择较低层级的某个部门做试点。成功了，把机会分享给其他部门，失败了，总结教训，做出调整，重新再来。华为最初也是从市场部开始做起的。用任正非的话来说，“变革本质上来讲就是一个改变利益格局的过程，唯有坚持才能成功。”

第三，能上能下不是让老员工给新员工让位置，而是为了公平竞争，使机会多元化。那些被下放的干部，做不了干部还可以做员工，甚至就算是被辞退了，华为也会充分给予发展保障。也就是说，企业在让干部下去的同时，要保证他们还有机会上来，起码下去了也不会饿死。

第四，公平性是不可或缺的，一切都要按照制度要求办事。员工无论上下，都要用绩效说话，不能按照领导的个人意志来办事，那样公司就乱了。

第五，要给予员工双重保障。有些人天生不适合做管理者，对于这部分人，华为除了尽可能地培养起管理能力外，还会许以技术领域的晋升机会，即，如果你不能做 20 级的管理者，但你是技术精英，那么，你就可以为 20 级的技术员的职位努力。

在学习华为的过程中，每个人都知道华为这种“能上能下”的制度好，但搬到自己的企业中去，就发现完全无法操作落实，其实就是这些背后的逻辑你还没有掌握。

6.2.2 打破老员工的贵族意识

有人说，华为的“能上能下”制度有点类似于北宋王安石变法时期推行的将兵法，即“兵为将用”而非“兵为将有”，这样便有效避免了内部山头主义的出现，能够防止某一干部在一个职位上停留太久而培养亲信的做法。事实上，这仅仅是“能上能下”制度作用的一个方面，任正非之所以坚持推行“能上能下”制度，最初其实是为了打破华为老员工的贵族意识。

【辅助阅读】员工的贵族意识和精英意识

在企业中，员工必须具备精英意识，即不断追求完美，始终把企业成就与个人价值的实现放在首位，精英意识是员工不断进步的动力之一，也是哈佛大学、剑桥大学、麻省理工大学等世界著名学府在培养人才时的重要要求之一。

相比之下，贵族意识则是员工职业生涯的破坏因子。它与宣扬勇气、责任、荣誉、自律的贵族精神完全是两个极端，催生的是员工的腐朽、懒惰等不良习气。

哈佛商学院教授克莱顿·克里斯坦森在《创新者的窘境》一书中指出：“精英意识是一个企业与员工不竭的动力，而贵族意识则是一个组织走向灭亡的开始，企业管理者必须在运营中警惕老员工诞生贵族意识，要令其保持危机感和饥饿感。”

众所周知，任正非是个危机感和学习意识十分强烈的人，他曾说过，“时光不能倒流，如果人能够从80岁开始倒过来活的话，人生一定会更加精彩。”为了强化华为人的危机意识，他发表了《反骄破满，在思想上艰苦奋斗》《华为的红旗到底能打多久》《在自我批判中进步》《华为的冬天》《天道酬勤》等文章，告诫华为人不要骄傲自满。

1994年，华为克服重重困难，终于研发出了自己的交换机，在通信设备领域一举成名，在巨大的成绩面前，一部分华为元老开始骄傲起来，任正非十分担心这种自满的情绪会毁了华为。于是，为了打破老员工的贵族意识，华为在1996年1月进行了第一次大规模“下放”，在华为历史上，这种“先辞职，再竞聘上岗”的大活动，一共进行了三次。

1996年华为市场部大辞职事件过后，业界一片哗然，很多人为任正非的魄力感到吃惊，因为如此大规模的人员调度，很容易导致整个公司的瘫痪。几年前，思科的一位高级副总裁在评价华为这次辞职事件时曾感叹：“或许翻遍美国和中国的所有公司，也就只有华为敢这么做，而且还能做成功，更重要的是，即便遭遇困境，任正非总裁也没有轻易放弃。”

2000年，在市场部“大换血”取得良好效果后，任正非又进行了一次更大的人事调整，他出台了《关于内部创业的管理规定》，号召入职两年以上的华为人辞职创业，做华为的代理商。毫无疑问，这次“内部创业”又是华为的一大创举，但结果却是毁誉参半。

李一男等华为高管离职之后并没有成为华为的臂膀，反而成为华为的竞争对手，最后华为还花费了17亿元才收购了李一男的港湾科技。李一男等一干华为骨干的离开也给华为在市场和研发两个方面带来了很大的打击。但是，任正非的权威性在这次试验中得到了更好的巩固，坚守下来的华为人也变得更加团结，李一男、聂国良、黄耀旭等高管的离开，也为余承东等新一代华为栋梁腾出了更好的施展空间。倘若李一男从未离开华为，谁又能肯定他可以比余承东等人做得更好呢？

这次谈不上成功的“内部创业”并没有抹去任正非激活员工的决心。2007年，由董事长孙亚芳带头，华为又一次掀起了规模达到7 000人的大辞职运动。华为以最低20万人民币的赔偿金为代价，号召在公司工作8年以上的员工主动辞职。辞职后如愿意继续留在公司，华为会再次聘用，但只有既有股份不变，职位与年资均要按照该年的绩效重新计算。这种激进的做法再次引起了当时舆论的哗然，然而，华为员工却表现得相当平静，辞职再回任的比率甚至高达九成，可以说，华为又一次成功做到了“归零”和“再启程”，重新应聘上岗的员工与过去的资历早已绝缘，倘若无法在重新入职后符合公司要求的绩效，就会面临被淘汰的命运。

华为的这一做法，既保证了不让辞职员工承担经济损失，又保证了华为企业团队的新陈代谢，通过这样的调整，所有元老、管理者、员工都认清了一个道理：要把自己当新人看待，倚老卖老或不思进取者，必将被企业淘汰出局。

这也符合华为的双向激励模式：正激励和负激励。一方面“不让雷锋吃亏”，给年轻人机会，另一方面“末位淘汰永不停止”，让每个人都保持危机感。正是这样，华为的员工团队始终保持着高昂的奋斗活力，持续为华为的发展创造资本。

6.2.3 契合员工需求，建立双职业通道

在职业发展中，员工的职业需求是不同的，有些员工有当管理者的欲望，有些员工有当技术带头人的欲望，而有些人则只是希望在平凡的岗位上发光发热。对于人力资源建设者而言，如何结合员工能力建立起适合大多数员工成长和晋升的职业通道便显得尤为重要。

任正非认为，员工为企业奉献了一切，尤其是华为的奋斗者们更是如此。所以，秉承着不让奋斗者吃亏的原则，华为在充分保证员工利益的同时，十分强调在职业发展层面契合员工的需求与能力，给予每个奋斗者公平晋升的机会。

在这一点上，华为坚持“三优先，三鼓励”的原则，即优先从优秀团队中选拔干部，优先选拔责任结果好、在一线和海外艰苦地区工作的员工进入干部后备队伍培养，优先选拔责任结果好、有自我批判精神、有领袖风范的干部担任各级一把手。鼓励机关干部到一线特别是海外一线和海外艰苦地区工作，

鼓励专家型人才进入技术和业务专家职业发展通道，鼓励干部向国际化、职业化转变。

对于企业而言，职能职位始终有限，而且，技术人员是无法走职能晋升的通道的，高科技企业如果不能满足技术人员的晋升需求，便会在很大程度上制约研发人员向上奋斗的动力，对企业造成难以估量的负面影响。华为的“三优先，三鼓励”政策很好地解决了这个问题。遵循“三优先，三鼓励”的原则，华为一改大多数企业实施的传统的单一的管理职业晋升模式，在晋升偏向管理生涯通道时，打开技术生涯通道，鼓励华为人“学而优则优”，结合多种激励性措施，引导技术人员走向技术型专家的道路，即管理生涯通道与技术生涯通道并重的双职业通道（如图 6—1 所示）。

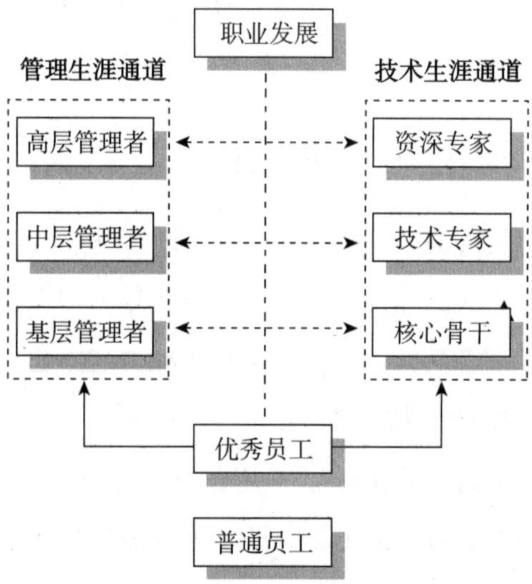

图 6—1　华为的双职业通道

双职业通道模式是华为在人力资源职业管理上更为务实有效的管理手段，为奋斗者提供了不同的奋斗路径。

从图 6—1 可以看出，华为的双职业通道有两个突出特点：第一，管理生涯通道的发展路线是：普通员工→优秀员工→基层管理者→中层管理者→高层管理者；第二，技术生涯通道的发展路线是：普通员工→优秀员工→核心骨干→技术专家→资深专家。在两种职业通道中，基层管理者和核心骨干、中层管理者和技术专家、高层管理者与资深专家的级别基本对应，同级别所享受的薪资待遇也是一样的。无论是技术型员工，还是管理型员工，都有机会走到高位，拿到高薪。

如此一来，华为员工便可以根据个人能力与需求，判断自己应该选择哪一条晋升路径，并且可以专心地为此而努力。在大多数企业中，如果你是个科研人员，你的工作性质似乎已经决定了你不可能当上部门经理，也不能当上副总裁，但是，华为的双职业通道却打破了这一官本位，只要你不断提升自己，按照专家的路线走下去，并且做到足够专业，那么，你也一样可以拿到副总裁的待遇，甚至有权调动相应的资源。对于企业而言，这种晋升方式不但能够充分调动起技术人才的能动性，而且不会导致企业管理层出现冗官冗员的沉疴，有利于企业不断压缩编制，实现管理最优化。

双职业通道有效地平衡了华为的内部管理问题，这种鼓励机制对于华为的长期健康发展具有重大意义。按照美国社会心理学家亚伯拉罕·马斯洛提出的需求层次理论分析，个体价值的实现是人的最高追求，企业想要人才充分发挥势能，就必须像华为一样，构建一个适合人力资源充分成长的生态环境，让每个员工都能实现其个体价值。员工努力证明自我价值的过程，实际上也就是员工为企业创造价值的过程，企业给予员工证明自己的机会越多，本身所获得的利益便越大。所以，企业领导者和人力资源建设者务必要像华为一样，持续地构建并提升自身人力资源生态环境，让员工解放，让企业长生。

6.3　不拘一格用人才

能上能下的职业通道的建设，体现了任正非高人一等的管理魄力，而在人才职业通道建设上，企业管理者若想真正做到人尽其才，还要学会破格用人。

必须承认，为员工建立一个明确的晋升通道是好事，但是不是所有人都要循序渐进，按部就班呢？是不是所有做干部的都必须在学历和经历上双双达标呢？答案显然是有待商榷的。

先贤孟子在《生于忧患，死于安乐》中指出，“管夷吾举于士，孙叔敖举于海，百里奚举于市。”这些改变历史的人才都没有显赫的出身和太高的学历，然而，他们却都帮助自己的主上取得了卓越成就。所以，企业管理者不要被学历、证书、背景等条条框框限制，失去真正可用之人，而是要唯才是举，量能取才，任人唯贤。

6.3.1 人才不能以学历和经历来定义

在大多数中国企业中，关于人才使用往往会陷入一个误区，那就是将学历和能力画等号，在晋升中，必须拥有某一级别的学历才能当高管的“硬”条件层出不穷，而当这样的晋升规定并没有帮助企业获得成长，反而成为其发展障碍的时候，这些人便会好奇起来，“为什么我学习华为只要牛人，最后却成了邯郸学步，东施效颦？”

事实上，这些人学习华为的人才观，只学到了一半，华为对于人才招聘确实有着极高的标准，但这是由其企业性质决定的，华为是一家高科技企业，注定要寻用高素质人才，尽管高学历未必代表高能力，但低学历者难以胜任华为的产品研发工作，却是不争的事实。问题的关键在于，将这些高学历人才招聘到企业当中以后，华为便会毫不犹豫地把他们的学历“扔”到一旁。

【辅助阅读】华为同等学力认证制度

在华为，学历只是一块敲门砖，一旦入职，学历的说服力便丧失了，员工真正能够证明自身价值并且赢得晋升和奖金的实际上是工作成果与贡献。

2011 年以后，华为开始实行同等学力认证制，在 12 级及以下的员工中，推行同等学力的认证。这种认证不是以知识为中心，不以考试为标尺，而是看岗位的表现来确认员工的能力。在华为，低学历却能胜任岗位工作的员工一旦通过认证，就能得到华为大学发布的认证书，在华为内部通用，如此一来，低学历但表现优秀的骨干人才就可以留下来，同时也鼓舞了更多的华为员工通过学习来提升自己。以华为的物业公司为例，很大一部分的基层岗位人员学历不高，但却能胜任多个岗位要求，这部分人才在华为也能绽放出自己的光彩。用任正非的话来说，"我们要让员工聚焦在工作中，而不是聚焦在学历和准备考试上，这样做才是成功的，学历和考试并不创造价值。"

华为在选拔人才的过程中将人的发展潜力列为第一考虑要素，而学历在员工走上岗位的那一天起，便成了一条无关紧要的备注信息。华为内部是认可低学历者的，而对于那些高薪低能、蒙混过关加入华为的人来说，高学历也并不能成为他们混吃混喝的保证。

具体落实到华为管理晋升与技术晋升的双职业通道中，学历都不能成为领导者提拔人才的指标。1996 年，在华为技术能手大比武之前的讲话中，任正非便对华为高管强调："人们往往将素质理解为认知能力，看他是不是博士、硕士学历。认知只是代表你知道了多少。我们强调的素质不是表面上的素质，而是强调品德和工作能力，就是贡献和结果。"

正因为任正非不迷信名校尖子，不看重学历，才得以成功培养出一大批有实干精神，愿意从小事做起、从基层做起的员工，他们成为华为通信大厦建设过程中忠实的"泥瓦匠"。

2009 年 6 月，华为的重庆 C 网替换工程完成交付。交付以后，华为方面还要在不到 2 个月的时间里对网络质量进行提升。此时，华为人面临着复杂的山城地理环境、紧张的网络优化攻关期限，以及保证质量与工程进度之间的矛盾等诸多问题。麻烦总是不期而至，在攻关最紧张的 8 月初，出现了又一个工作难题：需要排查处理网上几个VIP的话音质量问题。要想处理好这类问题，工作人员必须完成扛扫频仪、爬铁塔、调天线等高风险和高难度的工作。

项目组找来找去都没有找到合适的人选。即使有这样的人选，也不一定愿意干这种苦差事。最后，原本负责网络优化工作的“三本战将”纪国龙（化名）果断承担起这项任务。纪国龙毕业于一所三流大学，在华为干了两年的“临时工”才得到认可，并被聘为正式员工。成为正式员工后，纪国龙深知自己学历上的不足，不仅努力工作，还始终坚持学习，项目组有问题，总是第一个冲到前面想办法，所以被同事们戏称为“三本战将”。这一次，原本身体不适的他见项目陷入困境，又一次挺身而出。

在那段日子里，纪国龙白天要正常处理问题，下班以后只能随便吃点东西，马上就去参加关于工作进展的分析例会。多日的摸爬滚打，让他的头发看起来非常蓬乱，身上还有些许污泥，同事们都不再叫他的“日本外号”，而是笑称他是项目组的“泥瓦匠”。

在华为，像纪国龙一样的“泥瓦匠”还有很多，他们并没有很高的学历，却愿意为公司奉献自己的力量，时刻发挥实干肯干的奋斗精神，他们是华为发展的原动力。为了获得中东某电信运营商的认可，他们冒着室外60摄氏度的高温进行现场作业，长达数月；在高原缺氧地带，他们爬雪山，却始终无怨无悔。

6.3.2 以能力和贡献为准，允许破格提升

对待像纪国龙这样为公司做出巨大贡献的员工，华为从不吝惜对他们进行奖励和表彰，而倘若经过考验，这样卓越的奋斗者确实有能力担当大任的话，华为也从来不会吝惜对他们的破格晋升。任正非曾在2012年7月召开的华为EMT办公例会上指示华为管理层：“有过成功经验的连长可以直接提团长，有过成功经验的团长可以直接提军长，没有必要一定要经过营或师这一级，因为

只要他带过一个团了，到一个军只是放大了而已。”

很多管理者不敢破格用人，总是担心被破格提拔起来的年轻人无法服众，或缺乏大局观，然而，如果你始终不给他们锻炼的机会，那他们何时才能成长起来呢？用任正非的话来讲，“领袖型的人物你不抓紧时间提拔，等到上航空母舰的时候，他都勾腰驼背，指挥不动作战了，还有什么用?”所以，在华为，任正非要求人力资源委员会在破格提拔上还是要敢于决策，该破格提拔时就要果断提拔。

【辅助阅读】企业破格用人的四大原则

（1）不重学历

古语云，列德而尚贤，虽在农与工肆之人，有能则举之。学历并不是衡量人才能力的最终标准。股神巴菲特曾被哈佛大学拒于门外，马云只毕业于杭州一所三流大学，石油大亨洛克菲勒甚至小学都没有毕业。所以，企业在任用人才时一定不能将学历看得过重。

（2）不拘小节

正所谓“金无足赤，人无完人”。每个人都有优点和缺点，企业在用人时，不能因为某些人有缺点便避而远之，根据人才特点将其放在合适的岗位上发光发热，才是一个企业正确的用人之道。

（3）不计前嫌

一些有能力的人或许曾经犯过一些错误，让公司蒙受损失，但企业管理者要看重人才和利益的长远性，不能因噎废食，断送人才与企业走向双赢的可能。

（4）不论年资

近代变法领导者之一康有为曾经说过，“循资格者可得庸谨，不可得异材，用耆老者可以为守常，不可以为济变”，企业人才管理也是相同的道理，如果论资排辈的话，年轻人便永无出头之日，而老员工在退休之前难有卸下重任之时，企业发展缺乏朝气，走向灭亡便是迟早的事情。

为了强化华为干部敢于破格用人的理念，任正非还强调，“我们要学习美国军队，诺曼底登陆的时候，李奇微还是个少校，指挥82师的一个营；到朝鲜战场的时候，已经成了‘联合国军’总司令；后来，他接替艾森豪威尔任北约组织武装部队最高司令。短短8年时间就能有这么大的提升。为什么华为就不能这么选干部？我们还是要选一些战略狂人上来，我们才能占领战略要地。我想换干部，把余承东这样的拉上去。人力资源能不能让余承东兼个副总裁？让他去选干部，发现谁是千里马，就把谁用起来。”

其实，人才的破格提拔在华为由来已久。

1997年，华为中试新员工延俊华给任正非写了一封题为《千里奔华为》的谏言信，信中指出了华为存在的一系列问题和发展建议，很多问题都切中要害。任正非以“一个会思考并热爱华为的人”为由，直接提升延俊华为部门副部长。不过，后来某位新员工效仿延俊华，也写了一封“万言书”，却因为言之无物被任正非一顿狠批。还有华为传奇人物李一男，年仅23岁的天才少年李一男进入华为的第二个星期就成为高级工程师，半年后就任中央研究部副总经理一职，一年后就被升任为中央研究部总经理，第二年成为华为最年轻的副总裁，与华为创业元老郑宝用平起平坐。

此外，华为上海研究所所长王海杰，32岁时就和摩托罗拉GSM研发总工程师同桌谈判；原华为副总裁胡红卫，在入职不到4年的时间内就因出众的个人能力，被提拔为制造部总经理、计划部总经理……这样的提升，在其他企业中是难以想象的。当然，华为的破格用人并不是凭任正非的喜好用人，每一个被破格任用的华为人都必须具有突出的能力和贡献，这是华为用人的基本准则。在这一点上，索尼创始人盛田昭夫与任正非有着类似的观念。

1982 年，盛田昭夫私下决定让学音乐出身的大贺典雄作为他的接班人，这个决定遭到了朋友们的一致反对。当时，盛田昭夫说道："实话讲，我从来没有把 18 岁到 22 岁的 4 年里学了什么这件事看得很重，难道大学的学习就能说明一个人一生能干什么？这不是很荒唐吗？相比这些，我更相信自己的眼睛，看看大贺这几年都为企业做了什么，他就像一个企业设计师一样，为索尼带来了以前从未有过的发展灵感，我觉得这种贡献和能力比他的专业更加重要。"

最终，在盛田昭夫的坚持下，大贺典雄成功当选为索尼的董事长兼首席执行官。在大贺典雄的带领下，索尼一次次地掀起了 20 世纪娱乐业的风潮：随身听的流行，CD 的普及，CBS 并购哥伦比亚电影公司，MD 的问世及 PS 游戏机的诞生，都是出自大贺典雄的手笔。

不看学历看能力，不看资历看贡献。简单的十四个字，却是盛田昭夫与任正非两位卓越企业家最本质的用人思维。为了强化人力资源体系在帮助企业破格发掘和任用人才方面的作用，任正非还强调，华为的人力资源管理者要具备"伯乐"般的独到眼光和识别能力，慧眼识珠且要看准"千里马"，不要让德才兼备并且贡献卓越的人才被埋没。事实上，这也是大多数企业的人力资源工作者应该做到的。

6.3.3　尊重人才，但不迁就人才

破格任用人才是企业对人才应有的一种尊重。然而，企业想要获得健康发展的一个前提却是，不能盲目地崇拜人才。华为在其纲领性文件《华为公司基本法》的开篇第一章便明确指出："尊重知识、尊重个性、集体奋斗和不迁就有功的员工，是华为事业可持续成长的内在要求。"

是的，人才需要尊重，但不能迁就。这是华为对待人才的一个重要原则。古往今来，很多英雄人物在赢得了成功和荣誉之后就会恃才傲物，犯下骄傲自大的错误，比如楚汉之争中的西楚霸王项羽，比如败走麦城的关云长。任正非

牢记历史给后人留下的宝贵经验，坚持关注人才的持续奋斗和持续贡献，绝对不允许无作为的人“居功自傲”。

长期以来，由任正非女儿孟晚舟主管的华为财经体系一直是保证华为战略资源调配和输出的重要部门，孟晚舟做出的成绩也是有目共睹的。然而，2015年10月，华为《管理优化报》上刊登的一篇名为《一次付款的艰难旅程》的文章却引发了任正非对孟晚舟的严肃批评。文章中，作者反映了一线向客户预付款时遇到审批多、流程复杂的问题。比如，一线找不到流程入口、不知道全流程的所有要求和操作规范，流程指导和说明往往比流程本身更难懂和复杂，以及公司呼吁各级主管要担责，但现实的流程、制度或监管组织却不信任主管担责等问题。任正非得知情况后，立刻展开深入调查，调查过后十分生气地说道：“据我所知，这不是一个偶然的事件，不知从何时起，财务忘了自己的本职是为业务服务、为作战服务，什么时候变成了颐指气使，皮之不存，毛将焉附?”

一位72岁的老人，在批评自己的亲生女儿所负责的部门时，甚至用上了“颐指气使”等难听的词汇，丝毫不留情面，足以让人感受到任正非不迁就任何人的做事原则。

事实上，很久以前，任正非便曾在讲话中公开表示：“我们提倡能上能下，在实践活动的大浪淘沙中，我们要把确有作为的同志放到岗位上来，不管他的资历深浅。同时，为了保护高效益，我们也绝不心软、手软，绝不迁就任何人。一切希望进步的同志，唯有奋斗一条出路。”

2015年7月，任正非在谈及公司管理文化时，又一次强调说，“不能坐下来讨论干部队伍建设问题，应在战争中调整，不合适的就要下去，包括对所有的高级干部，我们都不会姑息养奸，大树底下并不好乘凉。”华为前常务副总裁白利民、轮值CEO徐直军等华为高管都曾因为工作过失被“下放”过，这也从正面印证了任正非“不迁就人才”的用人原则。

享·乔治说，高于道德的东西必须基于公正，包含公正，并通过公正的途径去获取。于企业而言，公平公正地对待每一个员工是对企业领导者的最基本要求，也是让员工发愤工作的原动力之一。

华为“不迁就任何人”，恰恰是对公平公正最完美的阐释。同时，也正是凭借对这一原则的坚持，任正非在华为的企业管理中才能真正意义上保证战略方向的正确性，试想，如果任正非不是近乎固执地坚持自己的决策，而是谁提出一个意见便听之任之，很难想象今天的华为会是什么样子，甚至让人不得不怀疑，华为能不能活到今天。

6.4　实现人才“之”字形成长

大多数企业培养人才都是遵循从基层到高层的直线递进培养的方式，一般而言，这种人才“直线”成长存在一个弊端，就是横向的业务宽度不够。比如，一个管理者是由生产部门的基础岗位逐级提升为生产部经理的，那么，他将很难胜任生产部以外的同级职位，因为他的素养、经验都难以达标。所以，华为主张，在人才晋升和使用上，从基层干部选拔开始便采取“之”字形成长模式。所谓“之”字形成长，就是在员工成长过程中要有曲折度，一方面要拓宽人才的能力宽度，为其奠定更坚实的能力基础，另一方面要为企业培养一批纵深型人才。

6.4.1　原则上，人才成长要循序渐进

华为坚持人才的“之”字形成长，从原则上讲是符合人才成长循序而行的需要的。专家和多能型人才是企业的两个支撑点，缺一不可。无论是培养专家，还是培养“多能工”，都需要一个循序渐进的过程。早在 1994 年 12 月，任正非在《致新员工书》中便告诫华为人：“新员工要摆正自己的位置，不要一下子就想当领导，只有不怕做小角色，才有可能做大角色。”

1997 年，《华为人》上曾刊登一篇题为《板凳要坐十年冷》的文章，该

文章在华为内部引起了很大的反响。当时，华为正努力地追赶思科、爱立信等竞争对手，并逐渐缩小了与它们的差距，华为的产品也得到了客户的广泛认同。在成功面前，华为人显得过于自信，也不免浮躁，《板凳要坐十年冷》这篇文章就如同一瓢冷水，一下子浇醒了狂热自负的华为人。

任正非在阅读了这篇文章后，给予了高度的赞扬，并且在华为高层会议中说道："在过去的几年中，为了尽可能地开拓市场，取得竞争优势，华为破格提拔了不少干部，这些干部做出了一定成绩，但我们应该注意到，他们中的大多数人在能力上是存在严重缺陷的，说得难听些，他们当时是赶鸭子上架，不得不顶上去。但是，华为今后的干部提拔也要用这种方式吗？这样下去，肯定是不行的。去年，市场部为什么要搞大辞职运动？就是因为很多人胜任不了自己的岗位，他们缺乏一个循序渐进的积累过程。"

为此，任正非要求华为人要以"平常心"专注于本职工作，号召华为人把精力放在搞好工作上，做好了一份工作，再去尝试一下同等级的其他工作，"当你觉得这一级别的任务你都能独立完成的时候，不用你去申请，公司就会主动给你晋升"。任正非还强调，做好本职工作最重要，这也是华为的企业文化之一。当时，他对华为产品维修专家的定位就是："作为一个维修专家，他本身就是很光荣的，维修专家的前途就是要帮华为守住阵地，守到20年。"

【辅助阅读】华为的"三大"渐进

具体来说，华为员工在成长上的循序渐进表现在以下几个方面：

第一，培训赋能的循序渐进。华为员工入职前需要接受严格的岗位技能培训，从大队训练营到一营培训，再到二营培训，为期半年的培训是新员工必须经历的过程。老员工要想在职位上获得晋升，也必须先参加"高研班"等培训活动，以此保证员工及干部后备队伍具有扎实的基础。

第二，基本岗位的循序渐进。华为员工入职后，要以实习生的身份在基础岗位历练一段时间，短则半年，长则两三年，甚至三四年不等。一方面是为了检验其能力，另一方面则是为了积累基层经验，以免其在日后工作中脱离实际。

第三，干部晋升上的循序渐进。与众多喜欢招揽“空降兵”的企业不同，华为会去别的企业挖人，但很少聘用“空降兵”，华为干部的晋升，即便是李一男等屡次被破格提拔的干部，在晋升上也要遵循一个循序渐进的过程。刚入职就担任总经理或者副总裁的现象，在华为的历史中从未有过。

当然，循序渐进并不是不提拔，也不是华为对人才不够重视，事实上，即便是一个最普通的华为人，只要在工作上有所建树，华为高层也会充分重视起来。例如 1999 年，由汤圣平任组长，华为市场干部处的 4 名员工克服重重困难，利用休息时间编撰了《华为优秀客户经理模型》一书。董事长孙亚芳看过后，立刻给当时的华为市场部负责人张建国发了一封电子邮件，在邮件中强调：市场部各位常委，我收到市场干部处写的一本《华为优秀客户经理模型》，他们做了件非常有建设性的工作，以后市场部的领导要多抓这些建设性的工作，有空我要请这些同事们座谈。华为对于人才健康成长的重视程度可见一斑。

6.4.2　以“之”字形成长锻炼人才

在循序渐进原则的基础上，华为要求干部要实现“之”字形成长。人才的“之”字形成长原是美国航空母舰培养舰长的常用机制。

【辅助阅读】美国海军航母舰长的“之”字形成长

美军航空母舰的舰长虽然只有上校军衔，但却肩负着美国海军战备的实施职责，管辖数千名官兵、80 架以上的战机，一个美国航母舰长掌控的军事力量甚至比许多弱小国家海军的总体实力都要强大。因此，美军要求，一个合格的航母舰长必须满足以下条件：第一，只有在舰上驾机起降超过800次，飞行记录不少于4 000小时，并担任过飞行副中队长（30个月以上）的优秀指挥官才有资格成为航母舰长的候选人；第二，作为核航母舰长，还必须有16个月以上的核技术专业学习，并且在核动力航母上负责作战和行政事务的岗位上任职至少3年。其目的就是通过一种循序渐进的方式，培养舰长的大局观和全面性，以实践的方式亲身积累经验。

美国海军在晋升舰长之前反复的上下、平行调度，所呈现的波浪式流动，与汉字的“之”字相仿，故被称作“之”字形成长。任正非参照中国军队文化经营华为的同时，也将美军这种舰长培养方式借鉴了过来，并且在华为的管理实践中大量运用。

2009年，出访美国归来的任正非在与华为核心工程队相关人员座谈时强调：“过去我们的干部都是‘直线’成长，对于横向的业务什么都不明白，所以，现在我们要加快干部的‘之’字形发展。我们强调宰相必起于州郡，猛将必发于卒伍。当然我们是优先从这些实践人员中选拔，今天我们同时将各部门一些优秀的苗子，放到最艰苦地区、最艰苦岗位去磨炼意志，放到最复杂、最困难的环境，锻炼他们的能力，促进他们的成长，加强组织的选拔。想当将军的人必须走这条路，这就是我们组建这个队伍的目的。”

具体执行中，华为首先会把各个部门中基层的优秀干部，以及将来有可能提拔起来的人，安排进入核心工程队中与大家一起作战，使他们率先进入人生的“之”字形成长道路。

其次，允许基层员工和干部在很小的一个面上有弹性地流动和晋升，不主张直接跨领域轮岗。必须是在一个领域积累了一定经验的业务骨干，才可以进入高标准的人力资源池中（华为的资源池有很多标准），以供别的部门选用，这样的做法也保证了华为干部选拔比推荐制更具公平性。

再次，鉴于“之”字形成长的目的性（培养舰长式干部），华为还要求，每一次岗位调度都要考虑到功效的长远性，必须对员工有积极影响。比如，让员工食堂的厨师去做餐厅服务员的工作，这种“之”字形调度对企业绩效的提升是毫无意义的，必须减少类似的行为。

最后，如果个别人在所在部门与部门同事相处不好，适当换一下部门、岗位是可以的，但去新岗位必须接受新的职位标准的考核，遵循易岗易薪的制度和原则。

在实践中，任正非也发现，“之”字形成长并不适合所有人，对于基层员工和基层干部而言，“之”字形轮转的意义并不大，其最适合的人群是高级管理者和一部分综合型专家。

2011年，在华为大学第10期干部高级管理研讨班学员座谈会上，任正非便指出：“基层管理者短时间内不可能成为领袖，二等兵成为统帅的时代已不太现实了，我不否认过去曾经有过。我们强调基层要在自己很狭窄的范围内，干一行、爱一行、专一行，而不再鼓励他们从这个岗位跳到另一个岗位。在目前淘汰不厉害的情况下，如果他在公司认识了一个什么样的领导，就跳到那个领导下面的岗位去，做不了事窝在那里本身就是成本，流程到他那不能运转，实际上还把别人的效率拖低了。这种现象必须杜绝。”

其实，任正非对华为人的告诫也是对众多企业管理者的警示，一个企业中，任何的人才培养和调度都应该是为企业创造效益的终极目标服务的，如果对员工进行岗位调整以后既不能帮助他们成长，也不能帮助企业创收，那么，这种调整就是失败的。

6.4.3　让优秀的人才循环流动起来

《吕氏春秋》有言：“流水不腐，户枢不蠹，动也。”意思是说，水要经常流动才可保持新鲜，门轴要经常转动才不会遭虫蛀。企业同样如此，只有时常保持干部的流动性，企业的生命力才会更加持久。华为要求干部以“之”字形成长的目的之一就是让优秀的人才循环流动起来，保证企业的活力。

麦肯锡公司的调查报告表明：一个人如果在一个岗位上连续工作 3 年以上，就会对该工作失去耐心和激情，工作效率也会不断下降，这种情况在企业干部阶层表现得更为突出。众所周知，一旦员工活力下降，企业利益受到的损害无疑是巨大的。

为了保持人才的流动性和持续性，华为多年来先后建立了战略预备队、重装旅、铁三角等组织，专门用以推动行政干部和技术专家的双通道循环流动。此外，华为还通过重大项目部对人才的集中调配来推动商业领袖的循环成长；通过管理资源池循环赋能来提升员工的综合能力；并且坚持上、下、左、右的管理干部流动，从交付项目逐步延伸到端到端的项目。

在发展的过程中，这些循环都已经在华为公司发挥作用，但也产生了许多问题，比如，部门主义、地方保护主义过于严重。一些时候，创造效益的“重装旅”需要人才了，去跟后方要，后方却不愿意给。他们要“打仗”，就不得不从“新兵”中选人。负责海外事业的华为高管丁耕就曾在 2012 年向任正非反映：“我们的‘重装旅’30% 都是 13 级、14 级的员工，50% 都没有海外经验，这些人坐着飞机到拉丁美洲，第一不知道怎么‘开炮’，因为技术不行；第二嘴巴也张不开，英文不好，结果就是高成本。”

【辅助阅读】部门主义及其克服办法

企业中的部门主义又称“本位主义”，是指在处理单位与部门、整体与部分的关系时只顾自己，不顾整体利益的思想作风或行为态度。在企业管理中，部门主义是最常见的问题之一，抱有部门主义心态的人缺乏大局观和全局意识，无论利弊得失都站在局部的立场上，对企业的整体效益不闻不问，其危害不言而喻。

比较常见的克服部门主义的方法有以下几种：

（1）加强企业文化建设，统一员工价值观；

（2）组织部门合作活动，强化不同部门间的协作意识；

（3）变革公司结构，打破部门枷锁；

（4）强化人员流动，消灭“山头主义”；

（5）构建一个协调、监督机制，用科学管理遏制部门本位主义。

任正非意识到，光有一个流动机制，没有一个组织和协调机构来负责企业人才的流动，人才便无法真正有效地循环起来，华为要想加紧让那些好苗子到前线去、到实战中去，并且把有实战经验的人抽回来，盘活人力资源队伍，就必须有一个像筛子一样的组织，既能够把人才筛出来，又能够把人才分拣到他应该去的袋子里。为此，华为创造性地提出了“片联”的构想。

2013年7月，在华为内部工作会议上，任正非正式宣布成立片区联席会议组织，简称“片联”组织，其主要职责是主管华为内部干部队伍的循环流动，让华为员工像流水一样，在流动中保持活性，并吸收能量，汇百川，成汪洋。

“片联”组织是个新生事物，甚至连名字都是任正非自创的。运作中，“片联”独立于公司正常运营流程之外，并联于流程运作，作用是激活流程的流动性。该组织的成员必须是华为资深管理层，资历、经验、威望缺一不可。这样的素质要求，与“片联”所担负的组织责任有很大关系。任正非希望以“片联”组织加强华为干部的“之”字形成长制度建设，帮助华为从实践中选拔优秀管理层，破除本位主义和部门利益对公司发展带来的损害。

任正非赋予“片联”组织的使命是重大的，而直接对华为最高层负责的“片联”组织也确实不负众望，成功帮助华为选拔了不少优秀的人才，并且充分保证了这些人才的循环流动，形成了一个有力的作战群，使得华为公司的人才队伍始终朝气蓬勃。

6.5 坚持持续淘汰机制

华为建设员工职业通道的第五个主张是坚持持续的末位淘汰。通常，说到建设人力资源职业通道，多数人想到的都是人才的“选、育、用、留”，并且习惯性地忽略留住人才的另一个重要因素，即清理掉那些不称职的人。

一家企业，如果只有对员工正向的职业激励而没有负向的淘汰机制，那么压力是很难有效传递到每一个员工身上的。甚至可以说，一个企业，如果不去淘汰绩效不佳的员工，那么，离开公司的就很可能是那些优秀的员工。因此，企业如果要建立全面、完善的人才发展通道，进而充分调动每一个员工的积极性，有效的员工淘汰管理机制便是不可或缺的一环。

6.5.1 以淘汰制催生员工的危机感

一直以来，任正非始终秉承着不让奋斗者吃亏的原则，坚持把公司利润和职业发展机会分享给华为的奋斗者。任正非发现，为华为创造卓越成效的奋斗者确实得到了大量的回报，但是，那些并没有做出太大贡献、没有努力付出的人也得到了一定的好处，而这些好处原本应该属于奋斗者。同时，他也意识到，不把落后者淘汰出去，本身就是对奋斗者的一种不公平。

于是，1999 年 5 月，任正非在文章《能工巧匠是我们企业的宝贵财富》中写道：“由于市场和产品已经发生了结构上的大变化，现在有一些人已经不能适应这种变化了，我们要把一些人裁掉，换一批人。因此每个员工都要调整自己，尽快适应公司的发展，跟上公司的步伐，不被淘汰。虽然公司总的形势还是好的，但入关的钟声已经敲响，再把公司当成天堂，我们根本就不可能活下去。因为没有人保证我们在市场上是常胜将军。”随后，华为的末位淘汰制度正式出炉。

华为每年要保持 5% 的自然淘汰率，连续在绩效考评中排名在后 5% 的员工和干部都要被淘汰。这在华为内部被称作“末位淘汰制”。关于末位淘汰，最经典的诠释当属美国通用电气公司前 CEO 杰克·韦尔奇所推崇的“活力曲线”。

【辅助阅读】杰克·韦尔奇的“活力曲线”

在通用电气公司，人力资源部门每年都要督促各级经理对部门的员工进行严格的评估，从而将不同的员工区分开来，要有 20% 的明星员工，70% 的活力员工，以及 10% 的落后员工。

韦尔奇指出，明星员工是激情满怀、勇于负责、富有远见的一批员工，他们不仅自身充满活力，而且有能力带动自己周围的人提高企业的生产效率。是否拥有这种激情，是明星员工与活力员工的最大区别，通用电气公司投入大量精力提高活力员工的水平，部门经理的主要工作之一就是帮助活力员工成为明星员工，而不仅仅要任劳任怨地实现自己的能量和价值，这就是绩效管理的魅力。

落后员工是不能胜任自己工作的人，他们更多的是打击别人，而不是激励，使目标落空，而不是使目标实现，韦尔奇认为，作为管理者，不能在落后员工身上浪费时间，而是应该把他们淘汰掉。

任正非是中国所有企业家中对西方优秀企业制度最执着的研习者和效仿者之一，对于通用电气公司的“活力曲线”，他保持着高度的认同，对于被排在末位的员工，对于那些有能力却不能吃苦受累的员工，他的态度也非常坚决：一定要裁。他曾对华为高管说：“有人问，末位淘汰制实行到什么时候为止？借用通用电气公司的一句话来说，‘末位淘汰是永不停止的’，只有淘汰不优秀的员工，才能把整个组织激活。通用电气公司活了 100 多年的长寿秘诀就是‘活力曲线’，活力曲线其实就是一条强制淘汰曲线，用韦尔奇的话讲，‘活力

曲线能够使一个大公司时刻保持着小公司的活力'。"

末位淘汰向员工传递着压力，督促其自觉适应公司的文化、节奏，并不断提升个人业绩，同时，也体现出了公司对奋斗者的鼓励，这对于员工而言是件有益的事；通过末位淘汰制，华为激活了组织，使得企业业绩连年增长，提高了公司效益，对于公司来说也是一件益事。或许，末位淘汰唯一触动的就是绩效排名靠后的员工了，可是，对于绩效不能达标的人来说，他们本身是不为公司创造效益的，纵容这部分人的存在，就是对公司的伤害。管理者到底应该做何取舍，并不是一件难事。一些员工认为"末位淘汰就是整人，折腾人"，这种观念也是错误的，只要你能够完成绩效，让自己的绩效逃离出被清退的危险区，工作自然是能够保证的，大多数人都能达到要求，某个人却达不到，那么，这只能说明是那个人自己的问题。

关于"末位淘汰"，很多人都将重点放在了淘汰上，而事实上，"末位"才是重点，淘汰在更多的时候起到的是催生员工危机感的作用，而不是企业铁了心要辞退谁。

曾有华为高管专门解释过华为的末位淘汰制度，他说："淘汰 5% 的落后分子能促进全体员工努力前进，让员工将竞争的观念植于心中，有效防止了企业内部的惰化情绪，并激励员工在单位时间内创造更多价值。这才是华为的目的，每个员工都是华为的财富，事实上，即便是被华为淘汰的员工，放在许多企业中也都是十分优秀的，但我们必须强化这种危机感，没有危机感就会真正陷入危机。"

任正非从不主张大量裁员，只是希望通过淘汰激发员工的危机感，让奋斗者得到公平对待。因此，在华为，第一次被淘汰的员工并不会被公司解雇，而是会在公司帮助下，以下岗再培训的方式重新竞聘上岗，只有连续被淘汰，才会真正被辞退。对于参加再培训的员工，如果他在下一次考核中成绩突出，仍有机会重新返岗或换岗，但薪酬待遇等则要根据岗位变化适时调整。这样一来，既起到了强化员工危机感的作用，也减少了再次招聘的时间和成本损耗，可谓一举两得。

6.5.2　不搞终身制，消除懒惰源头

与大多数企业相比，华为的末位淘汰制度最成功的地方在于，它对全体华为成员都有激励效果。在华为，无论是基层员工还是高层管理者，都要接受绩效考核和淘汰制度，而一般企业在执行过程中往往只是针对普通员工和基层干部，高层领导通常都是得过且过，不犯重大错误便不会丢掉职位。事实上，这不仅会对员工积极性造成消极影响，对企业效益更是一种伤害。

早在末位淘汰制度确立之初任正非便指出，华为没有终身制，所有华为人都要接受末位淘汰，对于“老资格”的干部同样如此，“不打粮的干部要下台”“强化绩效承诺制”“不用没作为的干部”都是任正非多次强调的人才使用原则。在华为，任何人都包括在内，无论以前做出过多么大的贡献，都不会享受到干部终身制，就算是任正非，一旦犯了大错，也是要请辞的。

【辅助阅读】企业干部终身制

企业干部终身制是指企业管理者终身担任领导职务，不受年龄、健康、任期等条件的限制。在一些家族企业中，干部终身制十分常见，比如，一些公司创始者不愿意让权，那么他便会终身担任企业总裁职务，或者总经理是老板的亲信，那么无论公司人事怎么调度，他的位置都能够得以保证。

总体来说，企业干部终身制不利于公司的良性发展。随着企业规模的扩大，管理群体中会逐渐出现夹心层和沉淀层，前者存在能力上的不足，既没有实践经验又不了解企业文化，后者存在态度上的懒惰，在待遇上安于现状，在公司发展上没有作为。企业持续地由这样一群无能又不进取的人来领导，势必会走向衰亡。

在任正非看来，末位淘汰制度就是要将压力落实到每个人的头上，干部更需要压力，干部一旦职位稳固，就会滋生懒惰情绪，一个企业中，倘若干部带头懒惰，那么想要让员工高效显然是十分困难的。对华为这样拥有十几万人的国际型公司尤其如此。所以，必须以末位淘汰传递给干部一种竞争压力，让华为干部更加注重工作的成果导向。

与针对普通员工的末位淘汰方式略有不同，在对华为干部进行末位淘汰时，除非犯下重大错误，否则是不会被直接淘汰出企业的，对于干部的淘汰，更多时候都是下调职位、下调职级或下调薪资。

任正非认为，高层干部被末位淘汰不是坏事，被淘汰的干部可以去重装旅，再重造辉煌。若没有危机感，大家都会去搞内部平衡。所以，早在2001年，他便在《雄赳赳气昂昂跨过太平洋》一文中强调："若3～5年内建立不起国际化的队伍，那么中国市场一旦饱和，我们将坐以待毙。今后，我们各部门选拔干部时，都将以适应国际化为标准，对那些不适应国际化的，要逐步下调职务。"多年来，华为高管之中，徐直军、杨汉超、郑树生、洪天峰、毛生江等都曾有因考核排名靠后而从副总裁被直接任命为华为办事处主任的经历。

通常而言，一个企业中副总裁的职位还是很高的。尤其是华为这样的企业，其副总裁代表公司出去洽谈业务时，接洽对象大多数时候都是各省的电信局局长，甚至某国的部级领导。但是，在职期间考评不合格，任正非仍然会坚持对其降岗降职，甚至职位越高，降得越狠。昨天还是一个副总裁，今天就变成了小主任，这样的大起大落一般人恐怕很难接受，为了快点摆脱自己的尴尬处境，被降职的人势必会使出浑身解数，争取做出突出的成绩，早日官复原职。官复原职之后，试问谁还想再来一次这样的经历？谁还敢心存懈怠？

当然，华为的这种做法并不是所有老板都敢于尝试的，而且，这种大升大降涉及巨大的成本和风险，也确实不适合一般企业在日常运营中尝试。但华为"不搞终身制"，让每个人都紧张起来的淘汰方式却是所有企业都可以借鉴和尝试的。

6.5.3　让末位淘汰日常化

2015年6月，任正非在内部讲话中坦言："华为的末位淘汰是从西点军校学来的，它的目的是用来挤压队伍，激活组织，鼓励先进，鞭策后进，形成选拔领袖的一种方式。高端员工要去做领袖，逼着他优秀了，还要更优秀，是痛苦一些。不是天将降大任于斯人吗？必先苦其心志。"

西点军校对学员有个明确的规定，即淘汰不分时间，不分地点，随时进行。也就是说，西点军校的末位淘汰充满随机性，学员在战略素养课上得了90分，却因为在射击训练时连续脱靶而面临被淘汰的危机，这也督促着西点军校的学员们每时每刻都不能放松。华为将西点军校的这一原则引入，通过末位淘汰日常化的形式，有效地保证了持续地向员工传递危机感。

【辅助阅读】西点军校

西点军校是美国第一所军事学校，位于纽约州哈德逊河西岸，面积约6 500公顷。西点军校的校训是"责任、荣誉、国家"，该校是美国历史最悠久的军事学院之一。在其200多年的历史中，为美国培养了众多的军事人才，同时，还为美国培养和造就了众多的政治家、企业家、教育家和科学家。1946年秋季，受英国首相丘吉尔表彰的，在第二次世界大战中表现最杰出的30名美国将军中，有21名是西点军校的毕业生。

西点军校虽然是一所军事学院，但其诸多优秀的管理理念却被广大企业家广泛借鉴，卡耐基、洛克菲勒、摩根，乃至乔布斯、比尔·盖茨等人，都是西点管理文化最忠实的拥护者。

所谓"末位淘汰日常化"即在员工的日常工作中渗透末位淘汰制度，任何工作流程中都存在着一定的淘汰原则和淘汰比例，将末位淘汰变成一种日常

行为。华为末位淘汰日常化的第一个突出表现就是新员工在入职培训期间也要面临淘汰。通常情况下，华为的一个培训班大概 20 到 30 个人，这些人当中，不论成绩多好，最后一名都会被淘汰。所以，应聘者通过华为的层层筛选进入华为培训营中，还不能高兴得太早，因为，真正严酷的淘汰才刚刚开始。

在华为公司的人事考核中，干部不仅要对员工工作态度、工作能力和工作业绩作出评价与排序，而且会将这种评价和排序作为一种例常工作，这也是华为末位淘汰日常化的第二个表现。部门负责人要随时根据考评结果判断员工的价值创造能力，并且要承担起管理下属、培养下属和指导下属的责任，倘若发现一些员工无法胜任工作，便要将其淘汰到公司人力资源池中去。

倘若干部不能承担起相应责任，不能带领部门创造绩效，同样要被下调职位。这也是华为末位淘汰日常化的第三个表现，即全员淘汰。华为规定，对不合格干部的末位清理绝不能只停留在基层主管层面，对于不合格的中高层干部同样要动真格的，每个层级不合格干部的末位淘汰率比普通员工的淘汰率更高，高达 10%，而对于未完成年度任务的部门或团队，干部的末位淘汰比例甚至还会更高。此外，华为还规定干部一旦被淘汰降职，一年之内不准提拔使用，更不能跨部门提拔使用，这也有效地激发了华为干部的干劲，并且防止了“非血缘”的裙带之风。

华为末位淘汰日常化还体现在，并不是你和你的部门超出了公司绩效平均线就不会被淘汰。任正非要求：“华为要继续坚持以有效增长、利润、现金流、提高人均效益为起点的考核，凡不能达到公司人均效益提升改进平均线以上的，体系团队负责人，片区、产品线、部门、地区部、代表处等各级一把手，要进行问责。而超越平均线以上的部门，还要对正利润、正现金流、战略目标的实现进行排序，坚决对高层管理干部进行末位淘汰。”这就保证了华为人不会去一味地和同侪比较绩效，而是尽自己最大的努力去创造更多价值。

俨然已经变成一种常态的末位考核制度为华为人制造了不小的压力，但与此同时，也为华为人的成长和晋升带来了无穷的动力，曾被末位淘汰的华为员工尹玉昆在《烧不死的鸟是凤凰》的文章中写道："2001 年，我以网优工程师的身份加入华为，2002 年至 2004 年在国内办事处工作，以优异业绩经历了网规网优经理、服务经理到客户经理的跨越……2010 年年底，加入华为十年的我被两位老领导叫去沟通：我被干部末位淘汰了。同事的安慰在我听来就像是天大的讽刺！我甚至开始心灰意冷。后来，我在一个老领导的召唤下，飞往公司级重点竞争市场埃塞俄比亚，那里长期被友商独家垄断。在埃塞俄比亚，我投入了全身心的力量，并以更严格的标准要求自己。功夫不负有心人。2011 年 8 月初，任总访问埃塞俄比亚，受到鼓舞的我们把一线工作推向全面拓展的高潮，终于彻底突破了友商的垄断，而我的事业也迎来了全新的高度，在能力上更是获得了质的提升，倘若没有这次淘汰经历，我可能真的已经无法适应公司和市场的需求了。"

常言道，没有压力就没有动力，企业执行末位淘汰，其目的就在于鼓励员工通过工作成果换取晋升机会，保护优秀员工，鞭策落后员工，而不应该是借淘汰的由头进行结构性裁员。显然，华为的末位淘汰制度就是这样一种良性的新陈代谢机制。华为通过这种负激励的方式，把竞争的观念灌输到每一个华为人的脑海里，有效地防止组织内部的懒惰化，并将华为人打造成一支长期能够冲锋陷阵的职业化"铁军"。在这支"铁军"之中，每个人的晋升和降职，都是公平公正、有迹可循的，每个奋斗者都不会因为过于勤奋而吃亏，这就保证了每个员工都会尽可能为企业做贡献。

第 7 章　利益分享与捆绑

一个企业的经营机制，说到底就是一种利益的驱动机制。华为要落实获取分享制，管理好员工的薪酬分配结构，让人人都能分享到公司成长的收益。

——任正非

导语：华为的利益分享与捆绑机制

在利益分享方面，华为再次成为诸多企业的榜样。首先，华为的独到之处在于它所坚持的利益共享方式。与大多数企业最终获利的只是老板、股东等少部分人不同，在华为，几乎所有员工都是企业最终效益的获益者，任何员工都可以通过获取分享制，以贡献换取利益回报。华为坚持效率优先、兼顾公平的原则，拉大分配差距，让奋斗者多劳多得，有效地激发了全体成员的奋斗意识。

在与绩效工资相匹配的薪酬工资上，华为主张以高薪酬催生高动力，坚持在同工同酬的基础上，根据员工责任与贡献实现薪酬的差异化，用“竞争性薪酬”制造员工的心理反差，以此激发员工的竞争意识。

同时，华为采取了绝无仅有的全员持股制度，以制度创新为企业整体创新提供保证，通过全员持股的方式来激发员工的进取意识，通过股权绑定将员工与企业整合成了一个福祸相依的事业共同体，令员工无论是出于职业生涯考虑还是切身物质利益考虑，都愿意为企业奋斗。最后，体贴入微的福利，从物质到精神，多方面、全方位地覆盖员工，将员工置于一种亲情文化之中，有效实现了对员工的深度绑定。

带着问题阅读：

1. 员工与企业如何才能形成价值共同体？
2. 拉大利益差距对企业的积极意义有哪些？
3. 怎样以高薪酬打造出狼性团队？
4. 如何用好股权捆绑这一金手铐？
5. 怎样建立契合员工需求的福利机制？

7.1 坚持利益共享

有人曾问任正非，华为公司20多年来成功的秘诀是什么。任正非只回答了两个字：分钱。其实，企业想要赚钱，就要先学会如何分钱。所谓欲取之，必先予之，然也。

当然，分钱并不是一件容易的事情，首先要求老板们要具备分享意识，其次还必须有好的制度加以保证，把钱分好了，很多问题都会迎刃而解；把钱分错了，很多问题都会接踵而来。因此，除了分钱之外，企业必须有很好的管理机制。就如任正非之女、华为轮值CEO孟晚舟所言："归根结底是分钱，是分享，你不分好钱，大家肯定没有冲劲、没有干劲。"

7.1.1 铁军是打出来的，兵是爱出来的

任正非在华为坚持推行军队文化，他也像部队中的将领一样"爱兵如子"。在任正非看来，古往今来，凡是能打仗的部队，无一例外，其长官都是爱惜自己的士兵的。就像伟大领袖毛泽东在翻雪山时将自己的棉衣让给十几岁的红军小战士，或像《亮剑》中的李云龙一样对待属下。正是因为这些将领爱兵如子，士兵们一个个才能骁勇善战，才不惜"为知己者死"。晚清名将曾

国藩在给友人的信中写道："治军之道，利之所在，当与人共分之；名之所在，当与人共享之。"

当然，经营企业虽然有点类似带兵打仗，但终究有所不同，员工不可能需要领导去帮忙打架、出气。那么，怎么才能体现出你对员工足够好？最简单、最直接的做法就是让利给员工。就像任正非在2010年4月召开的华为EMT办公例会上所强调的："我们公司经营目标不能追求利润最大化，我们所有薪酬、经营的指导方针不能追求利润最大化。利润最大化实际上就是榨干未来，伤害了战略地位。"

在善待员工方面，华为这些年来做得不错，在1992年中秋节，华为第一次订货过亿元人民币，任正非当即下令，在公司南面一家餐馆举办庆功宴，所有人都去"吃大餐"。客观地讲，当时的华为处境十分困难，过亿元的订单虽然听起来令人振奋，但是所赚的收入甚至还不够研发团队半年的投入。任正非豪爽地请客，聚餐时大家喜庆而饮，多人大醉后抱头痛哭。华为轮值CEO郭平在文章中回忆那次聚会时说："胜则举杯相庆，败则拼死相救，共同分享胜利果实，这就是我们深爱的华为。"

任正非出身贫苦家庭，家里姊弟很多，所以从小便十分懂得分享，在他读书时，父亲甚至把自己的鞋脱下来给他穿，这让他时刻铭记着人不能只想着自己。他坚信，葛朗台式的企业是难以长久存在的，而堪称中国21世纪前14年最成功企业家之一的马云也有着类似的观念。

马云认为，一个企业最大的财富就是员工，爱戴员工，把钱存在员工身上才是最稳妥的事情，员工不成长，企业是不会成长的。所以，阿里巴巴始终把"员工、客户"看作公司最不能忘的两件事。在一次演讲中，马云这样说道："十个老板九个怕员工赚到钱，这句话一点不为过，但老板很少能理性地看待员工赚钱的问题。出现员工赚钱的情况大概有两种：第一种，公司整体效益好，员工业绩好。第二种，公司在制定业绩考核政策时失误了，造成员工薪酬与企业发展不成比例。第一种原因，我认为是正常的，也是应该的，员工待遇的提升肯定是与企业的发展和效益成正比的。而出现第二种情况就是决策层的原因了。其实，员工的工资高，说明他业绩好，说明公司赚取的利润更高，工资只不过是按比例提升，并没有损害公司的收益。所以要想让销售额有所增加，除在产品、市场上下足功夫之外，关键一点还是发挥人的作用，调动人的积极性。而调动的最好办法就是增加收入，这种增加当然是要通过业绩的提升来实现的。"

员工不是企业的奴隶，两者之间实际上是一种亲密的协作关系，一荣俱荣、一损俱损才是二者相互作用的真实写照。所以，老板们不要认为你为员工开工资，他们就必须要为企业抛头颅洒热血，首先要看你开出的工资是不是真的能够让人为企业奉献一切。你不去与员工分享利益，员工就不会尽全力为你创造利益，道理就是这么简单。

7.1.2　坚持利益共享，"要活，大家一起活"

在利益共享上，多年来，华为始终坚持的一个重要原则就是"要活，大家一起活"。华为绝不主动放弃任何成员，无论是效益良好时，还是不景气时，华为都坚守着利益共享的成功秘诀，即便是企业处境艰难，华为也不曾亏待员工。

1996 年 3 月，为了和南斯拉夫洽谈合资项目，任正非率领一个十多人的团队入住贝尔格莱德的香格里拉。为了保证任正非的休息质量，任正非的秘书为他订了一间总统套房，每天房费约 2 000 美元，其他人住的则是普通客房。

任正非发现之后，严厉地教训了自己的秘书，并让秘书为其他人也改订同等房间，秘书为难地说，总统套房已经被预订光了。任正非略作思考，便亲自打电话给每一个团队成员，将十几个下属全部都喊到了他的房间，笑着说："大家都还没享受过总统套房的待遇吧？可惜酒店爆满，秘书没能给每人订一间，不过不要紧，大家都委屈下，今天晚上咱们一起在总统套房里打地铺，全当体验生活。"

华为谈判组成员感受到老板对自己的关心，深受感动，工作越发卖力，原本需要耗时一星期的签约工作，谈判组日夜奋战，仅仅用了三天时间便草拟出了对华为极其有利却又让对方能接受的合资合同，华为也因此受益很大。

“同甘苦，共患难”是很多企业领导者曾对下属员工许下的郑重承诺，但却很少有人能够真正像任正非这样付诸实践。过往的一些成功企业的经验也证明，企业只有秉承着与员工同甘苦、共患难的心态去对待员工，员工才能以同样的姿态对待企业。

1929 年，美国经济危机波及世界，引发了全球下岗潮，日本的松下电器也受到影响，产品严重滞销，为此松下管理团队作出了“生产减半，员工减半”的应对策略，并申请总裁批示。松下幸之助给出的批复却是：产量可以减半，但员工一个都不能辞退，也不能减薪，可以让他们上半天班，其余半天用来帮助公司推销产品。当时，松下员工人人自危，都担心被裁，松下幸之助的决策无疑让他们欣喜若狂，所以，在新政策推出以后，每一个松下员工都开始主动行动，帮公司销售产品，松下积压的库存很快就卖了出去，员工也很快恢复了正常工作。松下电器公司成为日本最早度过 1929 年经济危机的企业之一。

【辅助阅读】互惠法则

心理学研究发现，一个人一旦接受了他人的恩惠，心理上就会产生一种负债感，这种负债感促使人必须以一种回报的方式去对待对方，这即是人际关系中的互惠法则。

生活中，每个人都有这种体验，当你与身边的人分享时，无论分享的东西有多大价值，无论你们的关系是普通还是亲密，他们总会找到机会回报给你。在企业中也是一样，当你给予员工利益时，员工也会以各种途径将你的恩惠回馈给你。所以，企业付出部分收益，与员工共享，员工便会作出相应的回应，不会让企业吃亏。

正所谓“财散人聚”，从华为和松下的成功经验中不难发现，企业领导者要想拥有一支忠诚且充满凝聚力的队伍，就必须对员工抱持感恩之心，并且乐于与员工分享利益。这样才能携手员工为企业开创更美好的未来。

7.1.3　落实获取分享制，激发企业创造性

利益共享机制的建立，反映了任正非对员工利益的基本态度，体现了华为对员工的真正的尊重。经过多年的发展，华为的利益共享已经形成一个严密科学的制度，由最初的全员共享制，逐渐演变成了今天的获取分享制。

华为创建的前几年，为了吸引外部优秀人才，提升内部员工的主人翁意识，实行了普惠型的员工利益分享机制，以股权分享为例，2001 年之前加入华为的 80% 左右的员工都获得了数量不等的内部股权。这种利益共享的方式有效地团结了华为人，但是，随着时间的推移，任正非发现，这种原本用来激励华为人的制度，作用开始慢慢地降低了，甚至还成为一些人懒惰的理由，因为他们即使坐享股票分红，也有着可观的收益。

为了扭转员工错误的价值认知，华为几经摸索，以获取分享制取代了原来普惠型的全员分享制。华为的“获取分享制”是指，任何组织与个人的物质回报都要来自其创造的价值和业绩，作战部门或作战团队根据经营结果获取奖金，后台支撑部门通过为作战部门提供服务分享奖金。

从根本上讲，获取分享制仍然是一种全员分享制度，但相比于过去比较笼统的分享，获取分享制最大的特点就在于强调按劳取酬，做出大的贡献的人才能获得大的利益回报，反之亦然，同时，每个人都拥有在创造高业绩的前提下获得较高的利益回报的机会。

【辅助阅读】华为获取分享制的特点

（1）具备包容性而非压榨性，强调前后台的业务联系性，后台效益以其

对前台服务所创造的价值为准，前台之间也需要相互配合，强调合作，而不是压榨个别部门；

（2）激励对标的合理性高，强调贡献和利益回报的联系性，员工个人利益与其所创造的价值成正比，可以充分提高激励的有效性；

（3）强调客户的核心地位和导向性，企业前后台员工全部指向客户，成员所有收益均要以满足客户需求和体验为准；

（4）获取分享的激励方式是自上而下的，基层业务单元在创造价值的过程中，由上级进行考评，并直接激励，直观、高效。

华为在推行获取分享制的过程中指出，当公司达到利润目标时，会对员工予以经济奖励，但这种奖励和基本工资、生活费用调整、永久增加业绩工资等没有关系。也就是说，今年 A 部门超额完成了公司既定的利润目标，公司会对其全体成员进行奖励，但仅限于此考核周期之内，而且对工资等收益不产生影响。

2014 年 9 月，任正非在华为“近期激励导向和激励原则汇报会”上指出：“在未来，华为要坚持落实获取分享制，管理好员工的分配结构，关注到公司的每个角落，让人人都能分享到公司成长的收益。”同时，他还强调：“要管理好员工人力资本所得和货币资本所得的分配结构，货币资本所得保持合理收益即可，其他收益全部给人力资本所得，我们不能通过股票大量分红来过度保障退休员工的收益，而是要切实保障作战队伍获得大量的机会。”

从全员分享到获取分享，从不让员工吃亏到不让卓有成效的奋斗者吃亏，华为的利益分享机制日臻完善，也正是这种利益分享机制上的进步，使得十余万华为人不辞辛苦，努力为公司做出卓越的贡献。

7.2 分配上拉大差距

美国著名管理学家、经验主义学派的代表人物之一欧内斯特·戴尔曾经说过，“人力资源管理就像一门雕刻艺术，利益分享则是这门艺术的核心技能，倘若你刻下去的每一刀都是同一力度，那么，你将难以雕刻出任何美丽的作品。”也就是说，利益分享要注重让全员受益，但不能让每个人获得的回报都是相等的，必须根据贡献的不同，拉大利益分配上的差距，这样才能充分调动企业人力资源的活力。事实上，华为从利益共享制到获取分享制的转变所反映的就是这一管理哲学。

多年来，华为也一直在完善这一原则。其具体做法主要有三：一是坚持效率优先，兼顾公平原则，确保分配的公平性；二是以奋斗者为本，向优秀员工倾斜，保证优秀员工的积极性；三是让拉车的人比坐车的人拿得多，保证分配对员工动力的催发性。

7.2.1 效率优先，兼顾公平

华为员工利益分配的第一原则是效率优先，兼顾公平。根据《华为公司基本法》第四章中有关公司人力资源基本政策的规定，华为在工资分配上实行基于能力的职能工资制，即奖金的分配与部门和个人的绩效改进挂钩；安全退休金等福利的分配与员工工作态度的考评结果挂钩；医疗保险金额与员工贡献大小挂钩。通常情况下，华为公司高级管理和资深专业人员与一般员工会实行差别化待遇。

在大多数公司，员工薪酬、福利的多少，都要以身份和资历为重要的参考指标，而任正非认为，身份和资历是不能代表成果的，他曾在员工大会上发表讲话说：“华为坚持以客户为本，只有那些为客户创造了成果的人，才是公司利益的源泉，所以，华为必须保证利益分配的公平性，要坚持以贡献大小作为利益分配的基本标准。这样才能克服一切惰性。”

【辅助阅读】效率优先，兼顾公平

“效率优先，兼顾公平”理论形成于20世纪80年代中期，盛行于90年代，至今仍然被一些国内知名企业沿用。所谓“效率优先，兼顾公平”是指，就经济效益问题和公平问题两者的关系而言，经济效益排在第一位，但也要重视公平，同时，倘若经济效益和公平发生冲突和矛盾，应该遵循效益优先的原则，暂时地牺牲公平。

随着经济的不断发展，进入21世纪以来，“效率优先，兼顾公平”原则开始被越来越多地应用到企业员工利益分配问题上，越来越多的企业开始在尊重公平的基础上，重视效率的价值定位，并且开始越来越突出价值贡献的导向。

为了达到效率优先、兼顾公平的效果，华为采取一种宽带薪酬制，即“以岗定级，以级定薪，人岗匹配，易岗易薪”。华为规定，公司每一个岗位都有相应的职级，每一个职级都有对应的薪酬区间，两个同一职级的岗位，不论各自属于哪个部门，在对公司的贡献与回报上是大致一致的，所以其所得也会大致相当；同时，员工在自己的岗位上持续地工作，只要工作绩效持续改进，就可以在这个岗位上逐渐地增加自己的工资，使自己的劳动所得超出其他同岗位者，直到达到薪酬区间的上限。

坚持这样的宽带薪酬体系就使得华为各个岗位上的员工都能在相对公平的基础上，根据自己的贡献获得相应的报酬，既可以充分激发大多数员工的积极性，又不会挫伤部分高效员工的工作激情。

举例来说，华为的薪酬结构大体包括四个方面：基本工资、加班费、股票分红以及福利，基本薪酬通常包括基础薪酬、岗位薪酬、学历薪酬、职务薪酬、技能薪酬等。员工甲和员工乙同年入职，级别相同，都为15级员工，那么通常情况下他们的基本工资是相同的，但加班费用和加班时间相对应，甲每周加班5小时，乙每周加班15小时，那么，两人的加班费一定是不同的。同时，员工的股票和福利等奖励和企业的盈利状况密切相关，倘若甲能够为公司创造100万元的订单，而乙只能创造50万元，那么，他们在奖金、股票奖励以及其他福利上的待遇也会大不相同。

华为的这种分配模式充分考虑了企业发展的内外因素，公平合理。用华为高管余承东的话来讲："有些人一直抱怨公司不公平，公司给每个职级的员工所划定的基本工资都是相同的，你赚的为什么没有别人多？先看看你做了多少事，你考评打了多少分，再去看看别人的，然后再来感慨公司到底公不公平。借用任总的话来说，'绝对的公平是不存在的，但是华为坚持看重成果贡献'，你在绩效上领先别人，那你得到的就一定比别人多！"

近年来，随着华为的发展壮大，以及整个市场环境的变化，任正非对于华为"效率优先，兼顾公平"的分配原则有了全新的认知，他开始意识到，在这一原则之下，员工公平分享的不能仅仅是物质利益，还要有机会、职权等更高层次的权益，而华为也在朝着更加科学的员工利益分配的方向努力着。

7.2.2　以奋斗者为本，向优秀员工倾斜

1997 年，在世界顶尖咨询公司 Hay Group 集团的帮助下，华为逐步建立并完善了自己的职位体系、薪酬体系、绩效管理体系，以及各职位系列的能力素质模型。任正非也在"效率优先，兼顾公平"的基础上进一步指出，"在报酬与待遇上，华为要坚定不移地向优秀员工倾斜。"

1998 年，在《华为的红旗到底能打多久》一文中，任正非指明："我们在报酬方面从不羞羞答答，而是要坚决向优秀员工倾斜。我们要坚决推行在基层执行操作岗位，实行定岗、定员、定责、定酬的以责任与服务作为评价依据的待遇系统。以绩效目标改进作为晋升的依据。"简单来说，就是以卓有成效的奋斗者为本，价值分配向优秀员工倾斜。

【辅助阅读】资源倾斜理论

世界经济论坛遴选出的"全球未来领袖"、巴西企业家里卡多·塞姆勒在

其处女作《扭转局面》一书中指出，企业发展到某一阶段时，受到客观因素的影响，企业必须在人力、物力、财力等方面给予某一特定部门以“鼎力支持”，这样企业才能度过危机。该理论被欧美学派称作资源倾斜理论。

在企业运营和管理中，越来越多的经营者开始发现，资源倾斜的对象不仅仅是特殊的部门，对于有特殊贡献的人，也应该予以最大程度的支持和鼓励，日本软银集团创始人孙正义便指出，优秀员工是企业最宝贵的财富，企业的一切资源都应该在公司战略的前提下向他们靠拢。

华为资深顾问田涛在评价华为“以奋斗者为本，向优秀员工倾斜”的分配原则时说：“华为之所以二十多年来没有因为分配问题而带来分裂和内讧，就是因为其体现了奋斗基础上的分配共享。一个人所得到的股票、奖金、工资，是基于是否奋斗了，是否贡献了，是否给公司创造价值了，就是责任、贡献和牺牲精神。”

华为会与14级以上的员工签订奋斗者协议，其目的之一就是将奋斗者与不奋斗者区别开来，把有成效的奋斗者和一般奋斗者区别开来，而作出区分以后，华为便会在资源、机会、股票、福利等方面加以区别对待。有成效的奋斗者得到的回报越多，一般的奋斗者所得到的利益就越少，而不奋斗者，就会被淘汰出企业队伍。华为之所以采取这一策略，是因为，卓有成效的奋斗者是华为的中流砥柱，是华为最需要的人，华为的业绩主要来源于他们，如果让他们领取与众人相当的薪酬、奖金或股票，那么，这部分人的积极性势必会严重受挫。

对此，在2011年华为高管讨论内部配股的时候，任正非便在《如何与奋斗者分享利益》的讲话中指出：“其实我讲的总的一个目的是，大家认为谁是奋斗者就请你们多保护，不要伤害他，哪怕他和文件有冲突，你们做不了主的时候，你们可以呈报。要敢于在待遇上拉开差距，让优秀员工多拿钱，股票多配一些。我们的改革不能左一会，右一会，然后这有被伤害的人，那有被伤害的人，其实最被伤害的人，一定是最优秀的人。为什么呢，他们一定有非常多的缺点，但是他们也有非常多的优点。我们不能教条主义。我认为我们的公司不需要完人，我们需要能做出贡献的人，这一点我们要在干部制度、人力资源中真正明白起来，谁是我们需要的人。”

在具体执行上，华为首先强调机会向优秀奋斗者倾斜。华为员工的岗位晋升和职位晋升均要以绩效考评为基准，对公司贡献越大，考评成绩越好，晋升机会越多。其次，在股票分配上，员工在获取公司虚拟股票时，同样符合分配条件的，贡献越大的人所能得到的股票数量便越多，越是拥有优先权。再次，在奖金和旅游、休假等福利上，优秀奋斗者的获取机会也是最大的，而对于没有太大贡献的一般奋斗者，奖金则很少，甚至没有，酌情而定。

通过对向优秀奋斗者倾斜这一分配原则的坚持，华为留住了一批又一批卓有成效的奋斗者，并且不断通过积极的价值引导，使更多普通员工踊跃加入奋斗者行列中来，为华为提供源源不断的有生战斗力。这样的利益分配和引导机制，也正是大多数企业所需要的。

7.2.3　让拉车的人比坐车的人拿得多

华为倡导分配逐渐向优秀员工倾斜，实际上是通过差异化策略来实现的，这种差异化的最直观体现就是利益分配上的不同，贡献突出的人拿得多，贡献小的人拿得少。

这种差异化的策略有效地激活了企业的内部竞争，使好的员工更好，不好的则得到调整和改善；同时，也体现了公平的原则，优秀的员工通过努力，不断实现自我价值，使懒人、庸人没有可乘之机。为了使这种良好的差异化分配制度更好地落实下来，任正非近年来还提出了一个新的价值分配主张——要让拉车的人比坐车的人拿得多。

早在 2011 年华为电邮【2011】16 号文件中，任正非便强调：“公司的价值分配体系要向奋斗者、贡献者倾斜，给火车头加满油。我们还是要敢于打破过去的陈规陋习，敢于向优秀的奋斗者、有成功实践者、有贡献者倾斜。在高绩效中去寻找有使命感的人，如果他确实有能力，就让他小步快跑。差距是动力，没有温差就没有风，没有水位差就没有流水。我主张激励优秀员工，下一步我们效益提升就靠给火车头加满油，让火车头拼命拉车，始终保持奋斗热情。”

【辅助阅读】张居正的拉车哲学

被梁启超评价为“明代唯一的大政治家”的张居正曾经对万历皇帝讲过一个拉车的故事，用以比喻治理国家。故事大意为，有一辆无牛可驾的牛车，很多人都想借牛车运东西去集市，于是一起拉着牛车前进，走到一半，有个孩子发现，不用自己发力，车走得也很快，于是便跃上了牛车，紧接着，第二个人也跃上了牛车，然后拉车的人越来越少，每个人都想坐在车上享受，最后，不再有人拉车，牛车便一直停在了山谷里。天黑时被一群劫匪包围，所有人都丧了命。

张居正将国家比作牛车，将群臣比作运东西的村民，将关外虎视眈眈的蒙古人比作劫匪，是想告诫万历皇帝，不要让大臣们太过养尊处优，只顾享受，这样早晚会亡国。事实上，任正非的管理理念与张居正的观念不谋而合。企业何尝不是一辆牛车，而员工则好比驾驭牛车的人，一旦所有人都上了车，不再有人拉车，那么，竞争对手就会出来消灭你。

薪酬差距的设计旨在实现客观存在的付出与回报的关系，使贡献率高的员工获得更多回报，使贡献率低的员工取得对应的低回报。因此，在落实薪酬差距，让“拉车的人比坐车的人拿得多”的过程中，华为格外注意以下几个问题。

第一，薪酬激励“对标分析”的合理性。华为规定，在进行公司员工薪酬水平与社会水平对比时，高层干部要去掉股票分红，基层员工要去掉加班工资，然后再做薪酬激励的社会对比，这样才能建立合理的薪酬激励对标管理。

第二，要管理好员工人力资本所得和货币资本所得的分配结构。华为规定，员工的货币资本所得（指员工获得虚拟股票所带来的收益）保持合理收益即可，其他收益全部给人力资本所得（指员工获得的工资性薪酬、年度奖金和TUP等累计的总收益），从而切实保障作战队伍获得大量的机会。

第三，坚持“获取分享”的价值理念。华为已初步确定了员工的激励结构分配系数，但这个系数并不是固定不变的，任正非要求，华为必须以“获取分享”的价值分配理念驱动公司长期健康发展，因此，必须坚持在此基础上持续改革与调整，坚持探索员工利益分配的最佳模式。

事实上，华为所做的，也是当下所有企业应该重视的。唯有让拉车的人比坐车的人拿得多，这样才能激励更多的员工从车上跳下来，主动加入拉车者的行列，推动企业发展，并且谋取回报。倘若一个企业中，80%、90%，乃至所有人都在拉车，那么，这个企业的竞争力绝对是令人震撼的。反之，如果一个企业除了老板以外，都是坐车的人，那么，这个企业必然寸步难行。

7.3 高薪酬高动力

高薪是华为整个利益分享机制中的一个突出特点，为了鼓励员工成为更卓越的奋斗者，华为采取了高薪战略，即用高于同行业竞争对手的薪酬吸引、留住并激发人才。

员工为企业发展做出贡献，企业支付给员工相应的劳动报酬从而鼓励员工更好地为企业而奋斗，这是企业与员工合作的基本模式。不过，出于成本的考虑，大多数老板都希望自己能够以较低的薪金使用优秀的人才，然而，往往事与愿违，企业即便招来了人才，也留不住人才，留住了人才，也无法充分地激发人才。在这一点上，华为与其他企业最大的不同就在于，华为舍得出高薪。

7.3.1 高薪酬催生高动力

在人才薪酬管理上，任正非有一个十分鲜明的观点：高薪不一定能留住人才，但低薪一定不能留住人才！任正非认为，企业想要招揽和激发人才，必须提供有竞争力的薪酬，任何一家企业，员工努力工作的基本前提一定是通过自己在企业中的劳动可以得到生活上的基本保障。因此，唯有高薪酬才能催生高动力。

“高效率、高压力、高工资”是华为的三个显著特点，任正非坚信，高工资是员工的第一推动力，所谓“重赏之下必有勇夫”，就是这个道理。可以说，华为之所以每年都能从国内各大名牌高校招聘到大量的优秀毕业生，很大程度上便是得益于它的杀手锏——高薪。用华为的话来说，就是“我们能提供有竞争力的薪酬待遇”。

【辅助阅读】华为的“三高”政策

1997年，任正非带队考察IBM、贝尔实验室、惠普等国际著名公司时发现：IBM作为一家家喻户晓的企业，每年还会拿出近60亿美元作为研发经费；其他的很多大公司也会拿出公司销售额的10%作为研发经费，以此为公司创造机会。然而，国内企业的情况却完全不同，它们往往都想着在机会出现以后再去投资，认为这样会更妥当。这就是国内外企业的差距。

深刻认识到这一点后，任正非在提出“持续加大投资力度”的同时，也提出了“三高”政策，以推动企业利润的持续增长。“三高”政策，即高工资、高压力、高效率。对于任何企业来说，高绩效都是其在残酷的商业竞争中脱颖而出的重要筹码。所以，“三高”政策中，高效率是目的，高工资和高压力是实现高效率的手段。

在任正非看来，高工资的背后是高压力和高效率，所以他从不吝于给员工高工资和高福利。任正非希望通过高工资催生高效率，强化华为人的拼搏精神。华为的高工资政策令在外企工作的员工羡慕不已，即便华为在海外招聘，工资待遇、福利水平也不亚于同行业的工资水平。如果遇到高端人才，华为给出的报价更是高得“离谱”。

据华为内部资料显示，2002 年，一名大学本科毕业生在华为月薪能够达到 5 000 元人民币，研究生则为 6 000 元；到 2013 年，华为招聘本科毕业生时许诺的起始工资已经上升到了 9 000 元，研究生为 10 000 元；2015 年 9 月，华为消费者 BG 总裁余承东在清华大学进行高校招聘宣讲时更是高调表示，“华为 2016 年将从全国各大高校中招聘超过 1 万名应届毕业生，起始年薪最高可超过 35 万元人民币。”同年 10 月 12 日，华为公司董事、高级副总裁陈黎芳在北京大学发表“校招”宣讲时更是豪言“在华为工资只是零花钱”，事实也确实如此。华为全员持股的虚拟股权制度，使得华为员工在每年可以拿到十几万元甚至上百万元的分红，这在其他企业是难以想象的。

数据统计表明，华为的薪金水平比深圳一般公司高出 15% ~ 20%，比全国平均水平高出 50% ~ 60%，这样丰厚的薪酬，再加上比薪酬更具吸引力的分红以及其他福利，试问有谁会拒绝呢？

很多企业经营者认为为员工提供有竞争力的薪酬是一种增加运营成本的行为，其实不然。被誉为“竞争战略之父”的管理学大师迈克尔 · 波特曾经说，投资人才是一种最好的竞争方式，是节约企业成本、创造更多价值的重要手段。史玉柱也说，给员工高工资时，实际成本是最低的，公司是主动的。

诚如迈克尔·波特和史玉柱所言，从人力资源管理的角度讲，为员工提供有竞争力的薪酬，可以使员工对工作机会倍加珍惜，并且竭尽全力。华为支付给员工同行业最高的工资，多年来，华为每年的员工薪酬之和、上缴国家税收以及研发投入三项指标始终远高于同年的利润，从而构筑了华为在国际竞争中的硬实力。从这一角度讲，即使不得不付出可观的重置成本，经营者也应该向华为看齐，根据企业实际情况，创造一个人才竞争上的薪酬优势。

7.3.2 同工同酬，根据责任和贡献实现差异化

20 多年来，华为的薪酬体系逐渐演变，渐渐形成了一个完善的体系。在不同的历史发展时期，华为采取的薪酬战略也是各有不同的。

以华为的高薪酬为例。华为的高薪酬不是与生俱来的。1987 年到 1994 年间，初创期的华为实力单薄，受到人力、财力、物力等各种资源的限制，企业对通信人才的急需与无法支付具有竞争力的薪酬成为矛盾。华为坚持的也是传统的薪酬战略，但是，任正非发现，不舍得以高薪吸引并激发人才，华为永远不可能在竞争激烈的市场中脱颖而出，于是，大约在 1993 年，华为在营业额稍有起色时就开始实施薪酬领袖战略，高薪聘用人才。

1995 年到 2005 年，是华为高速发展的阶段，这一时期华为的实力相对雄厚，对人才的需求迅速上升，所以，华为开始采取全面的薪酬领袖战略，除了基本月薪、年终奖和股票，还增添了一些福利和补助，鼓励多劳多得，强化动态薪酬，并在大规模招聘的同时进一步加强高薪战略，即使在行业不景气下调起薪时，华为员工的薪酬水平仍然高于全行业。

【辅助阅读】动态薪酬

“动态薪酬”是根据企业内外部的人力价格水平和员工的职责、能力、绩效以及长期发展潜力建立的一种崭新的薪酬体系。它既关注到了企业薪酬水平

的对外竞争力，也关注到了企业内部薪酬的合理性和激励性。

心理学家研究表明，长期的、一成不变的薪酬会使员工工作陷入僵化状态，而实行动态薪酬，则能使员工表现积极，更努力地提高自己的岗位绩效，争取获得更高的岗位级别。在这个过程中，员工因体验到由于晋升和加薪所带来的价值实现感和被尊重的喜悦而更加努力工作。

2005 年以后，华为逐渐进入了平稳发展阶段，企业规模不断扩大，开始向世界前列迈进，公司的薪酬战略也更加丰富，2006 年之后，华为推行了薪酬改革，开始更加注重员工的效率和价值，对高级管理者和资深专业人员与一般员工实行差别化待遇。

在这样的演变中，华为也开始形成了同工同酬，根据责任和贡献差异化的薪酬分配方式。早在 1998 年，任正非便在华为基层员工价值评价体系项目汇报会上强调说："我们实行按劳取酬的原则，在分配上实现同工、同责、同酬，对于在一个岗位上停留年头长的员工，工资要比新人拿得多一些。打破基层岗位仅按学历定工资的技能评价体系。同样的岗位，同样的工作，只要责任心和贡献是相同的，硕士和大专生就应该拿相同的工资。"

在强调同工同酬的同时，华为更加注重的实际上是"根据员工责任和贡献，实行薪酬的差异化"。举例来说，在华为，研发人员和销售人员的待遇通常是最好的，以 2009 年为例，当时，华为研发人员的平均月薪已经达到 8 000 ~ 9 000 元/月，而秘书之类的行政人员才 2 000 ~ 3 000 元。但是，当年 11 月，有 7 名研发人员没有完成研发任务，所得薪酬仅仅是平均薪酬的一半左右。超过 40 名行政人员因为在新员工入职等事务上贡献突出，得到了至少 4 000 元的绩效工资。这种薪酬上的差异和明显倾向，恰恰体现出华为对奋斗者的尊重和热爱。

有华为高管曾解释说："按照华为的理解，行政人员一般从事的是简单的、带有重复性质的工作，相比之下，研发和市场人员所做的则是大量创造性的工作，研发人员创造产品，市场人员创造销售额，都是有大贡献的劳动，所以收入必然要高。但是，高与低都是相对的，你在薪酬高的岗位上没有做出高贡献，那么你就无法拿到理想中的薪金。相对地，你在一个低薪酬的岗位上业绩突出，也一样可以得到更多绩效薪酬。”

2014 年 8 月，任正非在华为人力资源工作汇报会上再次强调：“华为要差异化管理各类人员薪酬，激发员工的活力。”关于这一点，后起之秀马云与任正非有着类似的观念，马云认为，对有更高要求的岗位要加工资，同时，有增必有减，如果员工的能力达不到岗位的要求，企业就需要找到更合适的人或减薪。马云强调：“我们都希望不要发生这样的事，但想让你的企业充满生机，这样的事就一定要发生。”

7.3.3 用“竞争性薪酬”制造员工心理反差

华为以高薪酬催生员工高动力的另一个方式就是利用“竞争性薪酬”制造员工的心理反差。这里的“竞争性薪酬”不同于前面所强调的“有竞争力的薪酬”，“有竞争力的薪酬”是针对企业外部而言的，是指华为薪酬与同行业企业对比有竞争力，而“竞争性薪酬”则是针对企业内部员工而言的，强调华为员工彼此间在薪酬上的竞争。

华为采取按级定薪的方式，即每一级别的员工在薪酬上都是有差异的。以研发部门为例，华为助理工程师的技术等级在 13C ~ 15B；普通工程师 B 的等级为 15A ~ 16A；普通工程师 A 的等级为 17C ~ 17A；高级工程师 B 的等级为 18B ~ 19B；高级工程师 A 或技术专家的等级为 19B ~ 20A；三级部门主管的等级为 19B；二级部门主管的等级为 20A；一级部门主管的等级通常为 21B ~ 22B，最高等级 22A；22 级以上为华为总裁级，不对外公开。13C 以下是华为生产线上的操作工的级别，不予计算。

据统计，在 2015 年大幅度提升工资基准线后，华为员工每级工资差距大概在 4 000 元左右。13 级员工工资大概在 9 000 ~ 13 000 元，14 级员工工资大概在 13 000 ~ 17 000 元，15 级员工工资大概在 17 000 ~ 21 000 元，16 级员工工资大概在 21 000 ~ 25 000 元，17 级员工工资大概在 25 000 ~ 29 000 元，越往上，员工工资的薪酬差距越大。

之所以会制造这么大的薪金差，是因为任正非意识到，在员工薪酬管理过程中，整齐、划一的薪酬无益于员工的进取：当员工发现“我”的薪酬与“他”的薪酬没有差别时，会认为努力工作毫无必要，因而放弃努力。但倘若能够让员工看到自己与别人的差距，那么，他们则会更加努力地追赶前人，甩开后人，建立起自己的薪酬优势，这就会督促员工不断创造成果，为自己的升职加薪积蓄能量。

【辅助阅读】对比效应

在认知心理学中，人们因同时或先后受到性质不同或相反的刺激物的作用而产生感受性变化的现象，被称为对比效应。例如，将灰色的小正方形放在黑白两种不同的背景前，虽然两个灰色小正方形的明亮度相同，但我们却会认为：白色背景前的小正方形显得更暗或灰度更深；而黑色背景前的小正方形则看起来更亮或灰度更浅。也就是说，一个东西是怎样的，与它的参照物有着很大的关系。

所以，企业在制定员工薪酬标准时，可以借鉴对比效应的原理：制定不同的薪酬等级，让任何一个等级都成为其他等级对比的参照物，使员工所获得的薪酬等级显得更高或更低，以此更有效地刺激员工的竞争对比心理。当员工在对比中发现自己与他人的薪酬存在阶梯状差距时，这种心理反差将激励员工更加努力，尽全力来缩小与高薪酬水平者的差距。

为了营造薪酬上的差异化效果，华为还规定，华为的任职资格制度与员工技术等级密切挂钩，即员工如果在技术等级上不达标，想要实现岗位晋升和加

薪是不现实的。

另外，华为员工的奖金计划与员工业绩也密切相关，每一职级的员工奖金都要根据员工个人所负的责任、工作绩效及主要完成项目的情况而定，胜任工作并且完成得很好，便会拥有晋升和获得高额奖金的机会，不胜任则要面临降级和减薪的命运。这也在一定程度上督促华为员工努力工作，奋发向前。比如，华为将每个等级与员工绩效考核成绩相匹配。如果一个 15 级员工在考核中获得 C，那么，他的工资就注定无法达到 17 000 元的底线了，而是 10 500 元，与考评得 A 的同级员工相比，要差上整整一倍，这也体现出了华为薪酬制度的竞争性。同时，员工的奖金、期权也要受到绩效成绩的影响。

其实，无论是高薪也好、同工同酬也罢，抑或用“竞争性薪酬”鞭策员工，华为任何一项薪酬政策的制定和实施都是与其所面临的环境相适应的。将来，其薪酬策略也必然会随着企业环境的变化而再次演进。所以，其他企业在学习华为，进行薪酬战略设计和调整时，务必要根据自身发展的内部因素以及外部竞争环境设计与之匹配的薪酬模式。唯有选取最有利于企业发展的薪酬管理模式，才能让薪酬制度既有利于员工，又能够促进企业的长足发展，使企业在竞争中处于有利位置!

7.4 用股权绑定人心

股权激励是企业利益分享的一个重要组成部分，是公司或大股东实施的一种对特定对象的奖励措施，它的最大特点在于，可以通过资本纽带将被激励者与公司的经营和发展联系在一起。

近年来，越来越多的企业家开始意识到，企业想要激励并留住核心人才仅仅依靠高薪是不够的，还必须有条件地给予激励对象一部分股东权益，使其与企业真正结合，成为一个比雇用关系更为牢固的利益共同体，从而实现企业的长足发展。任正非很早便意识到了这一点。更加难能可贵的是，华为几乎突破了所有人对股权激励的认知，它所采取的是一种全员持股的激励方式，不仅留住了核心人才，更是将每一个华为人的积极性都充分调动了起来，在全公司范围内建立了一个广泛的命运共同体。

7.4.1　以制度创新为科技创新提供保障

如何激励员工更好地工作始终是任正非思考的一个重要问题，1990 年，华为提出内部员工持股，每股 10 元，以利润的 15% 作为股票分红（税后）。员工进入公司一年后，依据员工的职级、季度绩效等进行分配，用员工的年度奖金购买。

华为采取这种员工持股的方式带来了两大好处：一方面，通过内部融资的形式缓解了公司现金流紧张的状况，既不需要向员工支付利息，也不需要向外部股东支付高额红利，有效降低了公司的财务风险。另一方面，全员持股使员工对公司产生了一种主人翁意识，责任感和归属感也随之而来，员工的工作积极性和进取精神大大提升。

1995 年以后，华为开始大规模招聘国内知名高校的应届毕业生，当时，大学生虽然专业素养够高，但相对的对薪金的要求也是很高的，为了吸引他们，华为开出的工资要比业界平均水平高出 20%，而当时的华为虽然发展得很快，但赚来的钱大多数都投入到了产品研发和市场开拓之中，根本没有那么多的钱来支付许诺给 400 个新人的所有工资，而且，在此之前，华为本身还有 1 000 多名老员工。

任正非十分了解华为的经营情况，自然不会允许开不出工资导致员工大量流失的现象出现。他受到国外上市公司股权分配的启发，开始尝试以股权顶替部分工资的办法。当然，华为从来都不是一家上市公司，所以，华为所采取的股权制度，实际上是一种虚拟股权机制。

简单来说，倘若华为当时许诺给员工甲的工资是 10 000 元，华为会先发给员工 5 000 元，另外 5 000 元则以虚拟股票的形式发放，即员工用部分工资购买公司的虚拟股票，把钱投入公司建设当中。在执行这一制度时，华为会明确告诉员工：倘若员工想要离开公司，股票会全部兑现，不离开，则每年领取相应的分红。

曾任职华为人力资源部的汤圣平对此解释道，华为员工出来以后，公司确实会把股票全部兑现给他们。汤圣平说，“我在辞职后，所有的工资余额立刻打到我在杭州的账户上，公司股价公布后的一个月内，华为就把股票按照最新的价格全部兑现到我的账户上。要知道，华为 2002 年的效益并不怎么好，现金流也不充裕。”

此外，为了让员工安心接受这一制度，华为还为员工建设了食堂和宿舍，尽可能地降低员工的日常花销。甚至于，华为还建设了自己的“公司银行”，员工出现紧急情况需要用钱时，公司可以无息借给员工，但会用该员工后面的工资抵扣。

就这样，华为的虚拟股权制度初步建立了起来，而为了能够吸引更多的员工去主动购买公司的股票，任正非从来不吝啬于利益分享，比如，华为的虚拟股票 1998 年估值是 1 元钱，那么，公司就会分给持股的员工 5 角钱，公司与员工一人一半。在这样的利益诱导下，大多数华为人都选择加入持股行列。

【辅助阅读】心理分账

心理学上有一个术语叫“心理分账”。它是芝加哥大学行为科学教授查德·塞勒在 1980 年提出的概念。1981 年，心理学家卡尼曼和特沃斯基通过实验研究发现，每个人的潜意识当中都存在着一个心理账户，心理账户的存在影响着人们以不同的态度对待不同的支出和收益，从而作出不同的决策和行为。

在团队经营中，心理分账的存在意味着，领导者的金钱激励是否能够满足团队成员的心理账户，将直接决定着团队成员的工作积极性和努力程度。

持续稳定的股票分红让华为人获益颇多，可是，员工手中所持股票越来越多，万一大家都要求提现，会不会对公司造成巨大的打击呢？任正非自然也考虑到了这方面的因素，所以，他又组织成立了华为人力资源管理委员会，专门负责做华为人的思想工作。如果员工家里有困难需要钱，委员会设有专门的办事处，办事处会尽可能帮助员工解决困难。如果员工就是单纯想找点钱花，那么，委员会就会尽可能劝他们把钱留下来。

就这样，在一系列完善的机制之下，华为的虚拟股权制度逐步创立、完善并传承了下来。2015 年 1 月 4 日，国务院总理李克强考察华为，高度赞扬了华为的股权激励制度。李克强点评说："没有制度创新，科技创新就无从依附。"充分表明了对华为虚拟股权制度的支持与肯定。

事实上，华为在股权激励制度上的创新也确实不负众望，真正做到了对员工最有效的绑定和激发，2002 年，华为把股票价格从每股 1 元直接涨到 2.64 元，有数千名员工因此直接获得了超过 10 万元以上的收益，这让华为员工更加清醒地意识到，公司不仅仅是任正非和华为管理层的，同时也是自己的，自己通过持续的奋斗让公司获得高收益，公司便会通过股票分红将这些利益给自己。于是，人们便会看到，一个个华为人争前恐后地奋斗在一线，科研人员努力研发，销售人员尽可能地为客户推送符合需求的新技术和新产品，维护人员想尽办法解决用户的技术问题，公司上下，始终是一派生机。

7.4.2　全员持股，激发员工的进取意识

在华为深圳总部的一间密室内，有一个玻璃橱柜，橱柜里放着十几本蓝色的册子，这些数厘米厚的册子便是华为员工持股的官方资料——持股簿册。里面记载着大约 8 万名华为持股员工的姓名、身份证号码、具体持股数量和年份等基本信息。

8 万持股人，这是个相对保守的数字，据华为官方透露，截至 2013 年 12 月 31 日，华为员工持股计划参与人数为 84 187 人，如今两年多的时间过去了，这

一数字势必有所增长。也就是说，华为17万员工中，有一半以上的员工都是公司虚拟股票的持有者。这意味着，华为对外宣称的全员持股制度并非虚言。

2010年年初，华为创立20多年来首次公布年报，并在年报中披露了自己的股权结构：深圳市华为投资控股有限公司工会委员会是其最大股东，持有华为98.58%股份，任正非本人则仅持股1.42%。通过工会委员会，64.69%的华为员工持有华为股份。

华为将这种公司通过工会实行员工持股计划，全体在职员工均有持股机会并通过持股员工代表行使股东权利的制度叫作全员持股制度。用任正非的话来说，“全员持股，才能把公司的长远发展和员工的个人贡献紧密地结合起来，形成一个长远的共同奋斗和分享的机制。”

有人会有这样的疑问，既然是全员持股，为什么还有一半的员工没有股票呢？事实上，这正是华为最明智的地方。华为初创期的全员持股的激励措施，以满足员工物质需求和精神需求为导向，积极发挥员工能动性，从而稳定并不断改善公司的绩效，但全员持股不是万能药，每个人都有股票，就相当于每个人都没有股票，员工只要持有股票，即使不干活，也能获得分红，久而久之，就会破坏公司内部公平的竞争环境，不利于个人和公司绩效的提升。

为了解决这一问题，任正非可谓煞费苦心。2000年，IT泡沫破灭，全球经济受到巨大影响，华为也迎来了发展历程中的第一个“冬天”。借此危机，任正非开始在华为实行“虚拟受限股”的期权改革，在保证公司拥有充足的现金流的同时，改革人浮于事的弊端。

同时，华为还出台了一些新的股权激励政策。比如，新员工不再分配一元一股的股票；老员工的股票逐渐向期股转化；取消固定的分红，分红从期股所对应的公司净资产增值部分获取，等等。公司会根据评价体系，向员工分配一定额度的期权，期权期限为4年，每年兑现1/4的额度。期权比股票的方式更为合理。期权需要个人奋斗，达到怎样的绩效标准就获得多少额度的期股，拉开了员工之间的收入差距，有效激活了内部竞争。

【辅助阅读】股权与期权的对比

股权又称股东权，有广义和狭义之分，广义的股权包括期权，泛指股东可以向公司主张的各种权利，而我们通常所说的股权一般指狭义上的股权，即指股东基于股东资格而享有的，从公司获得经济利益并参与公司管理的权利。期权是拥有未来一段时间后或时间内实施某种行为的权利。

相比之下，期权更强调时效性，同时也更注重权利与义务的统一，更能激发个体的责任意识，督促个体为了维护自身权益而坚持履行责任。

2002年，任正非在《管理工作要点》一文中进一步强调，“（股权）激励机制要有利于公司核心竞争力战略的全面展开，也要有利于近期核心竞争力的不断增长。只有公司的核心竞争力提升，才会有全体员工的价值实现机会。”所以，在推行全员持股与期权激励的过程中，华为的做法很简单，即向优秀员工倾斜。

落实到股权的具体分配上，任正非主张，“员工的持股额度应该根据才能、责任、贡献、工作态度、风险承诺等情况综合确定，从而形成优秀员工集体控股、骨干员工大量持股、低级员工适当参股的股权分配格局。”

如此一来，华为既调动了普通员工的工作热情，又充分保证了优秀员工的权益不受侵害，在企业内部成功地建立起了一个集竞争、开放、约束于一体的股权激励机制，使公司的整体面貌焕然一新，销售业绩和净利润也大幅攀升。

7.4.3　通过股权捆绑建立一个命运共同体

在过去的十余年中，华为的“虚拟持股”机制已经被证明是一套比IPQ更为有效的全员激励手段。在股权激励和主人翁意识的驱动下，华为人夜以继日地奋斗着，即使拿着微薄的薪水、住着简易的房屋，他们也始终保持高昂的斗志，期望着年底的奖金、分红以及股权。

随着华为人的不断努力，市场越来越好，研发技术也上了一个新台阶，公司的财富也越来越多。如今，华为已发展成为全球第一通信设备供应商。可以说，从公司创立的第一天起，华为与员工之间就建立起了休戚相关、荣辱与共的关系，他们俨然就是一个命运共同体。

鉴于华为的成功，很多人都认为股权激励在其中起到了关键性的作用，其实这种观念只对了一半，诚然，全员持股为华为的腾飞贡献了卓越的力量，但股权的真正意义却并非激励，而是约束。任正非以大量的股权激励华为人奋勇向前，实际上何尝不是用大量的股权捆绑住优秀员工，让他们舍不得离开。

【辅助阅读】股权绑定

在欧美地区，初创公司一般会对创始股东的股票设置股权绑定机制，即公司股票必须按照创始人在公司工作的年数或月数逐步兑现。也就是说，企业成员在得到公司股票时不能立即变现，必须在公司工作一段时间，做出相应贡献之后才能逐步兑现。

华为的虚拟股票制度也具备股权绑定的性质，员工在获得公司股票以后不可私自买卖，除公司回购，以及保护期过后售与公司外，其他交易均属无效。另外，华为还规定，虚拟股票到期后公司将自动收回进行重新匹配。这些制度的存在，充分保证了股权对于员工的约束和限制，让员工不得做出损害公司利益的交易行为。

在华为，股权就像是一副金手铐，员工持有它的时候，每一年都能得到大量的分红，比如，华为前副总裁刘平在1993年刚刚加入华为时工资是1 500元，1993年年底涨到了6 000元，八年以后，怀揣500元钱进入华为的刘平离职时已经拥有千万元的资产，仅仅依靠工资显然是无法实现财富巨额增加，带

给他巨大收益的就是股票分红。

然而，华为规定，无论是谁，一旦离开公司，则股票必须被购回，也就是说，即便你是华为的副总裁，甚至包括任正非在内，一旦离开华为，就再也无法享受到华为的股票分红。这与上市公司的股东权益完全不同，但也正是因为这种不同，让那些持有大量华为虚拟股票的高端人才在萌生跳槽之心的同时，不得不冷静思考，自己是不是真的舍得放弃每年几十万元，甚至数百万元的巨额红利。也就是说，华为在用股权激励员工的同时，也以一种光明正大的手段“绑架”了员工。事实上，很多成功企业的领袖都曾有过类似的做法。

蒙牛创始人牛根生离开伊利后决心创建蒙牛，当时，一个女同志对他说，老牛，我也从伊利出来帮你忙。牛根生却说，“我不要你帮忙，你要是真想帮，就回去跟你老公商量一下，把你们家的存款都拿出来买蒙牛的股权，能买到 5%，我就让你加入高管团队。”对方觉得牛根生翻脸不认人，牛根生却认真地说：“我不是翻脸无情，而是我必须建立这样的约束制度，你用钱来买蒙牛的股权，蒙牛就相当于你财产的一部分，这样你才能对蒙牛负责，如果你不能对自己的财产负责，那你怎么可能对别人的财产负责？”

其实，不仅仅是蒙牛，全球最大零售商沃尔玛采取的也是一种股权捆绑机制，沃尔玛的员工也像华为的员工一样，工资只是收入的一小部分，员工在工作几年之后，收入的真正来源是股价升值，员工不想让自己的收入降低，途径是努力工作，想要提高自己的收入，途径是更加努力地工作，而倘若其不想放弃高额的收入，那么，唯一的办法就是继续留在公司，并持续地努力工作。事实上，这也是大多数企业在推行股权制度时最应该掌握的精髓所在。

7.5　福利上体贴入微

企业若想充分地激发员工，在福利保障上也要构建一套完整的机制。作为企业人力资源薪酬管理体系的一个重要组成部分，员工福利一般包括健康保险、带薪假期或退休金等，又可以归为补充性工资福利、保险福利、退休福利、员工服务福利等几类。享誉欧洲的罗兰贝格战略咨询公司调查显示，一个福利健全的公司，无论是在吸引员工、保持员工，还是在激发员工方面都有着非同一般的吸引力。

由于福利并不需要缴纳任何税金，企业在这方面给予员工多少，员工就能享受到多少，所以，它的存在，甚至可以比工资等利益分享机制更能提高企业在员工心目中的形象，更好地激发员工发奋工作。

7.5.1 健全保险与福利机制

华为的福利政策可谓无微不至，涉及员工工作、生活的各个方面。任正非曾说，“带兵打仗，必须给士兵几两烟土钱，这样士兵打起仗来才能更有干劲。”其实，管理者对待员工也是一样的道理。为此，华为从创立时期开始，就十分重视员工福利机制的建设。在员工保障体系中，华为依据员工实际需求设置了各种保险，以充分保障员工的人身利益。

除了提供员工所在地法律规定的各类保险外，华为还为员工购买了人身意外伤害险、商业重大疾病险、寿险及商务旅行险等商业保险，并制订了完善的公司医疗救助计划。华为的人身意外险覆盖了全球所有员工；商业重大疾病险和寿险覆盖了所有中国区员工；商务旅行险则遍及所有中方外派员工。

除此以外，华为还发了很多让员工都没有想到的“意外”钱。比如，从1996年开始，华为就主动向员工发放相当于员工工资15%的“补充”保险，华为称其为安全退休金，例如，某员工基本工资为6 000元，那么公司每月会另外给员工900元，用于交纳社保，每月还剩的部分在离职时或达到一定额度时一次提取，这相当于在员工工作时便提前发放了员工的养老金，提前十几年甚至二十几年解决了员工的后顾之忧，员工自然可以全身心地投入到工作之中。

其实，发放安全退休金仅仅是华为“货币化福利”的表现形式之一。华为在员工福利方面毫不吝啬的另一个表现就是发放各种补助。例如，华为根据工作地域不同将补助分三类：工作地在深圳关外每月 1 000 元，在国内其他地区每月 800 元，工作地在海外则没有（华为海外员工单独享受外驻、外派补助）。之所以深圳关外比国内其他地区高 200 元，是因为关外的交通费高，这是华为做了充分的调查后决定的，此外，华为还确定了出差补助，这笔钱每月定时打到出差员工的工资卡里，用于购买车票、公司食堂就餐等，虽然不能取现，但年底高于一定数额的员工，或离职的员工，可以一次取现。这也从侧面反映出华为福利机制的细致入微。

【辅助阅读】货币化福利

员工福利的支付方式有两种，一种是货币形式的，一种是实物形式的。比如，公司给员工发放住房补贴即属于货币化福利，而公司发给员工的粽子、月饼等礼物，则属于非货币化福利。通常而言，货币化福利比非货币化福利更具吸引力，员工可以凭借所得到的货币福利去购买自己心仪的东西，而非货币福利却未必是所有员工都需要的。所以，企业在建立健全福利机制的时候，一定要重视货币化福利，但亦不可忽略非货币化福利的重要性。

2005 年，为保障员工在全球工作和生活无后顾之忧，华为对公司的保险保障和福利制度都有所变革，发布了员工保障、医疗保障、医疗救助保障、人身保障等系列文件，建立了强制性社会保险、医疗保险，以及商业保险的多重保障机制。

2011 年，华为在多个方面对员工保障体系进行了再次优化，具体措施包括：优化海外员工保障管理项目，制定属地化的保障政策；逐步提高商业寿险保障标准；与保险商合作建立全球员工保障管理 IT 平台；推广及完善员工家属保险认购计划，为增强员工家属保障搭建平台；建立突发事件问责制以及应急机制等。这些福利机制的建立与健全，在一定程度上增加了华为的支出成本，但效果却是显著的。比如，华为的海外市场大多是在委内瑞拉、刚果、厄瓜多尔等艰苦地区，一般企业的员工大多都不愿意前往，但华为每年却从来都不缺乏主动请缨前往海外的企业精英，原因就在于，华为给予海外员工的福利实在太丰厚了，让人难以拒绝。

由于业务拓展需要，华为在国内外都有驻地机构。华为依据驻地所在地区的艰苦程度，设置了不同的补助标准。在海外，华为规定，员工出差补助为50美元/天，交通费、住宿费、通信费另外实报实销。海外常驻员工，发达国家补助50美元/天，一般国家60美元/天，危险国家日补助更是高达70美元以上，衣食住行全部由公司提供。今天，这些数字都已经达到了100美元以上，而早在2000年，华为便规定，对需要在海外工作3年以上的员工，发安家费15万元，出国前一次发放。

古语云，欲先取之，必先予之。一个企业想要从员工身上得到价值，首先就需要满足员工的价值需求，如果你连员工最基本的福利要求都无法保障，又有什么资格去要求员工为企业献身呢？在这一点上，华为的实践值得诸多企业借鉴和学习。

7.5.2 奖励所需，满足员工最迫切的需要

国内管理专家段俊平曾经说过：什么叫作福利？让员工感到幸福，并且从中获利，才是真正的福利。很多公司在建设员工福利方面下了很大功夫，甚至投入了不菲的资金，但是却没有半点激励效果，其实，原因就在于，这些福利的设置并没有找准员工的需求。比如，员工想要获得假期，你老是强调给双倍的加班费，短期内员工或许能够接受，但时间久了，员工的心理诉求一定还会占据上风。因此，在设置员工福利的时候，一定要充分结合员工需求，奖励所需，解决其问题。

【辅助阅读】奖励所需

“奖励所需”是麦肯锡管理咨询顾问马克斯·兰茨伯格提出的观点，即用员工希望的方式去奖励。管理者在设计员工福利时也是一样，也要充分关注员工的需求，避免因奖励方式不当而造成人才积极性受挫。兰茨伯格指出，想要做到奖励所需必须要做到两点：

第一，体察员工需求，保证福利方式多元化。作为人力资源经理，要积极地换位思考，体察员工的需要，设置多元化的福利方式，让存在不同需要的员工能够按照他们的意愿享受到企业福利。

第二，主动了解员工的喜好，让员工自由选择。每个人放松的方式是不一样的。管理者不能主观臆断员工的喜好，更不能以自己的喜好代替员工的喜好。若想让福利设计做到更有效，不妨多了解员工喜欢的福利方式，对症下药，这样更容易赢得员工的满意。

事实上，华为的福利机制就很好地做到了这一点。1993 年，华为员工的工资都不高，一部分还要兑换成公司股票，所以日子都过得很艰苦，在外面餐馆吃一顿饭都觉得贵，大多数人都不舍得吃好的。任正非了解情况后，立刻下令成立公司餐厅。华为餐厅除了为员工提供免费的三餐外，每晚还给加班的同事们一顿加餐，取名叫作“八点半钟靓汤”：如排骨汤、蛇汤、乌鸡汤等。每到八点半钟，加班的华为人都可以到食堂喝一碗热腾腾的汤再回家。

随着华为的快速发展，员工越来越多，公司自建食堂的能力日渐不能满足员工的需求。1996 年，华为搬迁到科技园一号楼，为了满足员工的餐饮需求，华为将食堂承包给了由膳食管理部的人员组建的三家餐饮公司——迈志豪、都乐门、鑫福鼎，由专业的人员提供食堂伙食的全套服务，菜品比以前多了很多，还开始提供碗筷、洗碗服务等。

解决了员工的吃饭问题，任正非又注意到，华为人的工作很辛苦，虽然华为在工资和保险上并没有亏待员工，但员工却切实需要一些金钱以外的东西，比如，和家人的一次度假。为此，华为先后开展了多次旅行活动，组织持续在艰苦地区奋斗多年的华为员工与家属一起，来一场难以忘怀的休假旅行。

2009年1月，华为中东北非片区“阳光之旅关怀计划”首先惠及阿富汗办事处，华为组织在阿富汗连续工作5年的员工及家属到埃及度假观光！旅行中，员工可以畅快地观光开罗，游红海，观摩金字塔，骑骆驼，旅行结束前，公司甚至专门留下几天给员工及家属用来购物。这对于长期承受高压力、高强度工作的华为海外员工而言，无疑是最完美的事情。

此外，华为还有一项解决海外员工生活需求的福利，即驻外人员只要达到一定的资格就可以申请家属随行。而且，家属一旦随行，华为还会为驻外的他们提供必要的生活福利，包括医疗费用及保险等，倘若不随行，华为则可以为在境外工作满一年的员工的家属提供探亲费用，一年一次。

如果你认为华为的诸多福利只有驻外人员和老员工才能享受，那就大错特错了，对于新员工，华为提供的福利也绝不逊色。考虑到刚毕业的应届生大多没有经济来源，生活并不宽裕，华为规定，应届生来公司报道时候的路费、行李托运费、体检费等都可以享受实时报销，而且，新员工正式上岗前的内部培训期间，工资、福利照发不误。这在其他公司是很难见到的。

奖励所需，解决员工最迫切的问题。在这样的原则之上，华为经过不断的改进，形成了一种对优秀奋斗者持续关怀的福利机制，而这样的福利机制往往才最容易打动员工。

7.5.3 注重感情投资，做好非物质关爱

基于员工是企业最宝贵的资产的理念，华为始终坚持关注员工的福利和保障。为此，仅2012年一年，华为全球员工福利保障投入便达58.1亿人民币，

建立了完善的员工保障体系。

事实上，在完善员工福利保障机制的过程中，华为除了不吝财富之外，最大的特点便在于其浓郁的人文关怀。提到华为，人们率先想到的往往是它的斐然战绩和狼性文化，但是，华为其实也是亲情文化的倡导者。

【辅助阅读】恒河猴实验与依恋伦理

1959 年，美国心理学家哈洛及其助手曾做过这样一个实验：以最接近人类生活习性的恒河猴的幼猴作为实验对象，让 8 只新生的婴猴同两个人造母亲在一起。“木制母猴”以光滑的木头做身子，用海绵和软布围裹，其胸前安装一个奶瓶，体内安装了一个提供温暖的灯泡。“铁丝母猴”与木制母猴唯一不同的是没有木质母猴那样柔软的身体。实验中，哈洛发现，所有幼猴，都喜欢整天与木制母猴待在一起。那些由铁丝母猴喂养的幼猴，仅仅是为了吃奶才迫不得已离开木制母猴，吃完后便迅速返回木制母猴这里。而当幼猴发现一些害怕的事物时，也会很快跑向木制母猴。随着幼猴年龄的增长，这种反应变得愈发强烈。

实验结果很明显：幼猴们更加偏爱由绒布包裹的木制母猴，这种偏爱甚至趋向于极端。可见，动物之间的依附行为或交往行为取决于机体寻求温暖、舒适的本能需要，温暖和舒适能提供安全感。这一现象被称作依恋伦理。

其实，类似的依恋现象在员工的身上也可以发现，留意你的员工，你就会发现：员工更愿意与存在情感交流、易于沟通的领导或同事共事，也更依恋于能够给予自己关爱的企业。所以，管理者对员工进行恰当的感情投资是十分必要的。

孟子曾言：亲亲而仁民，仁民而爱物。在孟子看来，爱自己和家人，这是最基础的爱，在这个基础上才能拥有思乡、爱国、造福世界等大爱。任正非十

分认可孟子的仁爱理论，他觉得，将“亲亲而仁民”剖析开来，“亲亲”放到公司层面，就是要爱员工；“仁民”放在公司的背景下，就应该是“爱客户”。企业领导者能够爱家人，就能爱员工，在此基础上，才能够爱客户。同时，把员工当作一家人，待之以诚，才能激发员工们的正能量。所以，在华为完善福利机制的过程中，任正非格外强调要注意感情投资，做好非物质关爱。早在1997年，任正非便在《不要忘记英雄》的讲话中强调：“我们要对早期参加工作，消磨了健康的员工，有卓越贡献而损害了健康的员工，对担子过重而健康不佳的高中级干部提供更好的疗养条件，使他们恢复健康。百年树人，不能因一时的干旱，毁坏了我们宝贵的中坚力量。”

2007年末，华为驻南非市场营销部的员工葛娜（化名）在体检中被查出肾功能异常，疑似恶性肿瘤，伴随指标癌化。残酷的病理现实外加巨额的医疗费用，让葛娜几乎崩溃，她在第一时间想到的，就是家中刚刚两周岁的儿子即将失去母亲，从此在没有母爱的灰色天空下煎熬成长。

然而，葛娜不知道的是，她的部门领导已经在第一时间将这件事上报给了华为驻南非地区负责人，负责人得知情况后，立即动员华为员工进行慈善募捐，三天之内便筹集到手术费11万多元，并且由公司安排葛娜立即回国手术。因为治疗及时，手术十分成功，手术后的一个星期里，她不断接到各位领导和同事的祝福电话，最让她感到震惊的是，总裁任正非亲自给她打电话询问医疗费用方面是不是还需要帮助，并且让其秘书送来了一束象征健康的康乃馨。

出院后，葛娜第一时间回到了工作岗位，并且坚定地说：“我的第一次生命是父母给的，第二次是生命是华为给的，华为就像是一个家，任总是家长，我们所有员工都是家中的一分子。有一天，就算华为一分钱的工资都不发给我，我也要付出全部的努力把这个家建造得更好！”

彼得·德鲁克说过，你以什么样的态度对待你的员工，他们就会以相同的态度对待你的企业。任正非不仅要求企业对员工要好，还要求华为员工要对家人好，比如，要把第一份工资给父母，过春节回家时一定要给父母洗脚，爱护自己的兄弟姐妹，等等。正是这些点点滴滴的善意和教诲，引导着华为人高度凝聚，一次又一次从危机走向新生。

事实上，“亲情牌”从来都是企业抓住人心的最有效的武器。“老干妈”创始人像关爱亲生子女一样对待员工，福特时刻不忘给员工更多薪酬，惠普公司甚至为离职员工送“嫁妆”，IBM 每天都会为员工举办各种文艺活动，苹果会让兼职工作人员也享受到公司福利，这些国内外最为成功的企业，大多都在奉行着关爱员工的制胜法则，所以，激励员工，用“薪”还要更用“心”。

第 8 章　批判、总结与优化

拒绝别人的批评就等于放弃别人的帮助，只有在不断的批评与自我批评，总结、学习与优化中，华为才会变得更加强大。

——任正非

导语：构建自我批评和内部改善文化

首先，为了保持华为人的先进性与创造性，保证华为人能够有清醒的自我认知，华为将批评文化引入企业，并且确定了一系列批评与自我批评的原则和制度，在鼓励员工接受批评和帮助的同时，将尊严、荣誉等精神元素转化成员工进步的内在驱动力，使得员工能够真正从批评和自我批评中有所收获。

其次，在经验传承方面，华为以项目总结、导师制等手段积累和传播成功经验，并与批评和自我批评文化相结合，推动整个企业经验的承袭以及文化的延续，在这一过程中，华为在不僵化、不盲从的原则的指导下，有效地解决了“传、帮、带”的逻辑问题，真正将所有员工都纳入持续提升的过程。

再次，在学习进步方面，华为主张终身学习和自发式学习，号召员工要树立归零意识和放空心态，在企业组织的华为大学及培训等学习活动之外，自发地将自己打造成一个学习型员工，把部门改造成一个个学习型组织，变过去带有强迫性的“要我学”变成员工主观上积极踊跃参加的“我要学”。

最后，关于员工的持续优化和成长，华为认为，企业人力资源价值的有效开发与提升离不开必要的文化牵引和督促，同时也离不开良好的优化环境与企业氛围的塑造。因此，在积极引导员工的同时，华为始终在努力构建一个便于员工学习进步的企业环境，并且给予员工一定的宽容，允许其在成长的过程中不断试错，尽可能地帮助其与团队一同进步，一同成长。团队人才素质的整体提升，为华为在人力资本时代的竞争中谋取了一个更加有利的地位。

带着问题阅读：

1. 怎样让批评与自我批评成为企业的前进动力？
2. 如何让企业中的好经验传承下去？
3. 怎样打造集体性学习型文化？
4. 如何保持企业人的持续优化与成长？
5. 怎样以问题驱动的方式促进企业的全员进步？

8.1 批评与自我批评

批评与自我批评是以毛泽东为首的老一代中国共产党人在革命实践中形成的良好作风，是保持组织先进性与优越性的重要手段。在管理中，端正的批评与自我批评也是一个企业走向成功的重要保证。企业人能够接受批评并主动地自我批评，才能及时更正工作中的错误，不断优化自己，帮助企业实现腾飞。对于企业而言，需要人力资源建设者去做的，就是适时向员工灌输批评与自我批评的意识，强化员工的内驱力，积极地组织企业成员进行批评与自我批评，使员工在批评与自我批评中持续成长。

8.1.1 拒绝批评就等于放弃别人的帮助

华为到底有多注重自我批评和优化？从 2011 年华为第一篇新年贺词中就能窥得一二。2010 年，马来西亚发生了震惊华为的“马电投诉事件”，华为公司多年来辛苦树立的“以客户为中心”的形象险些被毁。这件事让任正非再次感觉到了空前的危机，于是，他将 2011 年华为新年贺词命名为《马电报告文学，新年从自我批判开始》，号召全体华为人反骄破满，保持一颗持久的进步之心。

【辅助阅读】条件性刺激

美国哈佛大学新行为主义心理学创始人斯金纳通过反射实验证明，人的行为会因为外部环境刺激的变化而进行自我调节，也就是说，刺激可以改变行为，不同的刺激带来不同的结果。

麦肯锡咨询专家大前研一在该理论基础上指出，员工的错误行为发生后，倘若无人加以指正，则该错误便会持续地出现，倘若有人指出，并且循循善诱，因势利导，员工则会不断改进，走出误区，创造更高的执行效率，更好地为企业服务。

事实上，华为对员工的批评教育从来没有松懈过，任正非经常教育华为高管说，“拒绝别人的批评，就等于放弃别人的帮助，所以，当别人批评你的时候，一定要认真听，有则改之，无则加勉。”

为此，任正非要求，在华为的季度例会上，每位员工必会进行一次自我批评，这个自我批评不同于办公室里的谈话，而是在大办公室里。他认为，有些时候只有“豁出面子”才会“有面子”。在例会上，大家轮流发言，每个人都要对自己、对他人提出意见和看法，尽可能地帮助团队和企业少走弯路。

此外，为了强化华为人的批评意识，华为公司还专门组织民主生活会。与季度例会不同，华为民主生活会的唯一工作就是批评。因此，在华为的民主生活会上，一些高高在上的领导经常在相互批评的环节被批评得面红耳赤。

华为的民主生活会有公司组织召开的，也有各部门自发组织的。华为执行副总裁毛生江便曾亲自组织召开过民主生活会。1996 年，在华为第一次集体大辞职实践中，好不容易升到高层岗位的毛生江丢了“官帽子”，不得不从头干起。

初到市场部的毛生江经验严重不足，做了很多错误的尝试，新市场的开拓工作推进得十分缓慢。毛生江意识到，不能一直这样下去，必须弄明白自己的问题出在哪，于是，他便将自己团队的成员召集起来，开了一场民主生活会，在民主生活会上，毛生江首先做了自我检讨，并且虚心地请求经验丰富的下属为自己这个“无能”干部指点迷津，部门员工终于敞开心扉，毫不留情地指出了他存在的问题，同时也积极地对新项目的开展建言献策。最后，毛生江终于找到了突破方向。在他的带领下，项目组克服了无数困难，最终取得了骄人的成绩。毛生江很快就被公司重新提拔重用，2000 年，毛生江被任命为公司执行副总裁。

对于相对传统的中国人来说，让他们公开批评领导和同事无疑是十分困难的，多数人都会认为这么做既得罪人，又有损自己的公众形象。但是，华为很好地消除了员工在这方面的顾虑，并且充分保证了员工在民主生活会上展开批评时能够直来直往，刺刀见红，一针见血。

具体来说，为了避免在民主生活会中产生“不成兄弟，反为仇人”的相反结果，华为明确规定了开展民主批评时的注意事项：

首先，基层的民主生活会必须要有至少一个高层领导来主持控制；会议要在大庭广众之下召开，问题要向所有参会人员公开，即使之前有过节，也不能背离民主生活会的基本原则，借机抓住同事的小辫子。

其次，必须保证与会人员的广泛性，让所有人都能充分地表达自己的想法，而不是只让少数人批评或指出问题，这样既可以发现问题，也可避免有失公允的情况出现。

最后，要坚持就事论事。指出同事缺点时，一定要建立在客观的基础上。看到同事出现问题，应该及时、诚恳地向其说明，不在背后议论同事的失误和缺点。

华为的民主生活会为员工提供了一个开放且公正的批评平台，在这个平台中，员工通过自我批评和接受批评获得成长和进步。而员工进步一点点，企业就可能前进一大步。

8.1.2 让尊严和荣誉成为员工的内驱力

任正非倡导批评文化，这在业界是出了名的，有一次他曾毫不留情地批评华为的财务总监说，“你最近进步很大，从很差进步到了比较差。”批评人自然不是任正非的真正目的，让华为员工在被批评中获得进步和成长才是他的最终目标。所以，在公司内部展开广泛批评教育活动的同时，任正非也极力要求华为人要懂得自我批评，要时刻保持对客户、对工作、对自己的清醒认知，及时更正自己的错误。

1996 年 12 月 28 日，在华为公司“各条战线优秀员工报告会”上，任正非在《团结起来接受挑战克服自我融入大我》的讲话中说：“只有在批评和自我批评中，华为才会变得更加强大。我们不要搞一团和气，互相包庇缺点，要加强批评与自我批评。只有在批评与自我批评的基础上，才能陶冶自己、清洁自己，提高对公司文化的认识，加强真正坚实的团结。”1998 年，《华为公司基本法》定稿之时，任正非还曾提出，应该在华为新基地的总部门口立一块碑，上书“一个企业长治久安的基础是接班人承认公司的核心价值观，并具有自我批判的能力”。

任正非认为，人都有羞耻之心，每个人艰苦奋斗都是想要站在成功的领奖台上，而要成功，不想被批评，就要不断地自我批评。所以，华为先后设立了“埋雷奖”“最差 CBB 奖”等一系列极富调侃意味的奖项，并且会把这些奖项逐一颁发给那些需要自我批评的人。

2009 年 7 月，华为召开了一场特殊的“颁奖大会”，在几千名研发系统员工面前，有好几百名研发骨干被点名，陆续到讲台领取“奖品”。这些特殊“奖品”是华为的研发人员由于工作不认真、测试不严格和盲目创新造成的。在全场嘘声中，任正非要求那些已经面红耳赤的“领奖者”把奖品带回家去，作为人生永久的纪念。在这个颁奖大会上，主持人没有说任何批评性质的话，只是如实将“获奖人”为什么会获得该奖项告诉给大家，让领奖者与在座的观众自我反省、自我批评。

为了使自我批评制度化，避免流于形式或走偏，2005 年，华为还专门成立了自我批判指导委员会，用以指导员工进行科学的自我批评。在方式上，华为的自我批评包括自律宣言、民主生活会、整风大会等，有着浓郁的东方色彩。

【辅助阅读】华为的自律宣言

华为 ETM 自律宣言是任正非为了加强华为干部队伍的自律意识、防腐意识，以及自我批评意识而进行的一种集体宣誓活动，自 2005 年起，华为便将 EMT 自律宣言作为一种固化制度延续了下来，每年都会举行一次，并且逐年完善创新，如今，EMT 自律宣言已经同 1998 年颁布的《华为公司基本法》一样，成为华为领导层必须履行的义务和责任，华为也以此建立起了一个高效清廉的管理层。

其实，自我反省就是要“知耻”，要让尊严和荣誉成为员工的内驱力，而号召员工自我批评的企业并不只有华为一家。如果你走进与华为同为标杆企业的海尔的企业文化展示厅，你就会发现“一把锤子”。每个海尔人都非常熟悉它，它也是海尔人自我批评的一个标志。

故事发生在海尔董事长张瑞敏的身上。在张瑞敏初任海尔厂长时，他的朋友想买台冰箱，却没有挑到一台合格的，碍于面子，勉强弄走一台。朋友离开后，张瑞敏对库存冰箱进行了检查，发现 400 多台冰箱中竟有 76 台不合格。

“大家说怎么办?”张瑞敏问道，“低价处理。”工人们回应道。“我今天把这 76 台冰箱卖了，那就意味着你们明天会生产 760 台这样的冰箱。”张瑞敏说完，抡起大锤将 76 台冰箱砸了！许多职工在砸冰箱时都哭了，这些毕竟是他们的心血。但在接下来的日子里，大家痛定思痛，决定把“如何从我做起，提高产品质量”作为海尔人的工作目标。3 年后，海尔人捧回了冰箱行业的第一块国家质量金奖。

后来，张瑞敏谈及此事时认为，“这是个教训，长期以来的产品分级观念让海尔人变得懒惰和不负责任，把这些废品都砸了，大家才能长点记性！没有自我批评，企业就不会有成长，员工也不会有进步。”

1991 年，海尔第一次向“师傅”德国出口冰箱，并获得了人们的认可。如今，海尔的产品遍及世界 100 多个国家和地区，更重要的是，它的价格和国际名牌的一样。在这一点上，海尔做到了与华为同样的高度。张瑞敏的那一锤砸出了员工的质量意识，让员工意识到“有缺陷的产品就是废品”，同时也砸中了海尔员工的耻辱心，这种耻辱心，正是激励员工不断自我批评和进步的源源不断的驱动力。

8.1.3　在批评与自我批评中成长

长期以来，华为人始终坚持批评与自我批评，已经在企业内部形成了一种良好的风气，就连最普通的华为员工也都能意识到，“如果没有人责骂，没有人来教导，进步就会少一点点，如果没有自我反省和改善，就不会有所成长。”所以，华为人面对批评，总是能够较为虚心地接受，并且切实地深刻反省，痛定思痛，然后发愤图强。久而久之，批评文化在华为沉淀下来，形成了一种远近闻名的“骂文化”。

【辅助阅读】华为的“骂文化”

华为的“骂文化”是出了名的，即便是德高望重的华中理工大学管理学院院长，前华为人力资源总监陈珠芳教授，60 多岁的高龄都曾遭受过任正非的公开训斥，就连为华为制定了《华为公司基本法》的中国人民大学专家团的教授们也不能幸免。一次任正非对华为某高管说道：“你最近进步很大，从非常差进步到比较差了。”而类似的事情，在华为各层的管理实践中都曾发生过。

华为“骂文化”的形成与任正非的性格有很大关系，任正非军旅出身，性格直率，脾气暴躁，被下属气急了很容易爆粗口。久而久之，华为员工便习惯将任正非“劈头盖脸”式的教育称作“骂”，高管被任正非教训后都习惯说“又被任总‘骂’了”，“骂文化”也便由此而来。

不少人认为华为的“骂文化”太过疯狂，不讲求人文关怀，对员工是一种伤害，任正非却不这么看。任正非曾说：“华为就是这种管理风格，就是要雷厉风行。如果下属真的错了，你不严厉地责骂他几句，他怎么往心里去？华为的‘骂文化’需要改进，但我们绝不是把别人当傻子的态度，我们是希望员工能够真正从批评中获得成长。将军就是不断从错误中总结，从自我批评中成长起来的。”

为了引导员工更好地成长，华为还主张“干部要引导员工进行自我批评”。在 2005 年文件《将岗位问责制落到实处》中，华为规定：主管不能站在“为民请命”的角度来处理问题，而应该引导员工进行批评与自我批评。出问题后，有些主管大包大揽，而不是去帮助那些不合适的干部认识自己的错误，这样的主管并不是好干部。这种行为说明你做主管还不合格，你没有给员工正确指导。你正确的做法是：做认真的自我批评，找出原因，与相关者一起讨论以后如何正确地工作。

此外，任正非还指出，批评和自我批评是思想、品德、素质、技能创新的优良工具。只有有牺牲精神的人才有可能最终成长为将军；只有长期坚持自我批评的人，才会有广阔的胸怀。因此，他对华为人的批评与自我批评有以下几点要求。

第一，华为的批评和自我批评要有清晰的方向，一切都要围绕着捍卫核心价值观去展开，即“以客户为中心，以奋斗者为本，长期坚持艰苦奋斗”。任何人与任何部门，只要违背了这三个理念，就是被批评的对象。

第二，华为干部要有敬业精神、献身精神、责任心、使命感，凡是不能使用自我批评这个武器的干部都不能提拔，而能够在批评中改正自己并不断进步的人则要相应增加任用机会。

第三，批评与自我批评要从高级干部开始，逐级落实，而且越到基层批评手段越要温和，最好要像请客吃饭，像绘画、绣花，要温良恭让，以免出现尖锐矛盾，破坏组织和谐。

第四，批评与自我批评要注意持久性，有些事情能一次说完，有些问题不可能一次便得以彻底更正，必须有个循序渐进的过程。所以，在批评时要把握好尺度。用任正非的话来说，“人是怕痛的，太痛了也不太好，像绘画、绣花一样，细细致致地帮人家分析他的缺点，提出改进措施来，和风细雨式最好。”

就像任正非在《要从必然走向自由》的文章中所说的那样：“世界上只有那些善于自我批评的公司才能存活下来。华为会否垮掉，完全取决于自己，取决于我们的管理是否进步。管理能否进步，一是核心价值观能否让我们的干部接受，二是能否自我批评。”对于所有企业而言，这个道理都是适用的。唯有让所有员工把批评与自我批评视作一种新常态，视作一种分内之事，企业才能从中获得长远的成长。

8.2 让经验传承下去

企业鼓励员工批评和自我批评，其目的在于促使员工反思自己的不足，从而不断进步，而事实上，推动员工成长还有一个有效的方法，那就是经验传承。一些员工为企业工作了一辈子，其最宝贵的并不在于他们曾经为企业创造过多少物质利益，而是他们所掌握的丰富经验，这些宝贵的经验如果能够被企业员工一代代地传承和发展下去，那么，企业必定可以有效地规避很多错误，以更好的姿态、更快的速度迈向成功。

8.2.1 项目的终结只是改进的开始

在2015年达沃斯冬季论坛上，任正非对记者说："做华为是为了生活被逼上梁山，我其实什么都不懂。"今天的任正非懂多少没有人敢妄加揣测，但是，创业期的任正非对经商确实懂得不多，以至于多次被骗，任正非甚至有过被骗200万元的经历。这些惨痛的经历让任正非意识到经验的宝贵。所以，在华为，任正非时常鼓励员工要注意经验的总结和传承。

【辅助阅读】麦肯锡总结法

作为全球最负盛名的管理咨询公司，麦肯锡人有一套独特的工作方法，而这些工作方法中最重要的一项就是坚持做工作总结。麦肯锡要求员工在每个项目结束后都要提交一份项目总结报告，针对项目中出现的各种问题加以反思，发现错误的根源并思考如何才能在下次项目中避免类似的错误。麦肯锡人的这一工作方法被IBM、英国石油公司、安盛等多家财富500强企业效仿。Hay Group咨询团队在帮助华为进行人力资源管理变革的过程中便曾多次提及"总结"的重要性。

Hay Group咨询小组组长曾尖锐地指出，"一个不善于总结的公司必然不会有好的前途。"任正非深以为然，因而，他强调，华为人务必要学会事后回顾，不要以为一个项目结束了就完了，项目的终结只是改进的开始。他曾对员工这样讲道："现在给你一把丝线，你是不能把鱼给抓住的。你一定要将这把丝线结成网，这种网就有一个个网点。人生就是通过不断的总结，形成一个一个的网点，进而结成一张大网。如果你不善于归纳总结，就会像猴子掰苞谷一

样，掰一个，丢一个，你最终将没有一点收获。”

在这样的认知下，任正非要求华为人要多记笔记、写总结。不进步还不安分，牢骚怪话满腹的人华为坚决不能接受。对于那些无法针对问题进行总结并前进的人，华为也坚决不予以提升。为此，华为还在2002年《管理工作要点》的文件中指出：华为要推行正向考绩和关键事件逆向考绩相结合的方式，培养和发现优秀干部。要从目标决策管理的成功，特别是成功的过程中发现和培养各级领导干部。在失败的项目中，从干部到项目成员，必须要善于总结，其中有不少好干部也应得到重视。要避免考绩绝对化的、形而上学的工作方式。

在一次高层会议上，任正非问与会的华为高管：“我的水平为什么比你们高?”大家回答：不知道。任正非说：“因为我从每一件事情中，都能比你们多体悟一点点东西，事情做多了，水平自然就提高了。”他鼓励华为高层，一个项目不论成功还是失败，都要从中总结一些经验教训，用以指导后面的行为和后面的人。最典型的例子就是“马电投诉事件”。

2007年年底，华为凭借多次出色表现，开始进入马来西亚电信的合伙人考虑范畴。为了做好马来西亚业务，华为先后更换了五任需求分析师。然而，问题还是发生了。2010年元旦刚过，马电就接到政府要求3月份要正式商用IPTV的通知，届时总理要亲自到马电现场体验IPTV、GPON、IMS等业务，并且要求：1月采购订单下给华为，要求IPTV供货；2月建设调试；3月开通第一个演示局。

华为方面正式商业运营后，各种端到端运营能力不足，网络分析、网络故障诊断手段不足的问题便接连暴露出来。在IPTV项目步履维艰的同时，分别单独交付的NGN、FTTX、BRAS项目也都出现了重大问题，马来西亚方面一怒之下直接将投诉发给了华为董事长孙亚芳，抄送公司销售与服务总裁徐文伟、亚太片区总裁王胜利、南太地区部总裁刘江峰、马来西亚代表处代表戴景岳以及马电系统部相关人员，相关产品线总裁和部门主管也第一时间知道了客户投诉。可是，华为的这些高管当时都有“不在场的理由”，以至于这封投诉信躺在华为人员的邮箱中 5 天都没有人理会。

任正非知道这件事之后十分震怒，责令想尽一切办法尽快解决客户问题，并命令相关华为高管召开反省会议。2010 年 8 月 15 日，华为业务部总裁徐文伟在马来西亚一线召开了“投诉事件”领导反思会，包括李杰、姚福海、丁耘、李刚、王胜利、刘江峰、戴景岳、万学军等涉事高管全员参加，每个人都做了深刻的检讨和总结。从此以后，类似的问题在华为再也没有发生过。

“能改进吗？到底能改进吗？还能再改进吗？”这是今天的华为人在完成一项任务之后常常反问自己的三个问题。正是从高层到普通员工，每个人都能坚持总结经验教训，才使得华为在近年来的发展中业务越做越好，错误越来越少。

8.2.2　以“全员导师制”杜绝企业的经验浪费

客观地说，仅仅依靠自己的总结和积累，员工能获得的经验毕竟是有限的，最好的方式其实是员工在摸索前进的过程中能够相互指导，充分做到经验的交流与互补，这样才能让更多的宝贵经验传承下来。所以，为了避免老员工的丰富经验被浪费，并且加速新员工的成长，华为在员工赋能的过程中增添了全员导师制度。

华为的全员导师制由来已久，可以说，全员导师制在华为员工的经验传承中占有绝对重要的地位。目前为止，大多数的学习方式传播的都是显性知识，这些知识往往是最容易被总结和传承的，甚至可以说，只要把它们记录下来，甚至不需要老师，学生也能够将其掌握。在“导师制”实施的过程中，华为“学生”从导师身上将学到很多难以提炼的隐性知识，比如处理问题的思路、为人处世的方式、动态解决问题的能力、领导技巧等，而无论是在个体的发展还是在集体的进步中，这些隐性知识的重要性都是不容忽视的。

【辅助阅读】导师制由来及意义

作为一种教育制度，导师制由来已久，它与学分制、班建制同为三大教育模式。早在19世纪，英国牛津大学就率先开始了关于导师制的尝试，随后，这一制度迅速地传遍世界。如今，我国95%以上的高校在培育研究型学生时采用的也都是导师制。

导师制的最突出特点就是在教师和学生之间建立一种“导学”关系，针对学生的个体差异，因材施教，并且对学生的思想、学习与生活进行指导，从而使老师与学生在普通师生关系的基础上更加密切了感情联系，以便导师可以将自己所掌握的知识，更多地传授给他所带领的学生，完成知识的传承和扩散。

2014年8月，华为轮值CEO徐直军在华为知识管理大会上指出，“华为公司最大的浪费就是经验的浪费。”而事实上，在柳传志、张瑞敏等企业家眼中，“华为的知识浪费已经是众多国内企业中最少的了。”华为凭什么能够做到这一点？正是“全员导师制”的功劳。

近年来，任正非在华为大学，尤其是华为大学的重装旅集训营中，多次强调，华为要不断进行知识积累和经验总结，通过师徒传承的方式，把知识和经验一直传递下去，并且发扬光大。

为了实现这一目的，华为将导师制引入了企业的人力资源管理体系，而事实上，全员导师制在杜绝企业内部经验浪费的基础上，还充分发挥了全员提升的效果。在对徒弟进行“传、帮、带”的过程中，导师必须像一个教官一样，努力让自己做得更加标准，为学生树立榜样，而导师在要求自己实现标准化的同时，在知识的掌握上、经验的总结上以及理论的应用上，都会有所进步。久而久之，这种教会了徒弟也提升了师父的双赢机制，便成为华为一道亮丽的风景。受导师言传身教的影响，那些曾经以“弟子”身份加入华为的员工在掌握了丰富的经验以后，也会更愿意将自己的经验传递给更多人，从而在企业内部形成一种良好的交流与学习氛围。

2006 年 5 月下旬，经历了三个月的培训，华为新人王丽雯被外派到尼日利亚。在尼日利亚，王丽雯第一次接待客户就被客户骂得险些崩溃，最终还是在师父的安慰和帮助下挺了过来，并且迅速掌握了与海外客户沟通的技能。随着个人能力的不断提升，王丽雯在面对更多挑战的同时，自身角色也开始逐渐由新人变成了老兵，入职三年半以后，已经有了五六个徒弟，每当徒弟犯错惹她得她怒火中烧的时候，她都会想起自己刚入职时师父循循善诱的样子，每当这时，她的怒气便消失了大半，然后她便会总结，是不是自己指导的方式不对，应该怎样引导这个弟子，而每当她看到自己手把手教出来的弟子能够独当一面时，她就会感到无限欣慰，她甚至把徒弟的点滴进步记录下来，发表在《华为人》上，让所有人与她一起分享为人师的喜悦。

在华为，类似王丽雯这样的师父不胜枚举，而我们在艳羡华为如此优秀的企业文化的同时，更多的应该是总结和反省。培根曾经说过，知识就是力量。在企业中，任何一个员工在工作方面的经验都可以转化成知识，如果他们能够将这些知识尽可能地分享给企业内的更多人，那么，知识的力量就能被最大程度地释放。反过来，如果没有人这样做，一个组织内部没有形成任何的知识传递渠道，那么，随着某一员工的离开，他所掌握的技能与经验便也会随之流失，对企业造成严重的损失。那么，你的企业呢？你的企业中是否存在经验浪费的现象？能不能通过建立全员导师制度的方式加以解决？

8.2.3　总结经验，复制成功，不僵化，不盲从

企业希望员工把经验传承下去，摒除错误，复制成功。然而，经验的传承并不简单，这个过程与学校老师在课堂上传授学生知识最大的不同就在于，形式上具有多样性，内容上具有随机性，吸收上具有参照性。所以，在经验传承

的过程中，切不可墨守成规、因循守旧。华为以“全员导师制”传承经验的一个重要的原则就是“不僵化，不盲从”。

由于导师承担着诸多责任，所以华为对导师的要求极高，导师的任职资格标准，如思想素质、业务能力、引导力、沟通能力等必须全部达标，原则上还需要是新员工所属部门的主要负责人或业务骨干。然而，这些要求并非是硬性的，有些员工综合能力或许不行，但他却是某一岗位上的专家，那么，这个人也可以成为导师。

另外，华为主张在新老员工之间建立一对一的“传、帮、带”关系，但是这种关系并不是定向的，也就是说，在华为，可能是老员工在工作方法上对新员工进行“传、帮、带”，但也可能是新员工在新技术、新思维方面对老员工进行“传、帮、带”。无论新员工还是老员工，在知识传授、帮助成长等诸多方面，都是一种交互的关系。

针对这一点，任正非就曾不止一次地解释说：“在知识经济时代，并不是所有的经验、技术和思维都是越老越有价值，特别是像华为这样以研发为核心的技术型企业，员工更需要的其实是一种创新思维，而在这方面，老员工还是要向年轻人多学习才行。如果我们固执地认为只有老的、经过检验的成功经验才值得传承的话，华为便不会有进步。”

华为前副总裁徐家骏曾经这样评价华为的师徒制，“华为的师徒关系与传统的师徒关系有着天壤之别。师徒两人谁比谁年纪大都有可能，谁比谁职位高也都有可能，很可能导师只比学生早进公司一年半载，更有可能徒弟比师父还要更早加入公司，但需要学习的时候，年纪再小，职位再低，也是老师。在华为，只要在部门待上一两个星期后，基本上就没有什么新员工了。所以也就不存在什么资格老不老的问题。”在这方面，有华为员工曾举例说：“在华为，我所知道的年纪最悬殊的师徒，师父是个26岁入职刚刚一年的市场部研究生，徒弟是一个54岁的研发部门的高管，这种事在外人看来或许很不可思议，但是在华为人看来没什么，达者为师嘛。”

其实，鼓励新老员工在学习上的交互，也能有效遏制老员工骄傲自满心态的产生，在很多公司，老员工借着指导新员工的幌子推托工作，压榨新员工，使新员工对公司不满，甚至愤然辞职的事情经常发生。如果企业能够像华为一样，在把新员工视作“璞玉”的同时，也把他们当成“鲶鱼”，用来把陷入沉淀层的老员工充分激活起来，让老员工在授人以渔的过程中，也能学到新的能力，重新变得积极起来，那么，整个公司的活力就会变得完全不同起来。

所以，人力资源建设者应该牢记，总结经验、复制成功确实是好事，但绝不能陷入盲从和僵化的误区，唯有在传承经验的基础上坚持持续的改进，企业才能在不断加深底蕴的同时焕发勃勃生机。

8.3　主动清零与再学习

华为对于员工自我优化的第三个主张是“主动清零与再学习”。唯有持续的学习才能充分保证员工的进步，而在鼓励员工持续学习的过程中，华为要求员工务必要保持一种“空杯心态”。

生活中，如果一个人觉得自己掌握的知识已经够多了，那他的进取心肯定不大，对新知识的学习兴趣也必然不高，如果一个企业充斥着这样的员工，后果将不堪设想。反过来，倘若一个企业中每个员工都能够坚持放空式学习，保持清零心态，存有好学之心，那他就一定能够进步，他所在的企业也势必会因此受益。

8.3.1　学习是华为人进步的阶梯

如今已经 72 岁高龄的任正非，思想上始终同年轻人一样保持着高度开放的状态。一次员工问他平时都有什么爱好，他笑着说：“我最大的爱好就是阅读，读书是最好的务虚。”

政治、经济、历史、社会，甚至艺术、养生等各方面的书任正非都会选读一些，其中又以历史书读得最多。他认为历史是永远取之不竭的思想宝库，任何危机的处理，在历史书上总能找到相关的启迪。同时，他也会通过对报刊和时事新闻的关注来了解其他成功企业的动向，从它们身上尽可能地汲取宝贵的经验。

【辅助阅读】任正非的学习感悟

任正非对古今历史都很感兴趣，尤其是对大国的崛起和衰落，他认为，一个企业的兴衰与一个国家的兴亡十分相似，二者之间有很多的共通点。比如，在观看电视剧《大秦帝国》时，他的感受是变革不易，感叹改革是“一门不易掌握的灰度艺术”。在对勇于变革的那些革命者表达由衷敬意的同时，任正非在思考，如果这些改革不是太过猛烈，而是循序渐进地进行，会不会更加合适？正是基于这样的认知，任正非才提出了“小改进，大奖励，大建议，只鼓励”的奖惩原则，在华为的发展中坚持以和风细雨式的改良为主，尽力避免那些动摇根基的大改革。

可以说，学习是华为人当之无愧的进步阶梯。众所周知，华为的手机业务起步较晚，在最初几年效益也并不可观，尤其是小米这一品牌横空出世后，更是对其他国产手机品牌造成了致命打击，然而，华为却从小米身上学来了丰富的经验。华为对小米的学习可谓是“像素级”的，小米有自己的小米商城，华为也开设了自己的 Vmall；小米有忠实的“米粉”，华为也经营了自己的“花粉”；小米擅长做爆款，华为也开始集中精力推出精品新机；小米“米粉节”刚刚确立下来，华为荣耀就推出了“荣耀狂欢节”与之“隔江对唱”。正是凭借这种像素级别的模仿，华为才能在小米一家独大的国内手机市场上站稳脚跟，甚至在2015 年一举超过小米，成为中国移动通信设备领域的霸主。

其实，华为对学习的重视程度是许多企业无法想象的，华为提倡学习，并不仅仅是在业务上学习对手，更是将这种学习当作一种任务，落实到每个员工的身上。华为的学习风气之盛，从 1998 年的一件小事上便可以窥得一二。

1998 年，华为与 IBM 达成战略合作，近 50 位 IBM 管理咨询顾问进驻华为，帮助华为进行内部管理与业务流程变革。在之后的 5 年中，华为为此投入了超过 5 000 万美元改造成本，并且还专门组建了一个 300 人的管理工程部，以配合 IBM 顾问工作。

为了最大程度汲取 IBM 专家的知识、经验和智慧，任正非责令管理工程部对接组的成员“要不遗余力地缠着 IBM 专家，进行交流和学习”。不仅如此，任正非还经常询问对接组的高管“有没有请顾问们吃饭”。任正非认为，吃饭的过程就是交朋友的过程，就是学习的过程；可以拉近距离，建立感情，这样就能在轻松的氛围中获得知识与经验。一位华为高管后来回忆说：“我们几乎每晚都会请 IBM 的专家吃饭，恨不能 24 小时不停地问各个细节，但那些老外只喜欢喝茅台，九几年的时候茅台也不便宜啊，所以，每次餐费都很贵，签单的时候我自己都很犹豫，但任老板给我们的预算很充足，就是要支持我们全力去学习。”

任正非是个坚定的“拿来主义者”，他坚决反对故步自封，而提倡从学习和再学习中获取成功，这也是华为多年来始终坚持为员工提供各种培训，尽可能地给予员工学习和深造机会的重要原因。

对企业领导者和人力资源管理者而言，为员工提供再学习的机会是一项十分重要的工作。不仅仅是华为，日本的一些企业明文规定，企业领导有培养下级的责任，并将领导者是否能够为下级创造学习和进步机会作为考核领导者是否称职的重要指标。通过再学习，可以提高员工实现目标的能力，为员工承担更大的责任、接受更富挑战性的工作及提升到更重要的岗位创造条件。更重要的是，再学习的意义不仅在于提高员工的能力，它本身还是一种十分有效的奖励方式，其效果甚至不亚于涨薪、提高福利等物质激励手段。

麦当劳和肯德基这两家遍布世界的快餐企业就是这方面的榜样。麦当劳和肯德基的员工从计时员工到高级主管，都有属于他们自身的职业生涯规划，公司会依据其职业规划制订不同的培训和再学习计划，让员工认识到公司是一视同仁的，进而激励他们愈加努力工作的热情。尽管两家公司为此付出了不菲的费用，但企业从这些优秀员工的身上得到的回报却更加可观。而且，这也是大多数老板们应有的格局。

8.3.2　坚持放空式学习

华为在支持与鼓励员工通过学习提升自我修养的过程中格外强调两个概念，一个是“清零”，一个是“放空式学习”。“清零”是指所有职位层级、薪酬等级全部初始化，晋升、加薪全部从头，或从零开始。“放空式学习”即暂时让自己忘记一切，以一种空杯心态去虚心学习新的知识与技能。

任正非十分赞同“逆则生，顺则夭矣；逆则圣，顺则狂矣；草木不霜雪，则生意不固；人不忧患，则智慧不成”这一“多难兴才”的观点，他认为：无论是一家企业还是企业中的员工，当他没有了名誉和称赞后，就会产生忧患意识，而这种忧患意识正是重新激发智慧和学习意识的重要因素。事实上，不断“清零”的过程，也是企业以一种积极心态不断学习、不断开拓明天的过程。

【辅助阅读】空杯心态

心理学中有个著名的空杯概念，其象征意义在于，做事的前提是要先有好的心态。在学习上，如果一个人想要学到更多学问，就要先把自己想象成一个“空着的杯子”，而不是骄傲自满，众所周知，杯子只有清空以后才能装下更多水。

当然，“空杯心态”并不是一味地否定过去，而是要抱着“放空过去”的一种态度去对待新的知识和事物。企业管理中，“空杯心态”是管理者和被管理者都应具备的一种理想状态，也是企业人力资源素质提升的一个重要保障。

为了鼓励华为人能够耐得住寂寞，坚持学习，华为还高度提倡“板凳要坐十年冷”的专家精神，鼓励华为员工在自己的岗位上把一切吃透，成为一个领域的专家。“板凳要坐十年冷”出自一副对联：板凳要坐十年冷，文章不写半句空。其大意就是要专心致志做学问，不慕名利，甘于寂寞，要坚持自己的学术方向，不怕别人不重视。

任正非说：“在冷板凳上坐的都是一代英豪。科学是老老实实的学问，要有思想上艰苦奋斗的工作作风，要有坚定不移的精益工作目标，要有跟随社会进步与市场需求的灵活机动的战略战术。做实不是没有目标、没有跟踪、没有创新，但没有做实就什么也没有。点滴奋斗与持之以恒的努力，踏踏实实地在本职岗位上不断地进取，太阳已经在地平线上升起。当然，也希望公司能尽早识别出那些在板凳上坐了多年，有奋斗精神、有贡献、有热情的默默无闻的优秀员工，不要让雷锋们等得太久。”

《华为人》第 272 期刊登的文章《一直向前只因不愿落后——专访账务管理部五级专家周缨》中，作者徐平问华为现任马来西亚账务共享中心总会计师周缨是如何从一个毫无经验的大学生成长为账务五级专家的。周缨给出了三点答案：

第一是“空杯心态”，无论在哪个岗位，一定要从头学习，每个岗位都有自己不知道的地方，而不要抱着自己已懂什么的固有心态。华为是不断发展的，不学习就会被淘汰。

第二是要深入了解业务，尤其是作为财务人员，我这里提到的业务是非财务类业务，如交付、销售。空有财务知识，不知道你身处的业务情况或环境肯定没有办法做适配，并提出相应的财务解决方案，那相当于站在河边观望，而无法知道河水的深浅。

第三是要静心，不要受太多外界因素的干扰，不要过多地去考虑薪酬、职级等。我个人理解，在华为，短期内可能你的付出与收获有些不匹配，有时甚至会倒挂，但长期来看一定会是匹配的，公司对每位员工的评价还是基本客观公正的。

事实上，这也正是华为在“再学习”方面对员工的几个基本要求。除此以外，华为还强调“再学习”的普惠性，即所有人都有接受再学习的机会。尤其是公司管理层，拒绝再学习就等同于放弃职业晋升，华为对不能坚持学习与进步的奋斗者一律采取不予重用的策略。

2014 年，为了加强员工的技能经验，为员工学习创造更便利的条件，任正非还在华为人力资源工作汇报会上指出，华为要建立公司内部类似微信的平台，有授权的人员（如战略预备队成员）才能使用，不对外开放。用户按不同战场分类，通过内部圈联络起来，形成一个可以共享的信息安全圈，帮助彼此顺利提升知识层次。

在实践中，任正非十分理解华为干部，他很清楚，越是公司高层，越是有诸多顾忌，越难以放空自己，然而，任正非却认为这些不能成为干部不进步的理由。所以，他在 2003 年的时候便在董事会上对华为高管们强调：“你们还放不下面子，不愿意去学习吗？看看你们现在的下属有多厉害，这些大学生掌握的知识让我都感觉到恐怖，如果你们不学习，不进步，被他们取代是早晚的事情……将来董事会的官方语言是英语，我自己五十多岁还在学外语，你们这些常务副总裁就自己看着办吧。”

正如加·哈默尔所说，只有时刻保持忧患意识，我们才能持续生存下去。如果安于现状，不求上进，我们迟早会变成对手登上巅峰的垫脚石。而想要由内而外地取得进步和改善，像华为人一样保持思想的开放性、坚持放空式学习便显得尤为重要。或许在企业高层中推行放空式学习确实有难度，但有难度并不是不去尝试的理由，只会是不成功者的借口。

8.3.3 将“要我学”变成“我要学”

认真研究华为的培训与学习机制，你就会发现，华为虽然极力倡导员工通过学习提升自我，但在这个过程中，华为并没有一味地采取强制措施，包括华为大学的高研班培训在内，都不是强制性的，华为想要营造的其实是一种自主学习的状态。

在 1996 年的华为人力资源部培训工作报告会上，任正非便指出，“我们要创办的华为大学，是一种以自学为主的教育引导体系。它主要是通过引导干部员工不断进步，严格要求自己、约束自己，使自己向着目标逐步迈进。这就是华为大学的真谛。”

事实上，后来建成的华为大学也确实做到了这一点。华为大学在对新员工进行培训的过程中，会指导员工对自己的职业生涯进行设计，而且是真正的个人设计，讲师只是负责讲解和提示。由于每个人目标设计的发展方向都不相同，培训需求与内容自然也各不相同，公司所能提供的只能是满足华为公司全局性的、有共同性的培训需求。所以，任正非鼓励员工要以自学为主，根据个人需求自主学习。这一点便与大多数企业完全不同，大多数企业都是规定员工“必须学”，而华为却通过引导员工建立职业生涯发展规划，引导员工形成“我要学”的意识，继而，再由企业利用各种激励机制来促进，把员工的潜能充分地发挥出来。

【辅助阅读】激发自学意识

现代人际关系学大师戴尔·卡耐基认为，强制性的教育会造成员工的反抗，从而丧失主动学习的本性。因此，企业在督促员工学习的过程中要以引导为主，要充分激发员工的自学意识。

一次，卡耐基在斯坦福大学管理学院演讲时带去了一只母鸡和一把米，在演讲开始后把米撒在桌子上，强按着母鸡的头去啄米，结果遭到了母鸡的强烈反抗，母鸡怎么都不肯啄米。卡耐基说，“这就像你们未来将要去管理的员工，如果他们自己不想学习，而你们非要让他们去参加培训，那么，培训的成本（那把米）就会被浪费掉。”

1999 年 7 月，任正非在华为董事会上强调，高级人才光靠企业培训是培养不出来的，必须要依靠他们自我培训。他说：“关于员工的提升，我认为一定不能完全依赖公司，公司再卖力搞培训，员工主观上不愿意学习，也是没有用的。所以，做干部的一定要多鼓励员工去多学习，要让他们明白，学好了提升自己，升职加薪，是他们自己的事，不学习被淘汰，也是自己的事，让他们形成主动学习的意识。”

当然，为了鼓励员工主动学习，华为也做出了许多努力。从 2003 年开始，华为先后创制了“培训 + 考试、必修 + 选修、学习 + 实践”等多种员工能力提升方式，推出了“案例集锦”“趣味答题”“知识竞赛”“代码评比”等灵活多样的活动，这些活动并不要求员工必须参加，但凡是积极参与的人不但能够丰富自己的知识与能力，还可以赢得相应的奖品。除此以外，各部门也都根据自身的实际情况，为员工尽可能地创造主动学习的机会。

华为硬件部每周都会为新员工发一封神秘的电子邮件，邮件并不督促员工一定要完成什么任务，只是提出一个题目，提醒员工关注。2009 年，华为新员工小陈在《华为人》上发表文章感叹说：“我根本不知道邮件是谁发给我的，但一段时间的学习和实践后，我发现，原来我每周收到的题目都是统计出的常见易犯的错误案例，对我的工作有着很强的指导性，然后，我开始每周都期待这封神秘来信。”此外，华为硬件部的管理团队还会不断刷新部门《能力提升视图》，识别 HCMM（硬件开发流程）中的各项活动，并针对这些活动中的短板来分析影响要素，给出解决或者提高列表。这些列表就贴在部门的办公室里，员工随时可以参考并研究。

其实，在员工赋能管理中，任正非“鼓励员工主动学习”的观点也正是众多管理名家所提倡的。稻盛和夫便认为，企业作为一个平台，为员工提供成长空间和条件是应有的责任，但与此同时，员工主动掌握所在岗位要求的技能也是员工应尽的义务。对于企业中的所有员工而言，应知应会是公开的，谁想获得某个职位，就得利用时间去好好学习，这个时间可能是公司提供给你的，但也需要你去利用业余时间来完成。你胜任了，通过了考核，公司就给你相应的任职资格。在京瓷公司，稻盛和夫就是坚持这样做的。

其实，对于任何企业而言，都是这个道理，企业必须要让员工明白，培训员工，给予员工再次学习的机会并非企业亏欠大家的，诚然，这当中确实存在企业提升效益的因素，但主动学习进步更多的是员工自己的责任。唯有员工与企业相互配合，才能实现双赢的理想结局。

8.4 持续优化与成长

企业人力资源建设是一个持续的过程，不可能一蹴而就。一个企业的人力资源管理模式成型以后也不可能是一成不变的。就如人力资源管理大师戴维·尤里奇所言，企业对人力资源的整合与升级是一个持续优化的过程。就员工素质提升而言，它需要一个良好的企业环境，需要不断地犯错与试错，最终才能实现与所在团队，乃至整个企业的共同成长。

8.4.1 创造一个好的优化环境

一个企业中，睿智的领导者总是努力在企业中营造一种积极向上的氛围，创造一种优越的人文环境。因为他们知道，团队和环境对员工个体有巨大的感召力，团队的工作气氛能够在一定程度上影响员工对团队的依赖感和信任程度，还能影响员工的工作情绪和工作状态。管理实践也表明，积极向上的工作气氛不仅能够激发员工积极进取的潜能，还可以让员工在与领导者的协调配合之中更好地完成工作。

【辅助阅读】场化效应

从生活常识中可知，虽然铁本身并不具有磁性，但是在铁被磁场磁化了之后就会具有较强的磁性了。这种现象也出现在日常生活中，例如某个个体本身并不具有某种个性特征，但是进入了一个群体或一种环境后，就会被这个群体或环境影响，发生心理场磁化，从而产生之前本来并不具备的个性特征、行为或情绪。常见的情形如，有的员工可能不注意维护工作环境，但当看到办公室内都很整洁时，他自然也会注意自己的行为。

在群体心理学中，将由群体心理场的影响而产生的效应，称为“场化效应”。场化效应之所以形成，是因为一个人身处某一种环境中，受到集体行为潜移默化的影响，因而自身便自觉或不自觉地产生了与集体要求相一致的态度与行为。

在华为，任正非主张尽可能地创造一个有利于员工自我批评、总结经验、学习进步的环境，希望通过优越的人文环境来感染并帮助员工持续进步。他的这一要求在华为的执行中具体体现在以下几个方面。

第一，健全华为人力资源配置机制。20 余年来，华为为健全自身的人力资源管理体系投入了高达几亿美元的资金，在中国人民大学专家组、IBM 咨询团队、Hay Group 改革小组等专业人士的帮助以及自身的努力下，华为形成了一套严密的人才“选、育、用、留”的管理机制，有效地保证了企业人力资源战略优势的建立。尤其是在人力资源配置方面，轮岗制、人力资源池等制度的建设，充分做到了人才的科学调度与使用。

第二，健全职业技能鉴定机制。作为人力资源管理的重要组成部分，职业技能鉴定管理机制是鞭策和促进员工努力工作、学习的有效手段之一，在 Hay Group 人力资源管理公司的帮助下，华为建立了一套科学严谨的职业能力鉴定机制，通过对员工技术、责任、强度等因素的鉴定，有效地将有能力的员工甄别出来，并且督促技能差的员工积极学习，不断提高，以便为自己谋得升职空间。

第三，完善的人才激励机制。激励是人力资源管理的一个核心元素，华为创造了一个有利于人才合理使用的基础环境，以奋斗者为本、干部能上能下、管理与技术双晋升通道、全员持股等制度的确立，极大程度上鼓励了员工的优化热情。

第四，打造创新和学习型文化。近年来，随着华为在国际业务上的突飞猛进，管理层越来越重视学习与创新的力量，尤其是任正非高度倡导“拿来主义”，呼吁华为人先把别人先进的管理经验和技术搬过来，“先僵化、后优化、再固化”，创新与学习型文化在华为已经初具规模。比如，华为在莫斯科、深圳、南京等多个业务所在地建设了员工自助型图书馆，并制定《图书借阅管理制度》，帮助员工共享阅读资源，提升其文化素养。

众所周知，哈佛大学为其学子创造的教学环境是世界一流的，所以，它培养了无数的优秀人才。几百年以来，其毕业生中先后诞生了 8 位美国总统、40 位诺贝尔奖得主和 30 位普利策奖得主。为什么哈佛大学会取得如此辉煌的成就？哈佛大学第 23 任校长科南特给出的答案是：“大学者，大师云集之地也，如果学校的终身教授是世界上最著名的，那么这所大学必定是世界上最著名的大学。”其实，这样的理论放在企业中同样适用，管理者为企业的人才创造了一个什么样的环境，直接影响着人才能够成长到何种地步，并且同样会直接作用于企业发展本身。

8.4.2　允许犯错，但要有进步

任正非认为，在员工成长的过程中，除了为他们创造一个好的环境以外，

必要的包容心也是十分重要的。正所谓“人非圣贤，孰能无过”，员工在工作中犯下一些错误在所难免，管理者不能因为某个员工做错了一点事情便将其一锤子“砸死”。他指出，“如果哪个干部和员工没有犯过错，只能说明他们不作为。”

不同于其他企业在员工犯错后一味地批评教育，华为是允许员工犯错的，对此，任正非还曾专门提出过两点要求：“第一，华为公司一定要允许大家讲错话，大家要觉着说错话光荣，公司就是真的公司，不是假公司；第二，李云龙一辈子老在犯错误，但是他犯错之后能够改正，能够带来成果，我需要李云龙这种犯错误的干部。”

华为允许员工犯错，尤其是在研发领域，华为会给他们空间，容忍他们的错误，即便某些错误的研发试验浪费了几千万元的资金，任正非都不会眨一下眼睛。

2016 年 1 月，华为与优酷、土豆以及运营商、电视厂商等合作伙伴携手召开了 4K 内容与技术研讨会，共同推出了“4K 联合实验室”，构建 4K 的新生态。事实上，早在一年之前，华为就已经开始进行 4K 技术的探索了。用最直白的方式来解释 4K 技术，就是能让你看得更清晰的技术，使用 4K 技术的电视比当前使用 2K 技术的电视要清晰四倍。为了开发自己的 4K 技术，华为投入了数千万元的研究成本，其中，有两个试验点在模拟演进时频频出错，浪费了至少 200 万元的研发经费，然而，研发负责人甚至都没有向上汇报这件事，并不是管理者畏惧承担责任，而是因为这样的问题在华为研发部门根本就不算问题。华为高管们甚至已经达成了一种共识，只要能够将技术难关攻克，投入再多钱，犯再多错，都是值得的。

《左传·宣公二年》中有言，“人谁无过，过而改之，善莫大焉。”实际上，华为的“犯错”文化就是一种“改过”文化。犯错并不可怕，真正可怕的是屡犯不改。任正非早在华为刚刚从同领域竞争者中脱颖而出时就曾强调，华为人“允许犯错，但要有所进步。要不断地检讨今天的错误，更好地规划明天”。就如他在 1997 年一次内部讲话时所强调的：“什么叫进步，就是改正昨天的不正确。当我们在 NGN 上重获成功的时候，我们 G9 又在泰国 AIS 再次摔了大跟头，被退网。HLR 在泰国、云南的瘫局，又一次警钟敲起。没有我们已经形成的自我批评的习惯，就不会有我们在中国移动的 T 局交付上获得的成功。”

当然，允许犯错并不意味着员工可以肆无忌惮地做错事。在华为，有些错误允许犯，有些错则绝对不许犯。用华为高管的话来说，就是“允许犯创新性的错误，但绝不允许犯流程性的错误”。其实，大多数企业都应该如此。流程是固定的，是必须遵守的，重复犯流程性的错误是没有自我反省、自我批评的表现，对待这类人，必须要给予其应有的教训。

在这方面，华为专门建立了对各级流程责任人、区域管理者的内控考核、问责及弹劾机制，专门用以评估员工工作失误的性质，尽可能地杜绝流程错误，一旦出现，则必须追究责任，问责到底。

8.4.3　与团队共同成长

其实，一个企业无论想要建立何种人力资源模式，其最终目标都必然是促进企业人的成长，以便充分发挥员工的最大效能，让企业从中获益。在这一过程中，人力资源管理者必须注意的是，务必要让员工个体与团队实现共同成长，这样，整个企业组织才能在协调一致的基础上实现质的飞跃，倘若脱离团队实际去探索员工个人素质的优化，那么，优化出来的员工则未必是企业真正需要的。

在华为的发展中，华为也曾一度招揽并培养了一大批高素质人才，但是，将这些人才投入市场中以后，任正非却发现，这些高素质“精英”在擅长团队作战的华为显得有些格格不入。他们当中，一些人无法有效发挥个人的优秀能力，一些人更是习惯于“单干”，视华为的团队精神于无物。这在任正非看来是绝对不行的。

1998 年，任正非在华为中层干部管理大会上讲道："我们在技术上没有领先优势，即便有些领先的地方，也仅仅是领先一小步，华为所能依靠的只有奋斗者团队，如果一个作战团队中优秀的只有一个人，这个人还不能成功地领导团队，那怎么可能取得胜利呢？"为此，任正非指出，"在人才的培养和优化上，我们要兼顾整体，要推进全员学习，保持个人与团队共同成长。"

于是，华为提出了"团队学习"的概念。不仅重视个人学习，更强调企业全员的合作学习和群体智力的开发。以华为的项目小组为例，项目小组是华为最基本的学习单位，华为人将其理解为彼此需要他人配合的一个战斗群体，其学习目标是面向群体目标实现而设计的，考核时，也是集体考核。

另外，华为还规定，必须进行"全过程学习"，即学习必须贯穿于企业组织系统运行的整个过程之中，人人都要参与其中。比如，在华为高研班的课堂上，有一个课堂研讨环节，参与培训的学员要围绕《人力资源管理纲要》《业务管理纲要》和《财经管理纲要》三大教材进行三次研讨，每个人都必须参与，先在组内讨论，然后在全班讨论，大家必须积极分享认知和建议，并得出最终结论。这种讨论课没有老师，只有公司高层担任的引导员，引导员又只负责引导和点评，在充分给予学员自由发挥的空间的同时，也意味着，学员想要从课堂上获得进步，必须依靠集体的力量。在这样的要求下，华为人越发注重集体进步的重要性，并且渐渐养成了集体进步的意识。

华为"金码奖"得主王新华曾在《华为人》第 259 期的一篇文章中感叹说："部门培训时有道编码练习题，几个新员工把他们的代码发给我看，我会逐一点评讲解，然后让他们返工重写，前后重写了三次。自己懂、能讲出来、让别人懂……每一步都对应着不同的理解层次。教会别人的同时，自己的理解也会更深刻，一举两得，何乐而不为？我还会把自己写的代码拿出来让别人拍砖，从中受益良多。软件原本是个见仁见智的东西，横看成岭侧成峰，换个视角就会有不一样的领会。用开放的心态面对拍砖，就是获得一次进步的机会。"

俗话说：一个篱笆三个桩，一个好汉三个帮。在一个企业中，个人的力量再强大也终究是有限的，当工作远远超出个人能力和精力的承受范围时，只有依靠团队的力量才能最终达成目标。所以，企业的未来从来不可以依靠单个人的进步，而应依赖全体成员的进步。对于个人而言，就算你才华横溢、无所不能，如果不依靠团队的力量，仅靠自己，也难以创造出令企业满意的业绩。所以，无论是站在企业的角度讲，还是站在员工个人的角度讲，推进个人与团队的共同成长都是一件势在必行的事情。

【辅助阅读】松下的群智经营

松下幸之助深知只有团队紧密协作才能完成企业目标和任务的道理，所以他十分强调员工协作精神的培养。1945 年，他提出了“全民经营”和“群智经营”的管理理念，强调公司的发展要集中全体员工的智慧、发挥全体员工的执行力，才能提升企业的整体力量。

松下电器之所以成功，依靠的也不仅仅是松下幸之助一个人的努力，而是所有员工的共同协作。“群智经营”的基础，就是团队成员的共同成长。

在社会化大生产的今天，没有人能孤立地生存，他必须依托一定的组织、归属于某个群体，这样才能满足他在精神、物质等方面的需求，并且依靠团队的力量，来实现自我价值。通过对群体学习与群体进步的坚持，华为在企业内部成功搭建起了一个群策群力、经验共享的平台。在这个平台上，华为员工彼此可以敞开心扉地进行批评与自我批评，进行无障碍的经验传承与再学习，以便更好地推动华为的发展与进步。

大数据时代已经来临，数据流量的疯涨正在督促华为在技术领域和管理领域进一步深化变革，华为也势必将在人力资源优化的道路上继续坚持批评、总结与持续优化的原则，不断地“改善、提升、再实践”，推动着 17 万华为人的共同事业，向着新的高峰发起攀登。

参考文献

1. 黄卫伟主编．以奋斗者为本．北京：中信出版社 . 2014.

2. 杨少龙．华为靠什么．北京：中信出版社 . 2014.

3. 田涛，吴春波．下一个倒下的会不会是华为．北京：中信出版社 . 2012.

4. 王永德．狼性管理在华为．武汉：武汉大学出版社 . 2007.

5. 冠良．任正非谈管理．深圳：海天出版社 . 2009.

6. 程东升，刘丽丽．华为真相．北京：当代中国出版社 . 2004.

7. 汤圣平．走出华为．北京：中国社会科学出版社 . 2004.

8. 李信忠．华为的思维．北京：东方出版社 . 2007.

9. 程东升，朱月容．任正非如是说．杭州：浙江大学出版社 . 2008.

10. 张利华．华为研发．北京：机械工业出版社 . 2009.

11. 程东升，程海燕．任正非管理日志．北京：中信出版社 . 2008.

12. 文丽颜等编．华为人力资源．深圳：海天出版社 . 2006.

13. 吴春波．华为没有秘密．北京：中信出版社 . 2014.

14. 周留征．华为哲学．北京：机械工业出版社 . 2015.

15. 刘劲松，胡必刚．华为能，你也能．北京：北京大学出版社 . 2015.

16. 李玉琢．一路直行我的企业理想．北京：当代中国出版社 . 2013.

17. ［美］梅西亚等．人力资源管理（第 5 版）．张正堂等译．北京：北京大学出版社．2011.

18. ［美］德斯勒．人力资源管理（第 12 版）．刘昕译．北京：中国人民大学出版社．2012.

19. ［美］斯内尔，伯兰德革．人力资源管理（第 15 版）．张广宁译．大连：东北财经大学出版社．2011.

20. ［澳］巴克纳尔，［日］大滝令治．人力资源管理．袁庆宏等译．上海：格致出版社．2009.

21. ［美］阿吉斯．绩效管理（第 3 版）．刘昕等译．北京：中国人民大学出版社．2013.

22. ［美］米尔科维奇，纽曼．薪酬管理（第 9 版）．成得礼译．北京：中国人民大学出版社．2008.

23.《华为人》，第 13、40、51、66、70、71、75、81、82、84、90、95、103、107、113、114、118、123、130、134、141、158、162 ~ 325 期．

实业转型升级成果：华为系列培训课程

课程1：华为组织运营管理

课程介绍：创立以来，华为持续不断地坚持组织优化和管理变革，花费数百亿资金学习、植入IBM、HAY Group、西门子等企业的组织文化，并通过自我迭代、演化，逐渐发展成一套具有华为特色的组织运营方法，实现了以确定性来应对任何不确定性的规范管理体系，构建了强大的组织能力。	**学习目标：**了解华为战略决策、组织建设、业务运作、规章制度背后的顶层设计逻辑，掌握组织建设能力并保持组织活力的方法。 **授课对象：**总经理、人力资源干部、高级主管

课程2：华为业务设计与管理

课程介绍：华为如何以客户为中心，以市场为驱动，打通端到端，使全体华为人着力于价值创造？华为的战略、组织和运营机制如何确保导向冲锋，提升一线战斗力？华为的市场铁三角与后方组织平台之间如何实现同步连接和敏捷化资源调动？华为如何一步步蚕食行业巨头的市场，做到了世界第一？	**学习目标：**了解华为如何满足客户需求，如何以市场机会驱动公司发展，掌握构建企业市场竞争力的关键方法。 **授课对象：**总经理、高级主管、市场部经理

课程3：华为干部九大能力训战

课程介绍：任正非说，经过对公司几十位成功的高级领导进行访谈，从各方面归纳总结他们为什么成功，他们具有哪些素质，从而得出了华为成功干部需要的九条。因此，华为干部九大能力不是从哪本书上抄来的，也不是从海外来的，而是从华为干部身上归纳总结来的，是教育培养员工以及引导干部进行自我学习总结的好方法。	**学习目标：**了解华为管理者训战的九大能力结构模型，掌握将秀才变成将军的训战方法。 **授课对象：**公司经营管理层、人力资源干部、中基层主管、班组长

课程4：华为干部管理八大手段

课程介绍：华为成功的一大关键就是有一大批始终保持着危机感和饥饿感，具有使命感和责任担当意识的干部群体。当下，许多干部表现出的权力硬化、拉帮结派、实施责任转包、只作原则性管理、不能深入一线，以及各种半退休状态等问题，严重影响企业的发展。为此我们要借鉴华为经验，抓住企业中关于“人”的主要矛盾点，探索干部群体的系统管理方法。	**学习目标：**了解华为如何激活干部群、导向冲锋，如何对干部群体优胜劣汰，掌握华为干部管理的八大手段。 **授课对象：**总经理、高层管理者、人力资源干部

课程5：华为绩效管理法

课程介绍：面对绩效管理中因“分利不均”引发各类矛盾或者“分利无效”导致群体不作为等普遍性问题，华为构建了完整的实践型绩效管理体系。华为绩效管理不仅实现了科学的利益分配，而且通过价值评价手段，传递公司核心价值观和价值评价导向，牵引员工表现出公司所倡导的奋斗行为，使17万知识分子紧密团结在一起，力出一孔、利出一孔。	**学习目标：**了解华为绩效管理中关于价值创造、价值评价与价值分配的管理方法，掌握如何设计出驱动全员艰苦奋斗的绩效管理体系。 **授课对象：**公司经营管理层、人力资源干部、中基层主管

课程6：打造华为狼性奋斗者

课程介绍：华为的成功得益于拥有一个庞大、勤劳、勇敢的奋斗群体，这个群体的特征是艰苦奋斗、开放进取和善于学习。华为是如何建立规则制度并激发群体奋斗的？华为又是如何植入狼性文化和打造狼性团队的？本课程将全面解读华为“以奋斗者为本”的人力资源管理体系。	**学习目标：**了解华为如何做到对人的能力的有效管理，以及如何通过人力资源制度激发奋斗者将其能力转化为价值贡献。 **授课对象：**公司经营管理层、人力资源干部、中基层主管、核心业务骨干

课程7：华为高价值工作法

课程介绍：在华为改变命运的道路只有两条，一是努力奋斗，二是做出重大贡献。华为从来就不承认茶壶中的饺子，也就是不能为客户输出任何有益结果的能力是不被认可的，同样，不能为客户创造价值的多余动作也要被去除。华为人如何在工作中以价值创造为指引，如何始终保持较高的人均效益？华为的执行力如何对准客户需求，全流程打通，并转化为企业竞争力？	**学习目标：**了解华为如何做到层层落实以形成高效执行力，掌握华为人以客户为中心的高价值工作方法。 **授课对象：**公司经营管理层、人力资源干部、中基层主管、班组长、核心业务骨干

图书在版编目（CIP）数据

华为人力资源管理方法论 / 孙科柳，易生俊，曾文明著. —北京：中国人民大学出版社，2016.9
（华为管理方法论丛书）
ISBN 978-7-300-23131-0

Ⅰ.①华… Ⅱ.①孙… ②易… ③曾… Ⅲ.①通信-邮电企业-人力资源管理-深圳市 Ⅳ.①F632.765.3

中国版本图书馆 CIP 数据核字（2016）第 163115 号

华为管理方法论丛书
华为人力资源管理方法论
孙科柳 易生俊 曾文明 著
Huawei Renli Ziyuan Guanli Fangfalun

出版发行	中国人民大学出版社		
社　　址	北京中关村大街 31 号	**邮政编码**	100080
电　　话	010－62511242（总编室）		010－62511770（质管部）
	010－82501766（邮购部）		010－62514148（门市部）
	010－62515195（发行公司）		010－62515275（盗版举报）
网　　址	http://www.crup.com.cn		
	http://www.1kao.com.cn（中国 1 考网）		
经　　销	新华书店		
印　　刷	涿州市星河印刷有限公司		
规　　格	170 mm×230 mm　16 开本	**版　　次**	2016 年 9 月第 1 版
印　　张	22.25　插页 2	**印　　次**	2021 年 1 月第 3 次印刷
字　　数	300 000	**定　　价**	59.80 元
